쌤통의 심리학

쌤통의 심리학

리처드 H. 스미스 지음 | 이영아 옮김

타인의 고통을 즐기는
은밀한 본성에 관하여

현암사

일러두기

1. 이 책의 주제이자 빈번하게 사용되는 단어 '샤덴프로이데(Schadenfreude)'는 모두 '쌤통'이라는 단어로 번역했다. 원래의 독일어 의미와 완벽하게 일치하지는 않으나 한국어로 뜻을 모두 살려 옮길 경우 가독성이 떨어지므로 가장 유사하고 간결한 번역어를 사용했다.

2. 본문에 사용한 기호의 쓰임새는 다음과 같다.
   〈 〉: 예술품 제목, 강연 제목, 영화, TV 프로그램
   《 》: 신문, 잡지
   「 」: 단편, 중편, 시
   『 』: 단행본, 장편, 작품집

3. 외래어 표기는 국립국어원 외래어표기법을 따르되, 대부분의 매체에서 통용되는 경우일 때는 그에 따르기도 했다.

4. 인명과 도서명은 원어를 병기하였으나 국내에 출간된 도서는 원어 병기 없이 국내 출간 제목으로 실었다.

들어가는 글

호머 심슨의 이웃인 네드 플랜더스가 자신의 집 뒤뜰에서 바비큐 파티를 열면서 영업직을 그만두고 왼손잡이들을 위한 '왼손잡이 용품점'을 낼 거라고 선언했다. 그러고 나서 호머와 네드는 칠면조 고기의 뼈를 양쪽에서 잡아당겼다. 더 긴 뼛조각을 가지면 소원이 이루어진다는 미신이 있는데, 호머가 소원을 빌 기회를 얻었다. 그는 네드의 사업이 망하는 장면을 상상하며 큰 소리로 외쳤다. "아이고, 딱해라!!" 몇 주 후 호머는 네드의 가게 앞을 지나다가 정말로 장사가 신통찮은 모습을 목격했고, 저녁 식사를 하면서 가족에게 이 사실을 "쫄딱 망했더라니까"라며 즐거운 듯 알렸다. 박식한 딸 리사 심슨은 아버지의 이러한 감정을 정의하고 거기에 이름을 붙였다.

> 리사 심슨: 아빠, '샤덴프로이데Schadenfreude'가 뭔지 아세요?
> 호머 심슨: 아니, 모르겠는걸. 궁금해 죽겠으니까 어서 말해보렴.
> 리사 심슨: 남의 고통을 보고 고소해하는, 떳떳지 못한 기쁨을 뜻하는 독일어예요.[1]

호머의 감정을 표현해주는 영어 단어는 없지만, 리사의 말대로 독일어 단어는 있다. 바로 '샤덴프로이데'이다. '피해'를 뜻하는 'schaden'과 '기쁨'을 뜻하는 'freude'가 합쳐진 이 단어는 말 그대로 다른 사람의 불행에서 느끼는 즐거움을 일컫는다.[2] 나는 이 책에서 왠지 떳떳하진 않지만 우리 대부분이 느끼는 감정인 샤덴프로이데, 즉 쌤통 심리에 관해 이야기해보려고 한다.

::   **남의 불행이 곧 나의 행복**

터놓고 인정하는 사람은 거의 없겠지만, 우리가 남의 불행을 보고 "쌤통이다"라며 고소해하는 이유는 그로부터 얻는 이득이 있기 때문이다. 네드 플랜더스의 사업이 망해서 호머가 얻는 건 뭘까? 의외로 아주 많다. 호머는 네드를 질투한다. 네드는 좋은 이웃이긴 하지만, 외국 생맥주까지 마실 수 있는 호화로운 오락실에서부터 가정의 화목까지 거의 모든 면에서 호머보다 낫다. 호머의 질투는 점점 더 깊어져서 열등감과 적개심으로까지 발전한다. 네드가 망하면 호머의 이런 열등감이 줄어들고 네드를 향한 적개심도 풀어질 것이다. 심리적으로 이런 이득을 얻으니 호머는 날아갈 듯 기분이 좋을 것이다. 무능하고 악감정에 시달리는 호머에게 네드의 실패만 한 진정제가 또 있을까?

이런 우스갯소리가 있다. 야영을 하던 두 사람이 숲 속을 걷다가 회색곰을 만났다. 그런데 둘 중 한 명이 곧장 몸을 수그리더니 등산화를 벗고 운동화로 갈아 신기 시작했다. 다른 한 명이 물었다. "뭐 하는 거야? 그런다고 곰보다 빨리 뛸 수 있을 것 같아?" 그러자 그의 친구는 이렇게 답했다. "곰은 이길 필요 없어, 너만 이기면 돼!" 만화에나 나올 법한 얘기지만, 이와 비슷하면서도 더 소소한 상황은 우리 인간관

계에서 일상적으로 벌어진다. 1장과 2장에서는 쌤통 심리와 개인적인 이득이 어떻게 연결되어 있는지 알아보고, 우리가 느끼는 감정의 상당 부분이 남들과의 비교에서 비롯된다는 사실을 증명해 보일 것이다. 하향 비교(자기보다 열등한 사람과 자신을 비교하는 것 – 옮긴이)를 통해 자신의 지위와 자존감이 높아진다면, 이는 남들의 불행으로부터 이득을 본다는 의미다. 이는 결코 작은 이익이 아니다.

네드의 실패로부터 호머가 얻는 이득은 대부분 눈에 보이지 않지만, 쌤통 심리는 실체를 확인할 수 있는 일에서 생겨나기도 한다. 3장에서 이야기하겠지만, 우리의 인생에서 경쟁이 차지하는 부분은 상당히 크다. 한쪽이 이기려면 다른 한쪽은 져야 한다. 인명 피해까지 나올 뻔했던 NASA의 위험한 달 탐사 과정을 그린 영화 〈아폴로 13〉을 보면 쉽게 알 수 있다. 이 영화에서 짐 러벌은 그토록 바라던 달 여행의 기회가 동료 우주 비행사인 앨런 셰퍼드 팀에 돌아가자 심기가 불편해진다. 그런데 셰퍼드의 귓병이 발견되면서 러벌 팀이 그 자리를 대신하게 된다. 셰퍼드에게는 뼈아픈 일이지만, 러벌은 집으로 달려가 한껏 들뜬 모습으로 이 소식을 가족에게 전한다. 아내에게 자초지종을 얘기하면서 러벌은 일말의 동정도 내비치지 않는다.[3]

〈아폴로 13〉의 관객인 우리는 러벌의 시점에서 영화를 보기 때문에 그와 함께 기쁨을 느낀다. 간절히 원하고 바라던 결과를 얻으면, 그 기쁨이 너무 큰 나머지 다른 것은 전혀 눈에 들어오지 않는다. 다른 사람의 희생으로 얻은 행복이라는 속사정은 뒷전이 되고 그저 즐거울 뿐이다. 하지만 러벌은 자신의 목표가 아니었다면 셰퍼드의 귓병을 기뻐할 이유가 없었을 것이다. 그는 셰퍼드의 불행'을' 기뻐했다기보다 불행 '때문에' 기뻤던 것이다. 그렇다면 러벌의 이런 감정은 쌤통 심리가 아닐까? 이 책에서 나는 쌤통 심리의 범위를 넓게 잡을 생각이다. 사실, 남의 불행으로부터 얻는 이득의 유형은 뚜렷이 구분되지 않는 경우가 많다. 예를 들어 러벌이 셰퍼드를 질투했을지도 모를 일이다. 그리고 과장되긴 했지만 호머 심슨은 우리 모두의 자화상이다. 특히 경쟁 상황에서 누군가를 질투한다면 그의 불행에 큰 만족감을 느낄 수 있고, 이런 감정이 하나도 배어 있지 않은 이득은 거의 없을 것이다. 그리고 또 하나, 과연 러벌은 가족이 아닌 다른 사람들에게도 자신의 기쁨을 표출할까? 남의 불행 덕에 내가 잘된다고 즐거워하는 것은 금단의 행동이자 부끄러운 짓처럼 보인다. 이야말로 쌤통 심리의 확실한 특징이다.

남의 불행으로부터 이득을 얻을 때 쌤통 심리가 일어난다면, 자신의 이익을 챙기려는 우리의 자연스러운 성향 때문에 그 통쾌함은 더욱 커질 것이다. 4장에서는 편협하고 이기적인 길, 혹은 이타적인 길로 향하는 인간의 본성에 대해 이야기할 것이다. 쌤통 심리는 인간 본성의 이기적이고 더 어두운 측면을 부각시킨다. 하지만 나는 우리의 동정 본능을 무시하지 않으면서도 인간의 이기적인 측면을 보여주는 몇몇 증거를 검토할 것이다. 이 증거들은 우리가 얼마든지 쌤통 심리를 가질 수 있음을 보여줄 것이다.

::   **자업자득의 불행은 통쾌하다**

남의 불행이 자업자득이라면 어떨까? 가끔은 다른 사람의 불행이 우리의 정의감을 만족시켜줄 때도 있다. 5장과 6장에서는 쌤통 심리를 불러일으키는 이 중요한 원인에 대해 고찰할 것이다. 그 사례는 어디서든 쉽게 찾을 수 있다. 침례교 목사이자 임상심리학자인 조지 레커스George Rekers를 생각해보자. 그는 2010년 5월에 남성 매춘부 알선 사이트인 렌트보이닷컴Rentboy.com을 통해 고용한 스무 살짜리 남성과 함께 잠깐 유럽 여행을 다녀온 사실을 들키는 바람에 신문의 헤드라인을 장식했다.[4] 뭐가 그리 큰 기삿거리일까 싶지만, 레커스는 곧 인터넷과 심야 텔레비전 프로그램에서 조롱거리가 되었다.[5] 《뉴욕타임스The New York Times》의 칼럼니스트 프랭크 리치Frank Rich가 주장하듯이, 레커스는 "지난 30년간 동성애자들과 그들의 인권에 대한 가장 추악한 공격에 주도적인 역할을 해온 줏대 없는 동성애 혐오자"였다.[6] 이런 그가 렌트보이닷컴의 직원을 고용한 것은 더할 나위 없는 위선으로 보였다. 고용된 남자는 그 여행을 하는 동안 레커스에게 친밀한 마사지를 해주었다고 주장했다. 이 사건이 보도되고 얼마 지나지 않아서 조 코스카렐리Joe Coscarelli는 주간지《빌리지 보이스The Village Voice》에서 운영하는 블로그에 다음과 같이 썼다. "그 뉴스에 조금 흥분하고 비열하게 구는 이 진보적이고 관대한 세계의 사람들을 용서해주길……"[7]

쌤통 심리는 부끄러운 감정일 수 있지만, 남의 불행이 자업자득인 것처럼 보일수록 당당하게 공개적으로 드러날 확률이 높아진다. 특히 응당함을 판단하는 기준이 아주 명확할 경우에는 더더욱 그렇다. 예를 들어 누군가가 범죄를 저질렀거나 조지 레커스처럼 위선적인 행동을 했다면 말이다. 이런 경우 우리는 아무 거리낌 없이 통쾌함을 느낀다.

정의 실현 욕구는 인간의 강한 동기이며, 너무나 강한 나머지 어떤 불행이 자업자득인지를 판단할 때 편견이 들어갈 수도 있다. 특히 개인적으로 부당한 대우를 받았다고 느끼면 편견 가득한 결론을 내리게 된다. 악행을 저지른 사람에게 불행이 일어나도록 만들 수 있다면, 우리가 느끼는 통쾌함은 정말 달콤할 것이다. 여기서 정의 실현 욕구는 반감을 가지고 있는, 심지어는 증오하는 사람에 대한 복수심과 뒤섞인다.

::   **쌤통 심리의 시대**

우리는 쌤통 심리의 시대에 살고 있을까? 슈퍼마켓의 잡지 진열대만 힐끗 봐도 그 사실을 알 수 있다. 불티나게 팔리는 잡지들의 현란한 표지에는 이별이나 스캔들 같은 개인적인 비극이 화려하게 수놓아져 있다. 어려운 상황에서 사람들이 서로 갈등하는 모습을 보여주는 텔레비전 리얼리티 프로그램들은 큰 인기를 누리고 있다. 시청률과 광고 매출이 그 사실을 입증해준다. 물론 인터넷이 이런 경향을 몇 배는 더 증식시키고, 그래서 우리는 정보가 '바이러스'처럼 확산된다고 말한다. 나는 구글 엔그램 뷰어Google NGram Viewer(1500년부터 2008년 사이에 출간된 책 중 데이터화한 800만 권을 검색해 특정 단어의 사용 빈도를 추적할 수 있는 서비스 - 옮긴이)의 검색 창에 'schadenfreude'를 쳐보고는 그 결과에 별로 놀라지 않았다. 〈표 0.1〉은 1800년부터 2008년 사이에 영어로 출간된 책들에서 'schadenfreude'라는 단어가 사용된 비율을 보여준다. 사용 빈도는 1980년대 후반부터 점점 증가하기 시작하다가 1990년대 중반 즈음 급상승한다. 《뉴욕타임스》에서 그 단어가 사용된 빈도를 분석해보면 이 패턴이 그대로 반영된다. 1980년에는 한 번도 등장하지 않았고, 1985년에는 단 1회, 1990년에는 3회,

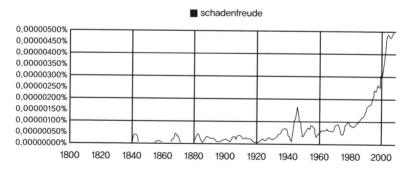

〈표 0.1〉 구글 엔그램 그래프

1800년부터 2008년 사이에 출간된 수천 권의 책들에서 'schadenfreude'가 사용된 비율을 보여준다.

1995년에는 7회, 2000년에는 28회, 2008년에는 62회 사용되었다.[8] 사용 빈도가 이렇듯 급증한 것은 언론 매체가 이런저런 불행을 겪고 있는 사람들에게 초점을 맞추기 시작하면서부터였다.

7장에서는 텔레비전의 리얼리티 프로그램인 〈아메리칸 아이돌 American Idol〉과 〈성범죄자를 잡아라To Catch a Predator〉를 검토해볼 것이다. 두 프로그램 모두 사람들이 망신당하는humiliation 모습을 오락 entertainment 요소로 만들어 시청자들의 눈길을 끌었다. 미디어 연구자인 브래드 웨이트Brad Waite와 세라 부커Sarah Booker는 '휴밀리테인먼트 humilitainment'라는 신조어까지 만들었다.[9] 왜 사람들은 이런 프로그램에 열광할까? 편집과 구성으로 휴밀리테인먼트가 부각되면, 시청자들은 그 출연자들의 망신이 자업자득이라고 느낀다. 그렇기에 이 프로그램들을 보며 기분 좋은 하향 비교를 꾸준히 체험할 수 있다.

그다음 세 장에서는 질투에 대해 이야기할 것이다. 질투심은 고통스럽고 쌤통 심리는 즐거운 감정이지만, 두 감정은 종종 나란히 다니기도 한다. 호머가 경험하고 리사가 설명해주었듯이, 부러운 사람에게 닥친 불행은 고통을 특별한 기쁨으로 변화시키는데, 8장에서 그 원리를 자세히 설명할 것이다. 그래서 질투의 정의에는 질투 대상의 불행을 기꺼이 즐기려는 상태까지 포함되는 경우가 많다.

　질투에 대해서, 그리고 질투와 쌤통 심리의 관계에 대해서는 할 이야기가 많다. 질투는 아주 불쾌한 감정이기 때문에 우리 대부분은 사실 리사보다는 호머와 더 비슷한 반응을 보인다. 그 감정에 큰 위협을 느끼고, 그래서 의식하지 않으려 애쓰는 것이다. 설령 의식한다 해도, 그 감정을 인정하고 싶어 하지 않는다. 9장에서는 이런 심리 때문에 질투가 우리의 구미에 좀 더 맞는 다른 감정들로 변형된다는 사실을 증명해 보일 것이다. 질투가 이렇게 변형되고 나면, 질투 대상의 불행에서 비롯되는 쌤통 심리는 정당화되고, 때로는 온당해 보이기까지 한다. 더군다나 질투는 근본적으로 악의적이다. 악의를 품고 있으면, 수동적 형태의 쌤통 심리가 성에 차지 않을 수도 있다. 질투를 할 때, 특히 그 질투가 강하면 우리는 질투 대상에게 불행이 닥치기를 바라는 데 그치지 않고 가끔은 그 불행을 초래할 방법을 찾을지도 모른다.

질투, 쌤통 심리, 그리고 인간의 타락

10장에서는 질투가 아주 추악한 형태로 변한 특별한 사례, 바로 반유대주의와 나치의 만행에 대해 고찰해볼 것이다. 나치는 유대인을 잔혹하게 취급하면서 쾌감을 느꼈다. 쌤통 심리의 이 극단적인 예는 무의식적인 질투가 분노로 변하면서 벌어진 사태일 수도 있다. 이런 일이 일어날 때, 질투심에 휩싸인 사람은 극단적인 형태의 쌤통 심리뿐만 아니라 공격적인 행위까지 합리화하고 정당화할 수 있다. 이처럼 쌤통 심리가 극한에 달하면, 범죄를 저지르고도 '비난할 여지가 없다'고 느끼게 된다.[10]

해독제가 있을까?

쌤통 심리가 인간의 자연스러운 본성이라면 그 감정을 부추겨야 할까? 그것이 해로운 행동으로 이어질 수 있다는 걸 안다면 그렇게 주장할 수 있을까? 나는 쌤통 심리를 없애버릴 수 있다고 주장하지는 않겠지만, 11장에서 그 감정이 생겨날 가능성을 줄이는 방법을 제안해보겠다. 우선, 남들의 행동을 보고 그 원인을 그 사람의 성격으로 돌리려는 우리의 성향에 대해 자세히 설명할 것이다. 이 '근본적 귀인 오류fundamental attribution error'는 남의 불행을 볼 때 공감보다는 쌤통 심리에 빠지게 만든다. 그들의 내재적인 기질이 불행을 초래하는 것처럼 보여, 그 불행이 자업자득으로 여겨지는 것이다. 이러한 성향을 억제할 수만 있다면, 공감이 쌤통 심리를 이길 것이다. 에이브러햄 링컨 Abraham Lincoln이 그랬듯이.

처음부터 분명히 짚고 넘어가고자 한다. 내가 이 책에서 쌤통 심리에 집중하는 이유는 우리 인간들이 남의 고통에 공감하는 능력이 부족하다는 것을 증명하기 위함이 아니다. 물론 그런 능력이 부족하긴 하지만 최근의 몇몇 진화론적 사상은 인간의 본성이 적대적인 반응보다는 동정적인 반응 쪽으로 더 기울어져 있다고 주장한다. 최근에 출간되는 책들의 제목을 보면 알 수 있다. 영장류 동물학자인 프란스 드 발Frans de Waal은 인간 본성에 대한 이러한 관점의 변화를 『공감의 시대The Age of Empathy』라고 부른다. 감정 연구자인 대커 켈트너Dacher Keltner는 『선의 탄생』이라는 어구를 사용하여 시대사조의 변화를 담아낸다. 그리고 심리학자 마이클 매컬러프Michael Mccullough가 『복수의 심리학』에서 주장하듯이, 우리에게는 복수에 대한 본능뿐만 아니라 용서의 본능도 있다.[11] 정신 질환보다는 인간의 건강한 기능에 초점을 맞춘 긍정 심리학이 급속한 상승세를 보이고 있는 현상은 우리가 인간의 선한 본성을 포용했음을 증명해준다. 심리학자인 에드 디너Ed Diener, 로버트 에먼스Robert Emmons, 마틴 셀리그먼Martin Seligman의 중요한 행복 연구들이 그 예이다.[12] 긍정 심리학은 이기적인 만족보다는 연민이 개인의 행복으로 이어진다고 주장한다. 하지만 쌤통 심리는 연민과는 거리가 멀어 보인다.

간단히 말해, 쌤통 심리는 남의 불행이 우리에게 이런저런 이득을 가져다주기 때문에 발생한다. 경쟁 상황에서 자기 이익부터 챙기고 열등함보다는 우월함을 훨씬 더 좋아하는 우리 인간은 쌤통 심리라는 감정을 버릴 수 없다. 우리는 정의감도 갖고 있지만 공교롭게도 많은 불행이 자업자득으로 보인다. 특히 우리에게 잘못한 사람이 고통받을 때 우리는 고소해하며 그 고통이 마땅하다고 여기는 경향이 있는데, 이 중요한 연관성의 근거도 이 책에서 다룰 것이다. 또한 질투 대상의 몰락에 특별한 즐거움을 느끼는 심리를 파헤치며 질투가 쌤통 심리를 빈번히 일으키는 이유도 분석할 것이다. 짐작과 달리 쌤통 심리는 인간의 자연스러운 감정이며, 우리의 경험에 널리 스며들어 있다. 그 감정이 이토록 만연해 있는 이유를 면밀히 들여다보면, 인간의 본성을 이해하고 링컨의 말대로 '우리 본성의 선한 천사들'에게로 눈길을 되돌릴 수 있을 것이다.

차례

1

우월감은 황홀하다

착각의 법칙, 즉 대조의 법칙에 따라, 남의 불행이 배경처럼 밑에 깔려서 우리의 행복을 더욱 빛내줄 때 더 행복해지는 것은 아주 자연스러운 일이다.　　　　　　　　　　　　　　－이마누엘 칸트(Immanuel Kant)[1]

나는 며칠 동안 솔 벨로(Saul Bellow)의 소설 『허조그』를 가지고 다녔기 때문에, 같이 줄을 서 있는 다른 사람들보다 약간 더 좋은 기분을 느낄 수 있었다.　　　　　　　　　－돈 J. 스나이더(Don J. Snyder), 『절벽 산책』[2]

난 체비 체이스(Chevy Chase)고…… 당신은 아니야.　　　　－체비 체이스, 〈새터데이 나이트 라이브(Saturday Night Live)〉의 '위크엔드 업데이트(Weekend Update)' 코너에서[3]

내 큰딸은 네 살 때 내 직장에서 가까운 어린이집에 다녔다. 하루는 아이를 데리러 갔더니 딸이 나지막한 칠판에 분필로 그림을 그리고 있었다. 딸아이는 나를 보자마자 사람 그리는 걸 도와달라고 했다. 그래서 도와줬는데, 마침 바로 옆에서 다른 여자아이도 그림을 그리고 있었다. 내 딸아이가 막 다시 그림을 그리기 시작했을 때 그 여자아이의 엄마가 나타났다. 그 엄마의 눈에 가장 먼저 띈 것은, 자기 딸이 그 나이에 걸맞게 막대기처럼 그려놓은 사람 옆에 내가 그려놓은 그림이었다. 나는 충격과 혼란이 그토록 역력하게 새겨진 인간의 얼굴을 본 적이 없다.

"당신 딸이 그린 거예요……? 당신 딸이??!!!!"

"아니요, 아닙니다, 내가 그렸어요."

그녀의 표정이 확 바뀌었다. 민망함과 안도감이 뒤섞인 표정으로.

남과의 비교가 우리의 일상적인 감정에 미치는 영향을 생각할 때

마다·이 일화가 떠오른다.[4] 그 엄마는 딸과 자신을 동일시했기 때문에, 딸과 나의 어마어마한 실력 차이에 엄청난 충격을 받은 것이다. 내 딸이 자신의 딸보다 훨씬 더 재능이 뛰어나다는 걸 갑자기 알게 됐으니 가슴 아팠을 것이다. 그리고 가만히 생각해보면, 내가 그랬다는 사실이 폭로된 것은 내게는 나쁜 소식, 그 엄마에게는 좋은 소식이었다. 내 딸의 재능이 그렇게까지 대단하지 않다는 것을 알고 그녀는 안도감과 함께 약간의 쌤통 심리를 느끼는 것 같았다.

남들과의 비교, 그것을 바탕으로 자신에 대해 내리는 결론, 그리고 그 결과로 인해 생기는 감정은 우리의 삶 곳곳에 스며들어 있다. 열등감은 기분을 상하게 만들고, 우월감은 기분 좋게 만들어준다. 간단히 말해 남의 불행은 우리에게 우월감의 기쁨을 느끼게 해주며, 그래서 쌤통 심리를 불러일으킨다.

이 불온한 사실은 영화나 드라마 같은 오락물의 맥락 안에서 적당한 거리를 두고 보면 좀 더 납득하기 쉽다. 켈시 그래머Kelsey Grammer가 신경과민의 귀여운 속물 정신과 의사 프레이저 크레인 박사를 연기한 장수 시트콤 〈프레이저Frasier〉가 그 좋은 예이다. '완벽한 남자'라는 제목의 에피소드에서, 프레이저는 자신이 청취자 상담 프로그램을 진행하고 있는 라디오 방송국에서 수완 좋고 잘생긴 클린트 웨버를 새로운 건강 전문가로 섭외하자 강렬한 질투를 느낀다. 클린트는 사람들을 애타게 만드는 수수한 매력으로 손쉽게 프레이저의 존재감을 눌러버리고, 모든 여성들의 욕정 가득한 관심을 독차지한다. 프레이저는 그를 질투하지 않는다는 걸 사람들에게 보여주기 위해 클린트를 위한 파티를 연다. 그런데 그 파티는 클린트의 어마어마한 재능을 증명해주는 또 다른 공연장이 되고 만다. 프레이저는 한 중국 여인의 환심을 사기 위해 (완전히 초보 실력인) 중국어로 "정말 아름다우십니다"라는 말을 하려고 시도하지만, 그 말을 듣자마자 그녀는 그의 발음을 그대로 해석하면 "닭 부리만큼 사랑스럽다"라는 뜻이 된다고 지적한다. 클린트는 그들의 대화를 우연히 듣고는 끼어든다. "누가 닭 부리만큼 사랑스러워요?" 그러고는 그 여인과 완벽한 중국어로 매끄러운 대화를 이어나간다.

낭패를 당한 프레이저는 동생 나일스에게 클린트는 무결점의 사나이가 틀림없다고 인정한다. 나중에 그는 클린트와 단둘이 부엌에 있게 되고, 클린트는 프레이저에게 자신을 위한 파티를 열어줘서 고맙다고 인사한다. 그들이 이야기를 나누는 동안 피아노 연주가 흐른다. 프레이저가 고용한 피아니스트가 그랜드 피아노로 연주하는 〈이즌트 잇 로맨틱Isn't It Romantic〉을 듣고 클린트는 이 노래를 정말 좋아한다고 말한다. 클린트가 이날 저녁 마지막으로 한 번 더 잘난 면모를 뽐내겠구나 싶었던 프레이저는 클린트가 노래를 부르기 시작하자 부엌에서 나간다. 그런데 이게 웬일, 정말 지독한 음치가 아닌가! 프레이저는 이 뜻밖의 행운에 큰 기대감을 안고 부엌으로 돌아간다. 클린트는 너무 시끄럽게 불러서 미안하다고 사과하지만, 프레이저는 환하게 씨익 웃으며 말한다. "무슨 말씀을, 아니요, 아닙니다. 얼마나 듣기 좋은데요."

포도주를 한 잔 마신 클린트는 자신의 노래 실력이 서툴다는 사실을 인정하고는, 손님들에게 세레나데를 들려줘도 되겠느냐고 묻는다. 프레이저는 이 기회를 놓치지 않고 클린트를 피아노 쪽으로 데려간다. 클린트가 노래 부를 준비를 하는 동안 프레이저는 부리나케 나일스에게 가서 희소식을 전한다. "나일스, 나일스, 내가 해냈어. 내가 그 녀석의 약점을 잡아냈다고…… 방금 녀석이 노래하는 걸 들었는데, 지독한 음치더라니까. 이제 〈이즌트 잇 로맨틱〉을 부를 텐데, 죽여줄 거야!"

나일스는 그 계획에 반대한다. "정말 이대로 놔두려고……? 노래는 형이 더 잘하니까 이긴 거잖아. 그걸 알았으면 된 거 아니야? 그 사람이 망신당하는 꼴을 꼭 봐야겠어?"

프레이저는 멈칫하다가 말한다.

"그래."

클린트가 망신당하는 것, 이것이 바로 프레이저가 원하는 바다. 프레이저는 클린트에 대한 열등감 때문에 굴욕을 느꼈는데, 이제는 라이벌의 약점을 발견하고 짜릿한 쾌감을 맛본다. 그리고 이제 클린트가 이 결점을 모든 손님들 앞에 드러내려고 하니, 프레이저는 또 한 번의 즐거움을 들뜬 마음으로 기다린다. 클린트가 노래를 부르기 시작하자 그 결과에 만족한 프레이저의 얼굴에 희색이 넘쳐흐른다. 손님들은 무례를 범하지 않으려 애쓰지만, 진저리 나는 노래 실력에 기분까지 상하려 한다. 프레이저는 그들을 꾸짖듯 비꼬는 투로 말한다. "이러지 맙시다, 여러분, 세상에 완벽한 사람이 어디 있겠어요."[5]

우습고 재미있지만 시트콤 안에서 벌어지는 일이다. 프레이저에게 감정이입을 해서 그에게 어느 정도 공감한다 해도, 그저 시트콤의 등장인물이니 거리를 둘 수 있다. 그러나 인정하기 쉽진 않겠지만, 우리역시 프레이저와 닮아 있지는 않을까?

사회적 비교(자신의 신념이나 능력, 태도 등을 타인과 비교하여 이를 토대로 자신을 평가하는 것 – 옮긴이)는 우리가 성공하고 있는지 실패하고 있는지 알려줄 뿐만 아니라 성공이나 실패의 '원인'까지 설명해준다. 대부분의 사람들이 나보다 뛰어나서 내가 '실패'한다면, 나는 '내 능력이 부족하다'고 추론한다. 대부분의 사람들이 나보다 실력이 떨어져서 내가 '성공'한다면, 나는 '내 능력이 뛰어나다'고 추측한다. 이렇듯 사회적 비교는 우리의 성공과 실패를 규정짓고, 그 원인이 높거나 낮은 능력일 거라고 암시함으로써 이중적인 영향을 미친다. 남의 불행이 내겐 기쁨이 될 수 있다는 건 조금도 놀라운 일이 아니다. 우리의 상대적인 행운이 올라가고 자기평가 점수가 높아지니 말이다.

　사회적 비교는 우리의 재능과 능력을 규정짓는 데 큰 도움이 된다. 자신의 달리기 속도가 빠른지 느린지 어떻게 알 수 있을까? 트랙을 한 바퀴 도는 데 걸리는 시간을 재기만 하면 끝일까? 아니다. 연령, 성별, 연습 정도가 비슷한 다른 사람들과 기록을 비교해봐야 한다. 그래서 자신의 기록이 더 빠르다면, 그제야 빨리 달린다고 말할 수 있다.

　사회적 비교가 어떤 강력한 역할을 하는지 경험에 비추어 포착하려는 시도는 많이 이루어져왔다. 미국의 가수이자 배우인 소피 터커 Sophie Tucker가 남긴 말이 있다. "나는 부자인 적도 있었고 가난뱅이인 적도 있었다. 그런데 부자가 더 낫다."[6] 인생의 연륜이 묻어나는 이런 명언을 통해서도 사회적 비교의 역할을 알 수 있다. 또, 1943년 뉴욕의 한 나이트클럽에서 연예인 월터 오키프Walter O'keefe가 젊은 프랭크 시나트라Frank Sinatra에게 자리를 빼앗긴 사건을 보자. 그때 오키프는 그 일을 이렇게 요약했다. "내가 이곳에 왔을 때 난 스타였다. …… 그런데 증기 롤러 하나가 와서는 나를 납작하게 때려눕혔다."[7] 스탠드업 코미디언 브라이언 리건Brian Regan은 달을 걸어 다닌 몇 안 되는 사람들 중 한 명이 되면 어떨까 하는 상상을 했다. 그러면 허풍을 떨면서 대화를 주도하려 하는 '나밖에 모르는 인간들' 틈에 끼어들어 "난 달에서 걸 어 다녔지"[8]라고 말할 수 있을 테니까 말이다. 이 말에 대적할 수 있 는 사람은 아무도 없을 것이다.

스키너B. F. Skinner의 『스키너의 월든 투』와 하틀리L. P. Hartley의 『얼굴 의 정의Facial Justice』 같은 수많은 유토피아 소설들은 사람들이 너무나 자주 자신과 남을 비교하는 탓에 행복을 최대화하려는 사회의 노력 이 난관에 처할 수도 있음을 보여준다. 하지만 18세기 철학자인 장 자크 루소Jean-Jacques Rousseau만큼 사회적 비교가 일상생활에 미치는 영향을 효과적으로 보여준 사람은 없을 것이다. 그의 걸작인 『인간 불평등 기원론』[9]에서 루소는 초기 인류의 삶을 상상하고, 그때는 사람 들이 비교적 혼자 지내는 시간이 많았으리라 추측한다. 만약 그렇다면 자아의식과 감정은 어마어마하게 중요한 의미를 지녔을 것이다. 사회 적 비교의 대상이 되는 지성과 힘을 누가 더 많이 타고나고 누가 적게 타고났는지는 이런 '자연 상태'에서 별로 중요치 않았을 것이다. 음식 과 집을 확보할 만큼 똑똑하고 강하기만 하다면 그보다 큰 재능은 필 요 없었을 테고, 더 갖고 싶다는 느낌도 없었을 것이다. 루소는 역사적 으로 최근에 사람들 간의 접촉이 많아지면서 사회적 비교도 늘어나고 그로 인한 개연성 있는 결과가 나타나고 있다고 주장한다.

사람들은 서로 다른 대상들을 평가하고 비교하는 데 익숙해졌다. 장점과 아름다움이라는 개념을 점차 습득하면서 무언가를 더 선호하는 감정이 생겨났다. …… 저마다 남들을 보기 시작했고, 자신의 모습을 남에게 보여주고 싶은 마음이 생기기 시작했다. 다른 사람들에게 존중받는 것이 중요한 문제가 되었다. 노래나 춤 실력이 가장 좋은 사람, 가장 잘생기고, 가장 힘이 세고, 가장 능란하고, 가장 말솜씨가 좋은 사람이 가장 존중받게 되었고, 이는 불평등으로 향하는 첫걸음이었다.[10]

자기 자신에 대한 감정은 변하기도 한다. 혼자 있는 상태에서는 배부르고 눈비를 피할 집이 있고 건강하기만 하다면 아무 불만도 없을 것이다. 하지만 다른 사람들 사이에 산다면 사정이 달라진다. 남들보다 더 잘나고 싶고 또 그렇게 인정받고 싶은 욕망이 새롭게 생기면서, 일종의 자존심인 '자기애'가 더 중요해진다. 루소는 상대적인 차이로 인해 자신에 대한 감정이 어떻게 변화할 수 있는지를 알려준다. 자신이 열등하면 수치심과 질투를, 우월하면 허영심과 교만을 느낀다.[11]

:: **사회적 비교와 자존감의 관계를 증명해주는 실험적 증거**

사회적 비교를 우리의 자기평가 욕구와 연결시킨 1950년대 레온 페스팅거Leon Festinger의 선구적인 연구를 시작으로, 심리학자들은 사회적 비교가 자기평가에 중요한 영향을 미친다는 사실을 경험적으로 증명하기 위한 많은 시도를 했다.[12] 수전 피스크Susan Fiske는 최근의 저서 『질투는 높이고 비웃음은 줄여라Envy Up, Scorn Down』에서 자신과 여러 학자들의 연구를 훌륭하게 요약해놓았다.[13] 개인적으로는 1960년대 후반에 이루어진 스탠 모스Stan Morse와 켄 거겐Ken Gergen의 연구가 가장 마음에 든다.[14] 구상은 단순했지만 그 결과는 지대한 영향을 미쳤다. 그들은 미시간 대학 학생을 대상으로 연구 참가자들을 모집했다. 높은 보수가 약속된 만큼 응모자가 아주 많았다. 참가자들은 도착하자마자 한 방에 모여 일종의 지원서인 설문지를 작성해야 했다. 자존감을 간접적으로 측정하는 항목들이 포함된 그 설문지를 반 정도 작성했을 때, 지원자처럼 보이는 또 다른 사람이 방으로 들어와 지원서를 작성하기 시작했다. 그 지원자는 두 가지 조건의 외모와 행동을 연출했다. '깔끔 씨' 조건에서 그는 눈에 띄게 말쑥한 옷차림을 하고 자신만만한 표정을 지었다. 또 철학 교재를 들고 와서는 지원서를 막힘없이 작성해나갔다. 이와 대조적으로 '불결 씨' 조건에서는 꾀죄죄한 옷차림에 몸에서 악취를 풍기고 약간 멍한 표정을 지었다. 지원서를 작성하다가 가끔 멈추고는 도움이 필요한 것처럼 머리를 긁적였다.

그러고 나서 참가자들은 지원서의 마지막 부분을 작성했는데, 거기에는 자존감을 측정하는 또 다른 질문들이 포함되어 있었다. 모스와 거겐은 두 번째 지원자가 들어오기 전후로 측정된 참가자들의 자존감 점수를 통해 몇 가지 예측을 시험할 수 있었다. 첫째, '깔끔 씨'와의 비교가 자존감을 감소시키지만, '불결 씨'와의 비교가 자존감을 높여주지는 않을 가능성이 있다. 이는 상향 비교(자신보다 더 우위에 있는 사람들과 스스로를 비교하는 것 - 옮긴이)는 자존감에 전반적으로 영향을 미치지만, 하향 비교는 그렇지 않음을 암시한다. 즉, 다른 사람의 우월함을 보면 기분이 나빠지지만, 다른 사람의 열등함에는 관심 없다는 뜻이다. 둘째, '불결 씨'와의 비교로 자존감이 높아지지만, '깔끔 씨'와의 비교로 자존감이 낮아지지는 않을 가능성이 있다. 이는 하향 비교가 자존감에 영향을 미치는 데 반해, 상향 비교는 그렇지 않음을 암시한다. 남의 우월함에는 관심이 없고, 남의 열등함을 보고는 사기가 올라가는 것이다. 마지막으로 두 조건 모두 자존감에 영향을 미칠 가능성이 있다(실제로 그랬다). 참가자들은 다른 지원자가 우월할 때 자신감이 떨어지고, 다른 지원자가 열등할 때 자신감이 올라갔다. 남의 우월함은 종종 우리의 자존감을 떨어뜨리지만, 열등함은 특히 경쟁 상황에서 우리에게 큰 힘이 된다. 모스와 거겐 이후 많은 연구자들이 이 사실을 뒷받침해주었다.

이 연구는 또 다른 흥미로운 사실도 보여준다. 한 실험 스태프는 참가자들이 태도, 차림새, 전반적인 외모와 자신감 면에서 가짜 지원자와 얼마나 비슷한지를 평가했다. 다음 페이지의 〈표 1.1〉이 보여주듯, '불결 씨'와 닮은 참가자들, 즉 '열등한' 특징을 가진 것으로 보이는 참가자들 사이에서 자존감의 변화가 가장 크게 일어났다. 그들은 우월한 지원자와의 차이를 가장 예민하게 의식했고, '깔끔 씨'와 자신을 비교하면서 자존감에 가장 큰 타격을 받았다. 하지만 그들 중에 '불결 씨' 조건에 있던 이들은 가장 큰 이득을 얻었다. 자기만큼 혹은 자기보다 열등한 사람과 자신을 비교하면서 그토록 바라던 용기를 얻은 것이다. 흥미롭게도, 우월한 것으로 평가된 참가자들은 어느 조건의 가짜 지원자에게도 거의 영향을 받지 않았다. 오히려 우월한 지원자

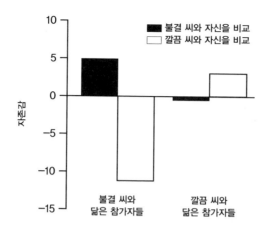

〈표 1.1〉 깔끔 씨/불결 씨와의 유사성과 자존감의 관계

불결 씨를 닮은 참가자들은 깔끔 씨와의 비교로 자존감이 떨어졌고, 불결 씨와의 비교로 자존감이 높아졌다. 반면, 깔끔 씨를 닮은 참가자들은 불결 씨와의 비교로 자존감에 아무런 변화도 없었고, 깔끔 씨와의 비교로 자존감이 약간 높아졌다.

와의 비교로 자신감이 더 올라갔다. 아마도 그와의 비교를 통해 자신의 우월감을 더욱더 확신하게 되었을 것이다.

::   **타인의 열등함과 쌤통 심리**

우월함의 광범위한 이점과 열등함의 명백한 약점은 이루 말로 다 할 수 없다. 이는 쌤통 심리를 이해하는 데에도 중요한 의미를 지닌다. 우리 대부분은 자신을 좋게 생각하고 싶어 하고, 그래서 긍정적인 자아감을 유지할 수 있는 방법을 찾는다.[15] 한 가지 확실한 방법은 중요한 자질에 있어서 자신이 남들보다 낫다는 사실을 발견하는 것이다.

자존감이 흔들릴 때, 자기보다 열등한 사람과 자신을 비교하면 기분이 좋아진다.

네덜란드의 사회심리학자인 빌코 판 데이크Wilco van Dijk, 야프 아우르커르크Jaap Ouwrkerk, 요카 베셀링Yoka Wesseling, 하위도 판 코닝스브루헌Guido van Koningsbruggen은 일련의 연구를 통해 이 관점을 강력히 뒷받침해주었다.[16] 한 연구에서 참가자들은 논문을 엉터리로 썼다는 사실이 나중에 들통난 어느 모범생의 인터뷰 기사를 읽었다. 그들은 그 전에 다른 연구와 관련된 것처럼 보이는 표준적인 자존감 측정 질문지를 작성했다. 그 결과, 참가자들이 나중에 모범생의 실패를 알게 됐을 때 느끼는 즐거움("미소가 나오는 걸 참을 수가 없었다" 혹은 "그 일이 즐거웠다" 같은 항목들)의 정도는 그들의 자존감에 따라 달랐다. 자존감이 낮을수록 모범생의 실패를 더 통쾌하게 느꼈다. 이 결과는 다른 측정을 사용한 더 정밀한 분석이 보강해주었다. 인터뷰 기사를 읽고 난 직후 참가자들은 그 모범생과 자신을 비교하면서 자존감이 떨어졌는지 아닌지 진술했는데 분석 결과, 자존감이 낮은 참가자들이 모범생의 실패를 통쾌해하는 이유는 그 학생에게 느낀 열등감 때문이었다. 다시 말해 쌤통 심리를 느낀 자존감 낮은 참가자들은 전에 그 모범생에게 뼈아픈 열등감을 느꼈던 것이다.

두 번째 연구는 추가적인 증거를 더해주었다. 실험 절차는 똑같았지만 참가자들 중 절반은 인터뷰 기사를 읽은 직후, 그리고 학생의 불운을 알기 전에 자신에게 중요한 여러 가지 가치를 돌아보는 시간을 가졌다. 나머지 절반은 이런 기회를 얻지 못했다. 후자 그룹은 첫 번째 연구와 똑같은 패턴의 반응을 보였다. 반면, 전자 그룹의 참가자들은 자신의 가치관을 돌아보는 시간이 사회적 비교의 불쾌한 영향을 막아주었는지 모범생의 불운을 그다지 통쾌하게 여기지 않았다.

자존감 하락 때문에 크게 흔들리지 않으려면 작은 성공만 한 약이 없다. 앞서 말했듯이, 프랭크 시나트라는 다른 가수들의 희망을 납작하게 때려눕힐 정도로 재능이 뛰어났다. 하지만 천하의 시나트라도 가수 인생에서 힘든 시기를 겪었고, 1940년대 말 즈음에는 자존감이 많이 떨어져 있었다. 그러다가 1953년 영화 〈지상에서 영원으로〉에 마지오 역으로 출연하며 아카데미 남우조연상을 받았다. 그의 정신과 의사인 랠프 그린슨Ralph Greenson 박사는 시나트라가 수상하는 장면을 텔레비전으로 보며 아내에게 이렇게 말했다. "이제 됐어. 앞으로는 저 사람을 볼 일이 없겠군!" 그리고 정말 그 후로는 그를 보지 못했다. 아카데미상 수상은 자신의 가치를 확인하는 결정적 계기이자 성공적인 재기의 시작을 알리는 신호탄이었다.

네덜란드 연구자들(판 데이크 등)은 세 번째 연구에서 또 다른 변화를 주었다. 처음의 두 연구는 자존감의 변화가 드러나는 그대로를 측정했지만, 이번에는 참가자들에게 거짓 성적을 알려줌으로써 자존감의 변화를 '창조한' 다음, 그들이 남의 불행에 어떻게 반응하는지 조사했다. 각 참가자는 지적 능력과 크게 연관되어 있다는 과제를 수행한 후 자신의 성적이 하위 10퍼센트에 해당한다는 말을 들었다(대조군은 아무런 피드백도 받지 않았다). 그런 다음 참가자들은 비싼 차를 빌려 파티에서 잘난 척하려 했던 한 학생에 대한 잡지 기사를 읽었다. 그런데 파티 장소에 도착해서 주차를 하다가 근처의 수로에 차를 처박았고 차는 심각하게 망가졌다. 아니나 다를까, 지적 능력에 관해 부정적인 피드백을 받은 참가자들은 그런 피드백을 받지 않은 대조군의 참가자들보다 그 불운을 더 통쾌해했다.[17] 17세기 작가 프랑수아 드 라로슈푸코François de la Rochefoucauld가 남긴 명언처럼 "자신의 결점이 없다면 남의 결점을 알고 그렇게 기쁘지 않을 것이다."[18]

이 독창적인 연구자들 덕분에 남의 불행으로부터 거리낌 없이 심리적 이득을 얻는 사람은 좌절을 겪는 사람과 자신을 비교함으로써 자존감을 높인다는 사실을 증명해주는 많은 증거를 갖게 되었다. 자존감이 낮거나 자존감을 위협당하는 경험을 해본 사람들이 특히 큰 이득을 얻는 듯하다. 쌤통 심리는 이 과정을 감지하는 한 가지 방법이다.

::   **사회적 비교의 진화적 근원**

진화 심리학은 일상생활에서 사회적 비교가 하는 중요한 역할을 강조하고, 왜 타인의 열등함이 즐거운지 그 이유를 설명해준다. 진화의 원리를 이해하는 데 있어서 중대하면서도 단순한 사실이 하나 있다. 생존과 번식에 시종일관 중요한 영향을 미치는 여러 측면에서 사람들 사이에 차이가 있다는 것이다. 생존에 이득이 되는 차이는 자연선택natural selection에 일조한다. 우리 인생의 대부분은 '문화적으로 높이 평가되는 가치에서 우월성을 차지하기 위한 경쟁'으로 요약된다. 우리는 지위와 그 지위에 뒤따르는 화려한 이득을 얻고자 한다. 우월함이 차이를 만들어낸다. 라이벌에 비해 더 큰 권세와 명성을 얻는 데 도움이 되는 자질이 있으면 사회적 서열이 올라가고 그로 인한 이득을 축적할 수 있다. 이런 이유만으로도 인간은 이득이 되는 자질을 남들에 비해 얼마나 가지고 있는지에 촉각을 곤두세울 수밖에 없다. 그리고 지위와 계급이 적응력에 미치는 어마어마한 영향을 생각하면 열등함은 기분 나쁘게, 우월함은 기분 좋게 느껴야 마땅하다.[19]

우리가 얼마나 사회적 비교에 정성을 들이는가는 짝짓기 게임에서 가장 극명하게 드러난다. 번식의 이득을 얻는 것이 짝짓기의 핵심이기 때문에 진화적 관점에서 사회적 비교가 중요할 수밖에 없다. 생존이란 우리 개개인이 살아남는 것이라기보다 우리의 유전형질이 후대에까지 살아남는다는 뜻이다. 따라서 우리는 짝짓기를 해야 하고, 이 경쟁에서 가장 중요한 것은 우월한 적응력을 후손에게 물려줄 수 있는 사람과 짝을 짓는 것이다.[20]

흥미롭게도 사람들은 대개 육체적으로 끌리는 사람과 짝을 이룬다. 왜 그럴까? 우리는 주변에 있는 가장 매력적인 사람과 짝을 짓고 싶어, 같은 목표를 가진 다른 이들과 경쟁한다. 관계가 진행되려면 우리의 구애가 응답을 받아야 하는데, 이 중요한 일에 욕심을 내다가 도를 넘으면 대개 효과를 보지 못하고 거절만 당하게 된다.

나는 대학원 제자들에게 이 점을 극적으로 보여주기 위해 강의실에서 실험을 하곤 한다.[21] 우선, 색인 카드에 육체적 매력의 점수를 매긴 '짝 가치'(1~15점)를 적고 카드를 반으로 접어 열다섯 명 정도의 학생들에게 무작위로 나누어준다. 학생들은 카드를 펴고 자기 이마에 붙여 다른 사람들만 점수를 볼 수 있게 한다. 나는 학생들에게 성별을 무시하고 그들 눈에 띄는 가장 높은 점수의 사람과 짝을 지으라고 지시한다. 짝짓기 절차는 잠재적인 짝에게 악수를 제안하는 것으로 시작된다. 그 제안이 받아들여지면 짝이 완성된다. 거절당한 사람은 제안이 받아들여질 때까지 계속 손을 내밀어야 한다.

짝짓기가 진행되는 과정에서 소수의 불행한 사람들은 마침내 자기 짝을 찾을 때까지 헤맨다. 모두가 짝을 찾고 나면 자신의 점수를 추측해서 실제 점수를 보기 전에 적어둔다. 그들은 또한 자신의 짝짓기에 대한 만족도를 점수로 매긴다. 나는 실제 점수와 예측 점수, 그리고 짝에 대한 만족도를 얼른 컴퓨터에 입력한다. 이 점수들의 연관성을 찾기만 해도 큰 도움이 된다. 첫째, 실제 점수는 큰 상관관계를 보여준다. 사람들은 자신과 점수가 비슷한 상대와 짝을 이룬다. 둘째, 실제 점수와 예측 점수 역시 밀접하게 연관되어 있다. 거절을 한두 번 당해보면 자신의 매력 점수가 그다지 높지 않다는 걸 알아챌 수 있다. 마지막으로 예측이든 실제든 매력 점수는 만족도와 크게 연관되어 있다. 매력적인 쌍은 만족도가 높고, 매력이 없는 쌍은 그렇지 못하다. 물론 인위적인 증명이지만 삶의 중요한 영역에서 서열 매기기가 어떤 결과를 초래하는지를 잘 보여준다. 사람들은 남에게 어떤 대우를 받느냐에 따라 자신의 짝 가치를 감지하고, 실제든 자기 생각이든 매력 점수가 높을수록 그들이 느끼는 만족감도 높아진다.

부족을 이루어서 서로 긴밀한 관계를 맺으며 생활한 우리의 시조들은 집단의 다른 구성원들에 '비해' 더 뛰어나야 했을 것이다. 그래야 경쟁 우위를 차지할 수 있을 테니 말이다. 경제학자 로버트 프랭크 Robert Frank는 상대주의적인 사고의 흥미로운 이득에 대해 말하며 "최선을 다하라"라는 경험적 법칙은 우리에게 해답을 주지 못한다고 주장한다. 할 만큼 했다는 걸 언제 결정지을 수 있단 말인가? 프랭크는

"가장 가까운 경쟁자보다 더 잘하라"라는 상대주의적 법칙이 이 문제를 효과적으로 해결해준다고 말한다.[22] 생존하기 위해 끝도 없이 계속 뭔가를 성취할 필요는 없다. 경쟁자보다 잘하기만 하면 된다. 우리의 본성대로 사회적 비교에 집중하면 효율적인 행동을 할 수 있다. 남들보다 명백하게 우위에 섰다면 노력을 멈추어도 된다. 그것은 쳇바퀴를 떠나라는 신호니까. 진화 과정은 낮은 지위를 편안하게 받아들이는 사람들에게 불리한 것처럼 보인다. 지위가 낮은 사람들은 자원에 접근할 수 있는 기회가 적고 잠재적인 짝들에게 선택받을 확률이 낮기 때문이다.[23] 낮은 지위가 건강과 수명에 악영향을 미친다는 증거가 계속해서 나오는 것도 놀라운 일이 아니다.[24] 대부분의 사람들은 낮은 지위에 불만을 품는데, 이는 우리의 생존력을 높여준다. 무언가 해야 한다는 신호를 보내주는 것이기 때문이다. 마찬가지로 대부분의 사람들은 높은 지위에 행복해한다. 이는 높은 지위의 이득을 얻었음을 알려주는 신호로써, 역시 우리의 생존력과 관계된다. 우리는 이런 행

복한 감정을 즐길 뿐만 아니라 기대하고 그것을 얻기 위해 노력한다.

높은 지위와 그 즐거움을 얻는 한 가지 방법은 다른 사람들, 특히 더 높은 지위에 있는 사람들의 지위가 떨어지는 것이다. 선구적인 진화 심리학자 데이비드 버스David Buss에 따르면, 우리는 높은 지위의 사람들이 실패하는 모습을 지켜보는 즐거움을 느끼기 위해 그 불행을 초래하고 그로 인한 상대적 이득과 즐거움을 얻는데, 이는 우리의 생존에도 도움이 된다.[25]

상대적 차이에 민감한 것이 생존과 번식에 도움이 된다는 사실은 인간과 유전적으로 아주 비슷한 영장류의 유사한 경향을 관찰해보면 알 수 있다. 에모리 대학의 여키스 국립 영장류 연구 센터Yerkes National Primate Research의 연구자들은 꼬리감는원숭이capuchin monkey들에게 일명 '불공정' 게임을 훈련시켰다.[26] 원숭이들은 두 마리씩 짝을 지어 연구자에게 작은 돌을 하나 주고 그 보답으로 그들이 아주 좋아하는 오이 한 조각이나 포도 한 알을 받도록 훈련받았다. 두 마리 모두 오이 조각을 받았을 때는 둘 모두 만족스러워하는 것처럼 보였다. 하지만 한 마리는 오이 조각을 받고 다른 한 마리는 포도 알을 받자, 오이를 받은 원숭이가 화를 냈다. 보상의 '상대적' 질이 보상의 유무만큼이나 중요한 것 같았다. 그 연구를 이끈 세라 브로스넌Sarah Brosnan에 따르면, 불리한 대접을 받은 원숭이들은 "내게서 오이를 빼앗아 바닥에 떨어뜨리거나 집어 던졌고, 아니면 내가 주려고 할 때 그냥 몸을 돌려버리고 받지 않았다."[27] 원숭이들의 이런 반응은 우리가 상대적으로 부당한 대우를 받을 때 보이는 반응과 꼭 닮았다. "우리에게 최선을 줄 수 없다면 차선은 필요 없다"라는 식이다.

개도 불공평한 대우를 싫어하는 것 같다. 18세기의 고명한 학자 새 뮤얼 존슨Samuel Johnson은 피상적인 사고를 하는 사람들은 개와 비슷해서 "비교하는 능력이 없다"라고 말했다. 개들은 큰 고기 조각과 작은 조각이 나란히 놓여 있을 때조차 자기 옆에 있는 "작은 고기 조각을 큰 조각만큼이나 흔쾌히" 잡아챈다.[28] 그런데 개의 행동에 대한 연구를 보면 존슨이 개의 능력을 과소평가한지도 모르겠다. 빈 대학의 연구자들은 애완견들의 행동을 조사했다. 두 마리씩 짝을 지은 개들은 실험자의 손에 발을 얹으면 그 대가로 양질의 보상(소시지)이나 시시한 보상(흑빵)을 받았다. 존슨의 주장대로 개들은 소시지가 아닌 흑빵을 받을 때조차 보상의 질에는 무관심한 듯 보였다. 하지만 한 가지 절차상의 변화가 미묘한 차이를 불러일으켰다. 한 마리에게만 한 개의 보상을 주고 다른 한 마리에게는 아무것도 주지 않자, 혜택을 받지 못한 개는 훨씬 더 굼뜨게 발을 내밀었으며 명령 자체를 잘 따르지 않으려 했다. 불이익을 받은 개들은 점점 더 동요했고, 혜택을 받은 짝의 시선을 피하는 듯했다. 이런 실험 결과로부터 연구자들은 개들이 불공평한 분배에(즉, 자신은 아무것도 받지 못했을 때) 부정적인 '감정적' 반응을 보인다고 추론했다. 어떤 보상이든 하나라도 받으면 아무 문제 없지만, 다른 개가 뭔가를 얻었는데 자기는 아무것도 받지 못하는 건 속상한 일이었다.[29] 개조차 불이익에 이렇게 짜증을 낸다면, 대부분의 인간도 그만큼 신경 쓸 거라는 추론이 가능하다.

사회적 비교가 사람들의 감정에 영향을 미치는 정도는 문화에 따라 차이가 있다.[30] 하지만 나는 사회적 비교의 위력을 의심하는 사람들을 만나면 실험 결과나 진화 이론 같은 건 제쳐두고, 그들에게 아이가 있느냐고 묻는다. 그렇다고 하면, 만약 그들이 한 아이를 다른 아이보다 편애하면 어떤 일이 벌어지겠느냐고 묻는다. 그러면 그들은 편애로 인해 빚어진 싸움이 곧장 떠오르는 듯한 표정을 짓는다. 격하게 오가는 말, 억울하다는 울부짖음, 남은 앙금. 이 정도로도 충분하겠지만 우리 두 딸이 아주 어렸을 때 그들에게 팝콘을 나눠 주면서 겪었던 어려움을 들려주며 이야기를 마무리 짓겠다. 팝콘과 영화는 떼려야 뗄 수 없는 관계였고, 이 전통이 시작된 순간부터 우리 딸들은 누가 더 팝콘을 많이 받느냐 하는 문제를 두고 자주 다투었다. 싸움을 피하는 유일한 방법은 똑같은 크기의 그릇에 정확히 똑같은 양의 튀긴 옥수수 알을 담아서 주는 것이었다. 하지만 한 명이 자기의 팝콘이 더 적다면서, 다른 아이가 '항상' 편애받는다고 떼를 쓰는 일이 자주 있었다. 가끔 우리는 자매간의 다툼을 이용해 이런 식으로 훈계를 해보기도 했다. "누가 더 많이 받느냐가 그렇게 중요해? 그리고 더 작은 그릇을 받으면 어때? 그럼 네 언니나 동생이 더 많이 먹을 수 있어서 좋잖아." 누구나 짐작하겠지만, 아무리 훈계를 해봐야 우리의 사랑이 편파적이라고 믿는 아이들 앞에서는 아무런 소용이 없었다. 이제는 아이들도 다 컸으니 그때 일을 웃으며 얘기할 수 있다. 하지만 아이들이 어렸을 때 자신이 불이익을 당하고 있다고 느끼면 보여주던 그 생생한 고통은 사람들이 사회적 비교에 갖는 본능적 관심을 보여주는 좋은 증거이다.

나는 사회심리학 개론 수업에서는 사회적 비교의 중요성을 보여주기 위해 다른 방식을 쓴다. 사회심리학자 마크 앨리크Mark Alicke가 수많은 실험을 통해 증명해 보였듯이, 사람들은 자신을 남들과 비교하여 평가할 때 이기적으로 판단해버리는 경향이 있다. 이 '평균 이상 효과'는 증명하기가 아주 쉽다.[31] 효력이 아주 좋은 실험이 하나 있는데, 우선 각 학생이 종이에 적힌 두 가지 질문에 익명으로 답한다.

1. 당신의 유머 감각은 얼마나 좋습니까?

 1   2   3   4   5   6   7

대학생 평균보다   대학생 평균보다
현저히 떨어진다   훨씬 뛰어나다

2. 당신의 수학 실력은 얼마나 좋습니까?

 1   2   3   4   5   6   7

대학생 평균보다   대학생 평균보다
현저히 떨어진다   훨씬 뛰어나다

답변을 모은 후 몇몇 학생들에게 얼른 결과를 집계해달라고 부탁한다. 〈표 1.2〉는 내가 100명 이상의 학생을 대상으로 실시한 실험 결과를 개략적으로 보여준다. 유머 감각에 대해서는 거의 불가능한 분포도가 나온다. 거의 모든 학생들이 자신이 평균 이상이라고 답한다. 대부분의 학생은 자신이 평균을 훨씬 뛰어넘는다고 생각한다. 유머 감각에 관해서라면 이런 답변을 하기가 쉽다. 주관적인 판단이 더 심한 편견을 부르고, 우리는 그 기회를 틈타 자신을 실제보다 더 좋게 평가한다. 수학 능력에 관한 분포도를 보면 역시 여기에도 학생 자신의 편견이 들어가 있긴 하지만, 그리 극단적이지는 않다. 수학 실력은

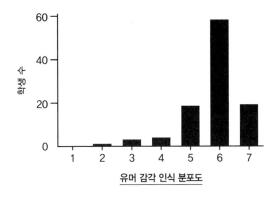

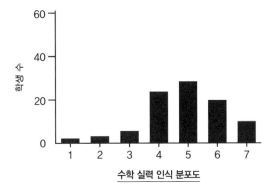

<표1.2> **상대적 위치에 대한 편향적 인식**

자신의 유머 감각(위)과 수학 실력(아래)을 대학생 평균과 비교하여 등급을 매겼는데, 대부분은 중간
점수(4점)나 그 이상으로 평가했다.

유머 감각보다는 좀 더 객관적인 측정이 가능하기 때문에 현실적으
로 평가할 수 있는 확률이 높다. 그렇다 해도 대부분의 사람들은 역시
자신이 평균 이상이라고 생각한다.

　학생들의 인식은 왜 이렇게 왜곡될까? 우리 대부분은 자신을 남보

다 우월한 사람으로 생각하고 싶어 하고, 그래서 가능할 때마다 그 욕구를 충족시킬 수 있는 방법을 찾는다. 코미디언인 고故 조지 칼린George Carlin은 바로 이런 열망을 정확히 포착해냈다. "나보다 느리게 차를 모는 사람은 멍청한 놈, 나보다 빨리 모는 사람은 미친놈 아닌가?"[32] 이런 착각 덕분에 우리가 자존감을 굳건히 지켜낼 수 있는 것이다.[33] 자신을 꼭 우월한 사람으로 평가하지 않아도 된다면, 자신의 능력을 해석하는 데 편견도 들어가지 않을 것이다.

그렇다고 해서 우리가 객관성을 완전히 잃어버리는 건 아니다.[34] 덜 주관적인 자질과 능력에 대해서는 자신의 실질적인 상대적 위치를 좀 더 잘 받아들인다. 물론 그런 경우라도 자기에게 유리한 해석을 하긴 하지만 말이다.

:: **소설을 통해 보는 사회적 비교와 쌤통 심리 : 『붉은 무공훈장』**

우리 자신에 대한 일상적인 판단(나는 유능한가 평범한가, 잘나가는가 아닌가, 다른 사람들에게 주목받는가 무시당하는가)에는 사회적 비교가 깊숙이 스며들어 있다. 따라서 우리가 남들의 불행을 보고 통쾌한 기분을 느끼는 것도 이상한 일은 아니다. 당연한 말이지만, 인간의 심리를 이해하는 위대한 소설가들은 이 사실을 뒷받침하는 작품을 남겨왔다. 미국 남북전쟁을 소재로 다룬 스티븐 크레인Stephen Crane의 소설『붉은 무공훈장The Red Badge of Courage』에서 주인공인 헨리 플레밍은 전쟁이 시작될 무렵 패기만만하게 북군에 입대한다.[35] 그러나 죽을 수도 있다는 사실을 깨달으면서 흥분은 곧 두려움으로 돌변한다. 순진하게도 그는 입대하지 않은 학교 친구들에게 우월감을 느꼈다. 하지만 한 병사의 죽음을 보자마자 이 생각은 뒤집힌다. 이젠 그의 친구들이 운 좋은 사람들이다. 플레밍은 실제로 전투에 투입되면 자기가 달아날까 봐 걱정하고, 그래서 자신의 걱정을 다른 병사들의 걱정과 비교하며 "전우들을 근거로 자신을 평가한다."[36] 첫 전투에서 플레밍은 두려움에 지고 말아 "날듯이 도망친다."[37] 그러고 나서 곧 자신의 비겁한 행동에 수치심과 열등감을 느낀다. 물론 그는 상향 비교를 피할 수 없다. 최전선으로 행군하는 위풍당당한 병사들을 보며 자신의 부족함을 통감하고 질투도 느낀다. 그는 막 전투에서 돌아온 병사들 틈에 슬쩍 끼어들지만 극심한 수치심에 시달린다. 그들 대부분이 그에게는 없는 상처, 즉 "붉은 무공훈장"을 가지고 있기 때문이다. 다행히도 플레밍은 어려운 상황에 처한 다른 병사들도 만나면서 자존심을 회복하고, 이는 가끔 쌤통 심리로까지 이어진다. 플레밍은 힘들어하는 한 친구를 보고는 자신이 "더 강하고 용감해진" 것 같은 기분을 느낀다.[38] 그리고 그가 아주 비겁하게 행동했던 첫 전투에서 자기 말고도 다른 많은 병사들이 달아났다는 사실을 알고 조금 위안을 얻는다. 나중에 그는 겁에 질려 퇴각하는 병사들을 "나약하고 볼썽사나운 동물들"[39]에 비유한다. 그는 자기보다 못한 사람들과 자신을 비교하며 쾌감을 느끼고, "아마도 나는 그렇게 형편없는 사람이 아닐지도 모른다"[40]라는 결론을 내린다. 소설의 말미에 플레밍은 자신이 전장에서 용감하게 행동할 수도 있다는 사실을 증명해 보임으로써 구원받지만, 다른 병사들과의 흐뭇한 비교를 통해 자존감을 되찾지 않았다면 그런 일은 불가능했을 것이다.[41] 사회적 비교는 플레밍의 쌤통 심리뿐만 아니라 모든 감정에 엄청난 영향을 미친다.

::　　　　　　　**자서전을 통해 보는 사회적 비교와 쌤통 심리:**
　　　　　　　　　　　네이선 매콜의『소리치고 싶어라』

일상적인 감정에 널리 스며들어 있는 사회적 비교와, 또 그 사이에 간간이 끼어드는 쌤통 심리는 여러 자서전에서 쉽게 찾을 수 있다. 버지니아 주 포츠머스의 노동자 계급 집안에서 태어나고 자란 저널리스트 네이선 매콜Nathan McCall은 회고록『소리치고 싶어라Makes Me Wanna Holler: A Young Black Man in America』에서 인종 비교라는 험난한 주제를 다루었다.[42] 매콜은 충분히 안정적인 집안에서 성장했고 학교 성적도 좋았지만, 열다섯 살 즈음엔 총을 들고 다니면서 집단 강간부터 무장 강도까지 다양한 범죄에 가담했다. 그에게 총을 맞은 남자가 겨우 살아나 가까스로 살인죄는 면했지만, 십 대 후반에는 맥도날드에서 강도 짓을 하다가 체포당했다. 매콜은 힘든 옥중 생활을 하지만, 이는 자신을 돌아보는 계기가 되었다. 감옥에서 나올 때쯤엔 저널리즘 학위를 갖고 있었다. 그리고 여러 번의 도전 끝에《애틀랜타 저널 컨스티튜션Atlanta-Journal Constitution》을 거쳐 마침내《워싱턴 포스트The Washington Post》에 기자로 취직하였다.

　그의 회고록은 대부분의 사람들에게 익숙하지 않은 이야기를 들려준다. 무장 강도나 집단 강간을 저지르는 것이 어떤 기분인지 아는 사람은 거의 없고, 그런 짓을 저지르는 사람들 중에 매콜만큼 글솜씨가 뛰어난 사람은 드물다. 그는 매서우리만치 정직하므로 인간 심리에 관심이 있는 독자라면 그의 책에서 많은 것을 얻을 수 있다.

매콜은 사회적 비교, 특히 인종과 관련된 사회적 비교를 예민하게 의식했다. 그가 저지른 대부분의 잔인한 행동과 범죄를 거슬러 올라가보면 그 시작에는 흑인이라는 정체성에서 비롯된 열등감이 있다. 일고여덟 살 때 그는 텔레비전을 보면서 백인들에게 매혹되었다. 백인들이 훨씬 더 재미있게 사는 것처럼 보였다. 매콜은 백인이 흑인보다 우월하다는 메시지를 다양한 경로를 통해 받았다. 예를 들어 그의 어머니는 "네 본색을 드러내지 마. 깜둥이처럼 굴지 말란 말이야!"[43] 라고 말하곤 했다. 혹은 그가 나쁜 행동을 할 때마다 그녀가 가정부로 일하는 부유한 유대인 가족의 모범적인 아이들과 그를 비교하곤 했다. 그 백인 소년들은 "착하고" 그녀가 시키는 대로 하는데, 왜 너는 그렇게 하지 않느냐며 나무랐다.[44] 한번은 할아버지의 머릿기름으로 머리카락을 똑바로 펴려고 했다. 그러나 효과는 그리 오래가지 않았다. 몇 분 만에 그의 머리칼은 "직모에서 곱슬머리로, 결국엔 꼬불꼬불한 머리로 되돌아갔다."[45] 매콜은 그가 한 짓을 알아챈 어머니에게 뒤통수를 한 대 얻어맞고, 머릿기름을 씻어내면서 따끔거림을 참아내야 했다. 최악의 일은, 그의 머리카락이 주변의 우월한 백인들처럼 반듯해질 일이 절대 없으리라는 걸 깨닫고 자존심에 상처를 입은 것이었다.

고통스러운 갈망과 혼란스러운 좌절이 그의 인생을 지배했다. 질투와 분노가 그를 괴롭혔다. 매콜은 이 시절을 다음과 같이 요약했다.

그 시기에 나는 젊은 시절 내내 백인들이 내게 이해시키려 애썼던 한 가지 사실을 깨달았다. 미국에는 두 개의 세계가 있고, 각각의 세계에 서로 다른 규칙이 적용된다는 것이다. 백인의 세계에는 삶의 가능성이 넘쳐났다. 흑인의 세계는 어둡고 좁았다.[46]

이런 가슴 아픈 경험이 쌓이고 쌓여서 그의 정신을 좀먹었고, 매콜은 맹렬하고 격정적인 분노에 휩싸였다. 그래서 올바른 결정을 내릴 만큼 논리적으로 생각하지 못했고, 부분적으로는 이런 이유 때문에 불건전한 행동을 하고 결국엔 범죄까지 저지르게 된 것이다.

그는 이 문제에 대처하기 위해 자기를 비롯한 흑인들이 백인보다 우월하다고 생각하기 시작했다. 감옥에 있는 동안, 머리를 써야 하는 게임인 체스에 자기들이 더 능하다고 생각하는 백인 재소자들을 보고 매콜은 체스를 배웠다. 그는 백인 재소자와 어떤 게임을 하든 그것을 게임이 아니라 전쟁으로 여겼으며 그 전쟁에서 이기기 위해 전심전력을 다했다. 그리고 대개는 이겼다.

그 승리와 트로피(아직도 가지고 있다)는 특별히 달콤했다. 결승에서 이기적인 백인 재소자를 이겼기 때문이다. 나는 게임에 대비해 이틀 동안 단식했고, 마치 그 백인 소년이 내게서 뭔가를 훔쳐 가기라도 한 것처럼 그를 물리쳐버렸다.[47]

나중에 기자가 된 그는 백인 동료들의 행동을 끊임없이 관찰하면서 흑인들의 행동보다 더 좋아 보이거나 나빠 보일 때마다 메모해두었다. 그러면서 그들의 우월함에 풀이 죽고, 그들의 열등함에 기분이 좋아졌다. 그는 "변비에 걸린 것처럼 보이는 백인들"이 정치를 논하고 "진부한 농담"을 주고받는 파티에 참석했다.[48] 《애틀랜타 저널 컨스티튜션》에서 일하는 동안 그는 많은 백인 기자들이 그들 자신에게 전혀 어울리지 않는 색깔과 무늬의 옷을 선택한다는 결론을 내리고 "그들은 형제들만큼 멋지게 옷을 입을 줄 몰라 그것 때문에 불안해했다"라고 썼다.[49] 그는 백인 기자들의 어리석음을 즐겼다.

《애틀랜타 저널 컨스티튜션》의 소유주들이 《뉴욕타임스》의 전 워싱턴 지부 국장인 빌 코바치Bill Kovach를 고용하여 신문사 운영을 맡기고 수준 향상을 요구했을 때도 매콜은 만족감을 느꼈다. 코바치는 자신의 팀을 데려와 신문사를 대대적으로 개혁했다. 옛 방식을 편안하게 느끼던 많은 기자들은 '북부 사람'이 와서 변화를 일으키는 것에 분노했다. 남북전쟁의 결과를 아직 받아들이지 못하고 있는 듯했다. 매콜은 동료들의 이런 반응을 이해할 수 있었고, 약간은 그들과 유대감을 느꼈다. 그는 많은 남부인들이 뼛속 깊이 열등감에 시달리고 있다고 느꼈다. 북부 출신의 백인들은 몇 세대에 걸쳐 "마치 마법을 부리듯 남부 사람들의 정신을 해쳐왔다."[50] 어쩌면 남부 백인들은 노예라는 자존심 상하는 유산에 대처해야 했던 흑인들과 비슷한 심정이었을지도 모른다. 이 백인 기자들이 신문사를 제대로 운영하지 못할 거라고 암시하는 듯한 코바치의 행동은 과거의 상처에 소금을 뿌렸다. 매콜은 지적으로 열등하다는 고정관념에 시달렸던 흑인들이나 '어수룩한' 이미지의 남부 사람들이나 비슷한 굴욕을 느껴왔을 거라고 짐작했다. 하지만 이러한 이해도 그의 쌤통 심리를 막지는 못했다.

남부 출신의 백인 기자들이 툭하면 무슨 작당이라도 하듯이 모여서 "밀고 들어와 대장 노릇을 하는 빌어먹을 양키들"에 대해 투덜거리는 걸 보면, 마치 우라질 남북전쟁을 처음부터 다시 치를 계획을 짜고 있는 것처럼 보였다. 몇몇은 화가 나서 신문사를 그만둬버렸다. 나머지는 코바치에게 해고당했다. 그렇게 백인들이 서로 싸워대는 꼴을 보고 있자니 재미있었다. 나는 그 대학살을 즐겁게 지켜보았다.[51]

빌코 판 데이크 팀의 연구 결과에 비추어 보면 매콜의 이런 원색적인 감정은 그리 놀랍지 않다. 어린 시절에 인종적 존엄성을 모욕당하고 그 후에도 계속 흑인의 인종적 열등함에 대한 고정관념에 시달려야 했던 그가 백인의 열등함을 인지하고 통쾌함을 느낀 것은 당연한 일이다.

매콜은 우월감에 도취되고 그것을 즐겼다. 하지만 그가 통쾌함을 느낄 수 있었던 이유가 자신의 우월함뿐만 아니라 다른 사람의 열등함 때문이기도 했다는 사실에 주목해야 한다. 우리는 우월함과 열등함을 따로 인지하지는 않지만 어느 한쪽에 초점을 맞출 수는 있다. 2장에서 알아보겠지만, 타인의 열등함을 이용한 하향 비교는 쌤통 심리를 느낄 수 있는 수많은 기회를 제공한다. 이는 우리가 많은 사건들 속에서 고소함을 느끼는 이유를 설명해준다.

2

남의 열등함은
나의 자양 강장제

"울 이유가 없어, 조지." 더브가 말했다. "우리가 메뚜기들보다는 휠씬 더 잘살잖아."
　　　　　　　　　　　　　　　-'더브' 스크로긴스(W. T. 'Dub' Scroggins)[1]

바보들에게 감사하자. 그들이 없다면 우리가 성공할 수 없을 테니.
　　　　　　　　　　　　　　　-마크 트웨인(Mark Twain)[2]

내가 일등석을 타는 것만으로는 충분치 않아……. 내 친구들이 이등석을 타야지.
　　　　　　　　　　　　　　　-《뉴요커(NEW YORKER)》에 실린 만화[3]

작가 수전 치버Susan Cheever는 디너파티에서 술에 취해 추태를 보이는 사람들을 묘사한다. 여자들은 엉뚱한 곳에 립스틱을 칠하고, 남자들은 깨진 접시가 널린 바닥으로 쓰러진다. 조지 칼린George Carlin이라면 "테킬라 한 잔, 테킬라 두 잔, 테킬라 석 잔, 바닥"이라고 덧붙였을 것이다.[4] 치버는 그것도 다 옛일이라며 안타까워한다. 혀꼬부랑 소리, 엉덩방아, 산산조각 난 도자기 그릇 같은 것들을 최근 사교계 파티에서는 거의 찾아볼 수 없다. 치버에 따르면, 사람들은 여전히 술을 마시지만 취하지는 않는다. 말인즉슨 남의 웃음거리가 되는 창피한 꼴을 보이지 않고 처신을 더 잘한다는 뜻이다. 과음에 대한 사회적 반감이 알코올중독까지 이긴 것이다. 치버는 이런 변화를 애석해한다. "다른 사람들이 망신당하는 꼴을 지켜보는 즐거움"[5]이 사라졌기 때문이다.

치버 자신이 알코올중독자고, 이런 이유 때문에 파티에서 음주를 피하기도 한다. 알코올중독의 엄청난 폐해를 잘 알고 있는 그녀는 알

코올중독자 갱생회Alcoholics Anonymous를 설립한 빌 윌슨Bill Wilson에 대한 책을 저술하고, 그녀의 유명한 아버지 존 치버John Cheever와 그녀 자신이 겪었던 알코올중독의 고통에 대해 쓰기도 했다. 이렇듯 알코올중독과 친밀하기 때문에 그녀는 술에 취해 망신당하는 사람들에게 공감하면서도, 동시에 그들의 그런 모습을 즐기기도 한다.[6]

그녀는 기대에 찬 관찰자 역할을 한다. 술에 취한 사람들의 행동을 다시 보기를 갈망하지만, 그것을 직접 연출하는 감독의 역할은 거부한다. 대부분의 사람들이 그렇듯 그녀 또한 자신과 아무런 관계없는 불행을 즐거워하는 데 양면적인 감정을 가지고 있고, 남의 불행을 초래하는 일은 금기였다. 그녀는 하향 비교를 자양 강장제로 여기면서 그것을 고대하고 바라며, 적극적이기보다는 전형적으로 수동적 방식을 통해 쌤통 심리에 빠진다. 하지만 그녀는 자신의 아버지가 하곤 했던 일을 떠올리며 그녀 집안의 피에 흐르는 장난기를 드러낸다. 술에 취하지 않은 맑은 정신일 때 그녀의 아버지는 "엄청나게 독한 마티니를 만들어" 다른 손님들이 취한 모습을 즐겁게 지켜보았다.[7]

하향 비교를 즐기는 방법은 여러 가지다. 자기보다 떨어지는 사람들의 모임에 들어가서 빈털터리들에게 주목하고 남들의 우월한 면모보다는 열등한 자질을 부각시켜 생각하며 남들의 우월한 자질을 묵살해버리는 전략에서부터 남들의 열등함을 초래하는(예를 들면 독한 마티니를 만들어준다든가) 수법까지 그 방법은 수도 없이 많다.

한 가지 간단한 방법은 대중매체를 보는 것이다. 많은 뉴스가 다른 사람들의 스캔들과 불행에 집중하고 있으니 말이다. 사람들을 공개적으로 망신시키는 포맷으로 시청자들을 유혹하면서 점점 더 기세를 더해가는 리얼리티 프로그램도 마찬가지다. 인터넷을 비롯한 다양한 매체가 정보를 제공하고 있는 요즘 시대에, 시청자들은 다른 사람들의 망신스러운 행동을 몇 번이고 반복해 볼 수 있다. 통쾌한 하향 비교 장치가 들어 있는 프로그램이 히트를 치는 경우가 잦다.[8] 다음의 말을 기억하고 있는 사람들이 많을 것이다.

> 저는 개인적으로 많은 미국인들이 그렇게 하지 못하는 이유는, 어, 우리나라의…… 일부 사람들에게 지도가 없기 때문이라고 생각하고, 어, 우리의, 어, 교육은 남아프리카와, 어, 이라크, 그런 모든 곳 같은 교육은, 그리고 여기 미국의 우리 교육은 미국을 도와야 하고, 어, 혹은, 어, 남아프리카를 도와야 하고, 이라크와 아시아 국가들을 도와야 한다고 생각합니다. 그래야 우리의 아이들을 위한 미래를 건설할 수 있을 것이기 때문입니다.[9]

2007년 미스 틴 USA 대회에서 "최근의 여론조사에 따르면 미국인의 5분의 1이 세계지도에서 미국의 위치를 찾지 못한다고 합니다. 왜 그렇다고 생각하세요?"라는 질문에 사우스캐롤라이나 주 참가자인 케이틀린 업턴Caitlin Upton이 한 답변이다. 많은 사람들이 날카로운 눈으로 지켜보고 있는 대회에서 질문에 답하기란 쉬운 일이 아니다. 우리 대부분은 곤란한 질문을 받고 당황해서 머리에 쥐가 나는 경험을 해본 적이 있다. 케이틀린은 나중에 NBC의 〈투데이 쇼Today Show〉에 출연해서는 훨씬 더 나은 답변을 했다.[10] 그녀는 자신의 행동을 패러디까지 하는 소탈함을 보였다.[11] 하지만 그녀의 두서없는 대답은 말도 안 되는 표현으로 가득하고 기가 막힐 정도로 난해했기 때문에 대중매체는 조롱조의 논평과 함께 그 답변을 무자비하게 되풀이했다. 재미가 보장된 그 영상은 조회 수가 높았고 유튜브에 널리 퍼졌다. 사실 유튜브에 올라오자마자 돌풍을 일으켜 2007년 한 해 동안 사람들이 두 번째로 많이 본 영상이 되었다.[12] 그리고 그녀의 답변은 '올해의 가장 멍청한 발언 상'에 뽑혔고,[13] 그해 기억에 남는 말을 선정한 수많은 리스트에서 1위 혹은 그 근처의 순위에 올랐다.[14] 예일 발언록The

Yale Book of Quotations(예일 대학 법대의 프레드 샤피로Fred R. Shapiro 교수가 매년 한 해 동안 가장 많이 인용된 화제의 발언 열 개를 선정하여 출판하는 발언록 – 옮긴이)에서는 올해의 말 2위를 차지했다. 1위는 존 케리John Kerry 상원의원이 대학 강당에서 연설할 때 곤란한 질문을 던져 쫓겨날 위기에 처한 대학생이 애원하며 소리쳤던 "전기 충격 총을 쏘지 마세요"라는 말이 차지했다.[15] 사람들은 지금도 계속 케이틀린의 답변을 하향 비교의 자극제로 이용하면서 쌤통 심리를 즐기고 있다.[16]

::   **극단적인 형태의 하향 비교**

하향 비교는 즐겁지만 그 근원은 사악할 수도 있다. 2005~2006년에 노숙자들이 잔인하게 폭행당했던 수많은 사건들을 생각해보라. 가끔 '스포츠 살인sport killings'이라고 불리기도 하는 이런 짓을 저지르는 범인들은 대개 중산층 십 대들이다. CBS 뉴스 프로그램인 〈60분60 Minutes〉이 보도한 한 폭행 사건은 특별한 주목을 받았다. 어느 불운한 남자가 죽음을 당했기 때문이다. 범행을 자백한 네 명의 십 대는 마리화나를 피우려고 나무가 우거진 곳으로 들어갔다가 그 사람과 우연히 마주쳤다. 그가 제발 그만하라고 빌고 살려달라고 울부짖었는데도 그들은 세 시간 동안 때렸다 쉬었다 하며 세 단계에 걸쳐 그를 폭행했다. 나뭇가지로 시작해서 못을 박은 각목으로 끝난 혐오스럽고도 기나긴 범행이었다. 지금은 고인이 된 CBS 기자 에드 브래들리Ed Bradley는 소년들이 붙잡혀 유죄 판결을 받고 형을 선고받은 뒤 그들을 인터뷰했다. 그는 그들이 왜 그런 짓을 저질렀는지 이해하고자 질문을 던졌다. 사건 당시 열여덟 살로 범인들 중 가장 나이가 많았던 한 아이는 "재미로 그랬던 것 같아요"라고 간단하게 답했다. 그는 자기와 친구들이 저지른 짓을 창피해했고, 브래들리만큼이나 얼떨떨한 표정을 지었다. 그는 피해자가 도와달라고 애원하던 목소리가 "머릿속에서 계속 맴돈다"[17]라고 말했다.

그런 짓이 왜 재미있었을까? 재판을 맡은 판사는 그 아이들이 자신들의 무력함을 해소하고자 자기들보다 아래 서열에 있는 사람을 괴롭혔을 거라고 주장했다. 범죄학자이자 증오범죄 전문가인 브라이언 레빈Brian Levin도 비슷한 해석을 내놓았다. 증오에 휩싸여 깊은 마음의 병을 앓는 사람들이 이런 종류의 범죄를 저지른다는 생각은 오해일 것이다. 대개는 값싼 스릴을 찾아 헤매는 어린 남자들이 이런 범죄를 저지른다. 그들은 자기보다 열등하고 반격 능력이 없는 사람을 표적으로 택한다. 우월감을 느끼고 싶어 하는 범인들에게 노숙자들의 나약하고 열등한 지위는 심리적인 강장제나 마찬가지다. 바로 이런 과정에 '재미'가 있는 것이다.

그렇다 해도 이 아이들은 애초에 왜 표적을 필요로 할까? 이 사건의 십 대 범인들은 노숙자들이 굴욕적인 행동을 하고 그 대가로 푼돈과 술을 받는 내용을 담은 DVD 시리즈 〈부랑자 싸움Bumfights〉을 모르고 있었다.[18] 십 대들이 노숙자를 공격한 다른 사건들의 경우는 이 시리즈를 모방한 것으로 알려졌다. 〈60분〉이 보도한 사건의 담당 판사는 한 가지 반복적인 패턴을 발견했는데, 그런 범죄를 저지르는 소년 중 다수가 과거에 남에게 부당한 대우를 받았다고 느낀다는 점이었다. 아마도 그들에게는 노숙자들이 복수의 기회로 보였을 것이다.

이 사건들이 어느 정도는 즐거운 하향 비교의 기회를 찾으려는 시도에서 비롯되었다고 해석하는 건 무리일까? 확실히 말하기는 어렵지만, 이 사건들과 그 비슷한 유형의 다른 사건을 자세히 들여다보면 틀린 말은 아니다. 심리학자 톰 윌스Tom Wills는 자신보다 불운한 사람과의 비교가 주관적인 행복감을 높이는 이유를 설명하는 이론을 개략적으로 소개하였다.[19] 보통 우리는 누군가의 고통을 관찰하는 것을 거북하게 느낀다. 하지만 윌스는 우리가 고통을 겪었거나 자존감에 타격을 입었거나 혹은 만성적으로 자존감이 떨어져 있을 때에는 사정이 달라진다고 주장한다. 이런 조건하에서는 똑같이 불운한 사람이나 (훨씬 더 좋게는) 더 불운한 사람과 자신을 비교하면 꺾였던 기를 다시 살릴 수 있다. 하향 비교의 기회는 수동적일 수도 있고 적극적일 수도 있다. 전자의 경우는 타블로이드 신문에 실린 기사나 친구들과 지인들 사이에 떠도는 소문처럼 주변에서 자연스럽게 생겨나는 기회를 찾아내는 것이다.[20] 후자의 경우, 우리는 적극적으로 남들을 폄하하거나 고의적으로 해를 끼치면서 하향 비교의 기회를 '만들어낸다'.[21] 윌스에 따르면 하향 비교는 더 낮은 지위의 사람들, 즉 특정한 문화 규범상 함부로 대해도 상관없는 '안전한' 대상에게로 향하는 경향이 있다.[22]

십 대 소녀들이 노숙자를 구타한 사건은 윌스의 분석에 충분히 들어맞는다. 담당 판사의 말이 옳다면, 그 소년들은 과거에 다른 사람들에게 학대당했을지도 모른다. 자신들이 당한 학대에 대한 분풀이를 하기 위해, 그리고 자존감을 높이기 위해, 그들은 남들보다 우월감을 느낄 수 있는 기회를 찾았을 것이다. 노숙자들은 편리한 표적이었다. 사회의 가장 험하고 가장 외진 변두리에 있는 자들이니 말이다.

하지만 도가 지나친 해석은 금물이다. 이런 구타 같은 극단적인 행동은 하향 비교만으로 설명할 수 없다. 이런 행동이 집단적으로 일어났다는 사실 또한 다른 중요 요인일 수 있다. 극단적인 반사회적 행동은 집단적으로 일어날 확률이 높다. 떼를 지어 움직이면 개인성이 사라져 책임감이 줄어들고 동기를 덜 의식하게 되기 때문이다.[23] 또한 그 십 대들이 자신의 행동을 단순한 오락처럼 생각하는 것을 보면 그저 심심풀이였을 수도 있다. 하지만 이런 추가적인 요인도 그들의 핵심적인 동기를 이해하는 데에는 충분해 보이지 않는다. 이 사건들에서 하향 비교는 이해하기 힘든 행동을 설명하는 한 가지 방법이 될 수 있다. 범인들은 이 불운한 피해자들을 희생하여 자존감을 높이고, 혹할 만한 심리적 힘을 얻었을 것이다.

브래들리는 "재미로 그랬다"라는 십 대의 설명에 만족하지 못했다. 우리가 그런 설명을 쉽게 받아들이지 못하는 이유는 그들뿐 아니라 인간의 본성과 우리 모두까지 나쁘게 비칠 수 있기 때문이다. 월스의 이론은 우리가 하향 비교를 통해 만족감을 찾는 데 양면적인 감정을 가지고 있다고 가정한다. 그런 행동을 하면 심경이 복잡해지고, 그런 행동으로 칭찬받는 사람은 아무도 없다.[24] 우리는 하향 비교를 쉽게 받아들이지 않는다. 하지만 월스의 주장에 따르면, 자기보다 못한 사람들과의 비교를 통해 기분이 좋아질 절호의 기회를 거절할 사람은 거의 없다. 실패나 낮은 지위 때문에 심리적으로 힘든 사람이라면 더더욱 그렇다. 그리고 1장에서 빌코 판 데이크 팀의 연구가 증명했듯이 특히 풀이 죽어 있을 때 남의 불행이 우리의 자존감을 북돋아준다면 쌤통 심리가 생겨날 확률이 더 높다. 반격의 가능성이 없어 안전한 데다 인간성이 말살된 표적을 향한 집단 심리라는 요인이 더해지면, 직접 일을 꾸며서라도 하향 비교의 기회를 잡고픈 유혹에 빠지게 된다.

::   **유머의 우월성 이론**

쌤통 심리에는 어느 정도 재미의 요소가 내포되어 있다. 불행을 목격하면 우리는 미소 짓거나 가끔은 웃음을 터뜨린다. 다른 사람이나 집단에게는 상처가 되는 웃긴 농담을 들었을 때처럼 말이다. 사실 유머가 발생하는 몇몇 이유를 보면 하향 비교와 쌤통 심리 간의 연결고리를 볼 수 있다. 유머에 대한 가장 오래된 이론인 우월성 이론의 핵심에는 사회적 비교가 있을지도 모른다. 우월성 이론은 사람들의 웃음이 남에게 우월감을 느낄 때 나온다고 가정한다. 플라톤Platon과 아리스토텔레스Aristoteles가 제일 처음 주장한 이론이지만, 완벽하게 정리한 사람은 17세기 철학자 토머스 홉스Thomas Hobbes였다. 『리바이어던』에서 그는 다음과 같이 썼다.

> 웃음이라 불리는 그 찡그린 얼굴을 만들어내는 정념은 갑작스러운 영광이다. 그 정념은 어떤 돌연한 행동이 스스로 만족스럽거나, 다른 이에게서 어떤 흉한 것을 발견하고 그들과 비교하여 스스로를 칭찬할 때 생겨난다. 그리고 그것은 자신의 너무도 보잘

것없는 능력을 의식하고 있는 사람들, 다른 사람들의 부족함을 관찰함으로써 자신에 대한 애정을 유지할 수밖에 없는 사람들에게 가장 큰 사건이다.[25]

홉스의 분석에 따르면, 웃음은 종종 갑작스럽게 느껴지는 우월감에서 비롯된다. 그리고 윌스의 생각과 일맥상통하는 부분인데, "자신의 너무도 보잘것없는 능력을 의식하고 있는" 사람들이 그런 갑작스러운 우월감에서 즐거움을 느끼는 경우가 많다.[26] 확실히 유머의 우월성 이론은 하향 비교라는 개념과 아주 잘 들어맞는다. 윌스는 유머가 남에게 일어나는 부정적인 사건을 소재로 삼아 관객들을 즐겁게 해준다는 사실에 주목함으로써 하향 비교와의 관계를 강조하기도 한다. 하향 비교에서는 부정적인 요소와 그 부정적인 사건이 '다른 사람에게 벌어지고 있다는' 긍정적인 요소가 서로 어울리지 않는 짝을 이룬다.[27]

하향 비교의 관점에서 보면 유머는 타인에 비해 자기가 우월해진 기분이 들 때 발생한다. 여기에는 자존감에 대한 위협도 관련된다. 윌스에 따르면 많은 유머가 성 기능 부진, 상사와의 불편한 관계, 인종적 열등함 등 관객이 '불안'을 느끼는 문제를 소재로 삼는다. 유머는 삶의 많은 측면에서 타인과의 비교를 통해 내 기분을 으쓱하게 해줌으로써 불안감을 덜어준다.[28]

앞서 말했듯이 유머는 다른 사람이나 집단을 희생시키며 발생하는 경우가 많다. 하지만 구체적으로 누구를 희생시키는 걸까? 하향 비교와 마찬가지로 안전한 표적이 선호된다. 관객은 자기보다 지위가 낮은 사람들, 자기가 싫어하는 인종·민족·종교 집단을 겨냥한 우스갯소리에 웃음을 터뜨린다. 많은 코미디언들이 하향 비교를 영업 자산으로 삼는다. 그루초 막스Groucho Marx("나는 사람들 얼굴을 절대 잊지 않소만, 당신의 경우는 예외로 하리다"[29])와 돈 리클스Don Rickles("오, 이런, 자네 꼴 좀 봐. 그 사고로 다른 사람은 안 다쳤나? 택시에라도 치인 줄 알았네"[30])가 구사했던 유형의 욕설 코미디는 극단적인 요소를 첨가한다. 사람들이 근본적으로 이런 유머를, 심지어는 극단적인 형태라 해도 싫어한다는 증거는 거의 없다. 오히려 좋아한다. 누군가의 인간적인 약점을 건드려 웃음을 유발할 기회를 마다하는 코미디언이 있을까? 심야 시간대에 방송되는 토크쇼의 서두에 진행자가 던지는 우스갯소리는 대부분 다른 사람들의 어리석은 행동을 소재로 삼는다. 남들이 저지르는 경솔한 짓은 코미디언들에게는 공짜로 받는 경품이나 마찬가지다. 독특한 유형의 실수를 저질러서 하향 비교 유머의 표적이 되는 사람이 나오면, 존 스튜어트Jon Stewart 같은 현대 코미디언들은 그 코미디 소재에 감사함을 표하고 그 효력이 지속되기를 바랄 것이다. 스튜어트는 2011년 11월의 어느 정치 토론에서 한 정치인이 저지른 실수에 반색하며 이렇게 말했다. "재미있지 않습니까? 고기 뼈에 살이 엄청 많이 붙어 있는 거라고요, 게다가 전부 가슴살로."[31]

심리학자 찰스 그루너Charles Gruner는 유머의 우월성 이론을 좀 더 최근 버전으로 제시했다. 그는 웃음의 경험을 승리에 비유하면서[32] '승리'라는 단어를 아주 광범위한 의미로 사용한다. 즉 '우리가 원하는 바를 얻는 것'이 승리라는 것이다. 예를 들어 싸움에서 이기거나 목표에 도달하거나, 혹은 꼼짝도 안 하던 나무뿌리를 캐내는 것처럼 자연 속의 무언가를 꺾는 것을 의미할 수도 있다. 그루너의 관점에서 보면 재미는 누가 무엇을 얻고 누가 무엇을 잃느냐에 달려 있다. 우리는 남의 어리석음, 서투름, 혹은 도덕적·문화적 결함 때문에 '승리'하고 있을 때 재미를 느낀다.[33]

그루너의 관점은 진화 심리학과도 일맥상통한다. 부족한 식량과 짝짓기 때문에 경쟁해야 하는 상황에서 생존을 위해 고투해야 했던 우리 조상들은 보상(승리)과 상실(패배)에 감정적인 반응을 보였을 것이다. 승리의 기쁨을 마음껏 표출해도 상관없는 스포츠에서는 자신만만하고 공격적인 웃음을 자주 볼 수 있다. 매체들은 그 '승리의 전율'을 포착한다. 미국의 수영 선수 마이클 펠프스Michael Phelps가 2008년 올림픽 계영에서 승리했을 때 어떤 반응을 보였는지 기억하는가? 타이거 우즈Tiger Woods는 2008년 U.S. 오픈 4라운드에서 결정적인 퍼트로 선두에 올라섰을 때 주먹을 힘껏 치켜 올렸다. 그루너의 주장에 따르면 승리할 때 느끼는 이런 기분은 경쟁에서 이기는 것이 생존에 확실히 도움이 되었던 진화적 과거를 떠올리게 한다.[34] 특히 고투 끝에 갑작스런 승리를 얻었을 때 기쁨을 감추지 못하는 것은 자연스러운 반응이다. "내 손가락이 칼에 베이면 비극, 남이 뚜껑 열린 하수구에 빠져 죽으면 코미디"라는 코미디언 멜 브룩스Mel Brooks의 과장된 말이 비상식적인 소리처럼 들리지만은 않는다.[35]

사람들이 집단 차원의 사회적 비교를 통해 자존감을 높인다는 사실을 보여주는 연구 또한 유머의 우월성 이론을 뒷받침해준다. 외집단을 비하하는 유머는 자신이 속한 집단의 가치를, 그리고 간접적으로는 자신의 자존감을 높이는 한 방법이다. 실제로 사람들이 내집단

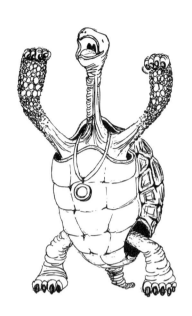

보다는 외집단을 비하하는 농담에 잘 웃는다는 연구 결과가 있다. 자기가 더 괜찮은 사람처럼 느껴지기 때문이다.[36]

　사람들이 언제 왜 재미를 느끼는지에 대해 유머의 우월성 이론으로 모든 걸 설명할 수는 없다.[37] 부조화(예상과 실제 간의 불일치)나 해방감(긴장이나 스트레스의 해소)에 초점을 맞추는 이론도 있다. 그러나 윌스의 주장대로 그런 요인들은 부차적이며 "관객을 즐겁게 만들기 위해 남의 불행을 이용하는 것을 무마하기 위한 기술적 장치"[38]일 수 있다. 이는 사람들이 하향 비교에 대해 느끼는 망설임을 교묘하게 회피하는 데 어느 정도 도움이 된다. 마찬가지로 그루너는 유머에 대한 다른 접근법에도 흔들리지 않고, 우월성 이론으로 모든 유머를 설명할 수 있다고 주장한다. 사회적 비교의 어두운 면을 연구하는 사람으로서 나는 유머의 기원에 대한 논쟁에는 별로 관심이 없다. 여기서 쌤통 심리와 관련하여 중요한 사실은 하향 비교에서 비롯된 우월감이 유머에 상당 부분 존재한다는 것이다. 그것은 유머를 위한 필요조건은 아니더라도 충분조건은 될 것이다.

::   『우스터 가문의 예법』: 하향 비교를 이용한 가벼운 유머

타의 추종을 불허하는 유머 작가 우드하우스P. G. Wodehouse는 제1차 세계대전 이전의 에드워드 7세 시대 영국을 배경으로 한 이야기를 많이 썼다. 그의 이야기에는 하인을 거느리고 거대한 시골 저택을 드나들며 유유자적하는 상류층 인물이 많이 등장한다. 이렇듯 배경과 시대의 폭이 좁았지만 우드하우스는 영어권에서 가장 탁월한 희극적 작품들을 써냈다. 해리 포터 시리즈의 작가 롤링J. K. Rowling은 늘 침대 곁에 우드하우스의 작품을 둔다고 한다.[39] 우드하우스의 유머는 상당 부분 가벼운 쌤통 심리와 관련되어 있다. 그 좋은 예가 작가 고故 크리스토퍼 히친스Christopher Hitchens의 애독서 목록 중 상위권에 들었던 『우스터 가문의 예법The Code of the Woosters』이라는 작품이다.[40] 우드하우스의 많은 소설이 그렇듯 이 작품의 줄거리는 복잡하고, 화자인 버티 우스터는 큰 잘못을 저지르지 않고도 해결책이 없어 보이는 온갖 곤경에 처한다. 버티는 제멋대로 살고 그리 똑똑진 않지만 사랑스러운 인물이다. 그리고 다행히도, 굉장히 머리가 좋고 노련한 시종 지브스가 곤경에서 벗어날 묘수들을 찾아준다. 버티를 괴롭혔던 사람들의 콧대가 꺾이는 그 고소한 순간들에 독자와 버티는 하향 비교로 인

한 통쾌함을 짙게 느낄 수 있다.

『우스터 가문의 예법』의 초반에 버티와 그의 친구에게 툭하면 폭력을 휘두르는 건장한 체구의 험악한 인물, 스포드가 등장한다. 하지만 지브스는 동료 시종들의 도움을 받아 스포드의 망신스런 비밀을 알아낸다.[41] 이런 사실을 알게 된 버티는 그를 괴롭히던 스포드를 "눈에서 붉은빛이 사라져버린" 순하고 비굴한 애완견으로 보기 시작한다.[42] 버티는 스포드의 오만한 콧대를 꺾을 힘을 갖게 되면서 느낀 즐거움을 다음과 같이 분석한다.

> 나는 새로운 사람이 된 기분이었다. 그 이유를 말해주겠다.
>
> 통제 불능의 폭력에 시달리다가 그 울분을 풀 수 있는 사람을 갑자기 발견하고 위안과 안도감을 느낀 경험이 누구에게나 있을 것이다. 대상大商은 장사가 잘 안 될 때 아래 직원에게 분풀이를 한다. 아래 직원은 사환을 나무란다. 사환은 고양이를 발로 차버린다. 고양이는 거리로 나가 더 작은 고양이를 찾고, 면담을 마친 작은 고양이는 시골을 샅샅이 뒤지며 쥐를 찾기 시작한다.
>
> 지금 내게 그런 일이 벌어진 것이다.[43]

하향 비교를 통해 얻은 기쁨을 마구 발산한다고 해서 버티를 탓할 사람은 없을 것이다. 스포드는 위험한 인물이라서 망신을 당해도 싼 것처럼 보이기 때문이다('인과응보'라는 개념이 쌤통 심리에 미치는 영향에 대해서는 나중에 더 이야기할 것이다). 이 소설에는 하향 비교의 예가 아주 많이 등장하지만, 주로 일반적이고 수동적인 형태를 띠고 있다. 또 다른 장면에서 역시 타당한 이유 없이 버티에게 적대감을 보이는 오츠 순경이 머리를 다쳤다고 지브스가 버티에게 알려준다. 그러자 버티는 이렇게 답한다.

> "피도 흘렸나?"
> "네. 경관님이 사고를 당하셨습니다."
> 잠깐의 짜증은 사라지고 그 자리에 강렬한 기쁨이 찾아왔다. 토틀리 타워스에서 지내며 온화한 감정이 무뎌지고 마음이 딱딱하게 굳어버린 나는 오츠 순경이 사고를 당했다는 소식을 듣고는 희열밖에 느끼지 못했다.[44]

소설의 끝에서는 부차적인 줄거리가 하나로 합쳐지면서 윌리엄 셰익스피어William Shakespeare의 희극과 다르지 않은 방식으로 문제가 깔끔하게 해결된다. 버티는 이제 스포드나 오츠 순경 같은 사람들에게 위협받지 않아도 되고, 그래서 자존감과 전반적인 평안을 공격받을 일도 없으니 행복하다. 또, 두 부부의 사랑싸움을 해결해주고, 고모와 삼촌이 바라는 바를 이루어주었으니 만족스럽다. 고모는 남들이 탐내는 하인을 잃을 뻔한 사태를 피하고, 삼촌은 무척이나 욕심내던 소 모양의 크림 단지를 손에 넣는다. 버티는 지브스와 함께 자신의 복잡한 문제와 지브스의 영리한 해결책을 되돌아본다. 그들은 대부분의 사건이 벌어진 시골 저택에서 그들의 방에 있다가 밖에 있는 누군가가 재채기하는 소리를 듣는다. 그보다 앞서 버티는 집의 귀중한 물건(소 모양의 크림 단지)을 훔치려 했다는 애먼 누명을 썼다. 오츠 순경은 버티가 재판정에 끌려갈 다음 날 아침까지 도망가지 못하도록 창밖에 서서 버티의 방을 감시하라는 명령을 받는다. 버티의 결백은 이미 증명되었는데 아무도 오츠에게 버티를 감시할 필요가 없다고 말해주지 않는다. 비가 "맹렬하게" 쏟아지기 시작한다. 버티는 다음과 같은 반응을 보인다.

> 나는 느긋하게 한숨을 내쉬었다. 내 하루를 완벽하게 마무리하기에 이만한 것도 없었다. 침대에 편안히 누워 분홍빛 발가락을 뜨거운 물주머니로 녹일 수도 있었을 오츠 순경이 미디안의 군대처럼 빗속에서 돌아다닐 생각을 하니 이상하리만치 감미로운 행복이 밀려왔다.
> "완벽한 하루의 끝이야, 지브스……."[45]

생생한 이미지, 강렬한 언어, 예측을 불허하지만 적절하게 전개되는 줄거리를 이용해 우드하우스는 놀랄 만큼 희극적인 거울로 자연을 비춘다. 그가 다루는 주제의 많은 부분이 독자뿐만 아니라 등장인물이 느끼는 쌤통 심리에 의지하고 있지만 비열한 맛을 남기지는 않는다. 그의 '강렬한 기쁨'에 노숙자를 구타하는 것 같은 실제적 잔인함은 없다. 버티가 누군가의 굴욕으로 기뻐한다 해도 그가 처한 상황을 감안하면 찜찜하게 느껴지지 않는다. 게다가 불이익을 당해왔고 그래서 하향 비교가 필요한 사람이 이런 감정을 느끼는 건 당연한 이치다.

다음 장에서도 하향 비교가 쌤통 심리를 만들어내는 방식에 초점을 맞추겠지만, 집단 정체성이라는 또 다른 요인을 더할 것이다. 이는 절대 무시할 수 없는 요인이다. '우리'와 '그들'이 '우리' 대 '그들'로 변하는 건 순식간이다. 집단에 대한 소속감이 강하면 라이벌 집단의 일원에게 닥치는 불행은 짜릿한 기쁨이 되기도 한다. 스포츠계와 정치판에서 그 예를 충분히 찾아볼 수 있다.

3

남들이 실패해야 한다

축구장에서 한 날쌘 버마인이 내 다리를 걸었는데 주심(역시 버마인)
이 못 본 척하자 관중은 흉측한 웃음을 터뜨렸다. …… 젊은 승려들
이 최악이었다.　　　　　　　　　　　　　　　－조지 오웰(George Orwell)[1]

전쟁의 목적은 조국을 위해 죽는 것이 아니라 적군이 자기 국가를
위해 죽게 만드는 것이다.　　　－미국 육군장군, 조지 S. 패튼(George S. Patton)[2]

우리가 성공하는 것만으로는 부족해. 고양이들이 망해야지.
　　　　　　　　　　　　　　　　　－《뉴요커》의 만화 중 어느 개의 대사[3]

체스를 두면서 한 번이라도 체크메이트를 외쳐본 적이 있다면, 한 사람의 이득이나 손실이 고스란히 상대방의 손실이나 이득이 되는 제로섬게임에서 승리하는 기분이 어떤지 잘 알 것이다. 고등학교 때 내가 나의 퀸queen을 옮기고 친구의 킹king을 손가락으로 튀기면서, 잔뜩 힘이 들어간 목소리로 점잖게 "체크메이트" 하고 말하던 기억이 생생하다. 대수롭지 않은 게임일지 모르지만, 그 전 판에서 친구가 나를 이기고는 고소해하는 표정을 지었다. 고등학생들끼리의 사소한 시합이었지만 더할 수 없이 진지했다. 코미디언 빌리 크리스털Billy Crystal도 우스갯소리로 말하지 않았던가. "신사 여러분, 자존심에 시동을 거세요."[4] 나에게 승리를 거두고 다시 한 판 두기로 동의하면서 친구가 지었던 그 오만한 미소가 아직도 눈에 선하다. 그러니 그 친구를 이긴 기쁨이 더욱 짜릿할 수밖에 없다.

그 친구를 이겼을 때 내 기분이 날아갈 듯 좋았던 이유는 그가 고

소한 듯이 나를 바라보던 그 표정 때문이기도 했지만, 체스가 제로섬 게임의 성격을 띠고 있기 때문이기도 했다. 내 기쁨은 나의 승리뿐만 아니라 친구의 패배에서 비롯된 것이었다. 그 두 가지 덕분에 나는 만족감을 느낄 수 있었다.[5]

운동경기 역시 제로섬게임이며 그 결과는 우리의 감정을 좌지우지한다. 이제는 다 자란 두 딸을 키우면서 나는 유소년 스포츠에 몇 년 동안 참여했고 가끔 코치를 맡기도 했지만 대개는 관중석에서 경기를 지켜보았다. 그럴 때면 종종 한 걸음 물러나서 경기의 흐름에 따라 달라지는 나 자신과 다른 부모들의 반응을 관찰하곤 했다. 부모들은 우리 팀의 성공만큼이나 상대편의 실수에 큰 환호를 보내는 경우가 많았는데, 팀의 연령대가 올라갈수록 더 그랬다. 가끔은 우리 아이들이 훌륭한 실력을 보여줄 때보다 상대 팀 아이들이 실수할 때 더 좋아하는 부모들도 있었다. 생각해보면 그리 바람직한 일은 아니다. 예를 들어 한 아이가 농구 경기에서 실책을 저질렀다고 가정해보자. 그 아이에게는 불행하고 원통한 일일 텐데 왜 우리는 아무 거리낌 없이 손뼉을 치고 환호성을 지를까? 스포츠라는 상황 때문에 그런 행동이 정당화되는 것 같다.

:: 집단 소속감이 자존감에 영향을 미친다

부모는 아이들의 승리나 패배를 곧 자신의 이익이나 손실로 느낀다. 아이들이 경기를 뛸 때 그 부모들의 얼굴을 보면, 특히 방심한 순간

튀어나오는 표정을 보면, 그들이 아이를 자신과 완전히 동일시하고 있음을 알 수 있다. 2012년 하계 올림픽 대회에서 그 최고의 예를 찾을 수 있다. 미국 체조 선수 앨리 레이스먼Aly Raisman의 부모는 그들의 딸이 이단평행봉 경기에서 난이도 높은 동작을 연기할 때마다 함께 연기하다시피 했다. NBC의 카메라는 그들이 자세를 바꾸고 몸을 흔드는 모습을 포착했고, 이 영상은 인터넷상에 빠른 속도로 퍼져나갔다. 그야말로 모든 부모들의 경험을 압축해서 보여주는 영상이었다.[6] ABC 스포츠가 유행시킨 말인 "승리의 전율과 패배의 고통"을 부모들은 자신뿐만 아니라 아이들의 성과에 대해서도 똑같이 느낀다. 그래서 다른 아이가 실패한다 해도 내 아이가 성공할 수 있다면 우리는 연민과 함께 기쁨을 느낀다.

관중은 자기 가족이 경기를 뛰지 않더라도 강렬한 감정을 느낀다. 우리가 속한 집단의 성공과 실패는 우리 개개인의 인생 기복만큼이나 큰 영향을 미친다.[7] 집단에 갖는 애착은 빠른 속도로 단단하게 다져지고 종종 충동적이기도 하다. 어떻게 시작됐든 애착은 우리에게 중요한 의미를 지닌다. 폴란드 태생의 사회심리학자 헨리 타이펠Henri Tajfel이 1960년대에 진행한 연구는 이 기묘한 현상을 최초로 암시했다.[8] 제2차 세계대전이 터졌을 당시 소르본 대학에 다니던 타이펠은 프랑스군에 입대했다. 그는 유대인이라는 정체를 들키지 않은 덕에 나치 포로수용소에서 살아남았지만 그의 친구와 친척 대부분은 그렇게 운이 좋지 않았다. 단지 인종 때문에 운명이 극명하게 갈린 그 경험을 계기로 타이펠은 이제 고전이 된 한 연구를 시작하게 되었다.

초기 실험에서 타이펠은 브리스틀 대학의 영국인 남학생들을 실험 참가자로 모집했다. 그들은 화면에 번쩍이는 점의 개수를 대충 어림잡았고, 그런 다음 '실제보다 높게 어림한 사람' 혹은 '실제보다 낮게 어림한 사람'으로 나뉘었다. 이 분류는 사실 무작위로 이루어졌기 때문에 둘 중 어느 쪽이 더 우월하다고 주장할 수 있는 논리적 근거는 전혀 없었다. 하지만 보상을 분배하는 문제에서 자기 집단을 편애하거나 혹은 다른 집단을 차별 대우할 기회가 주어지자 참가자들 대부분은 그 기회를 놓치지 않았다.

좀 더 임의적인 분류 절차를 이용해도 이와 똑같은 결과를 얻어낼 수 있다. 예를 들면 실험 참가자들을 'A군' 혹은 'B군'에 무작위로 배정하는 것이다. 이러한 실험 방법을 '최소 집단 패러다임minimal group paradigm'이라고 하는데, 이는 자신과 타인을 내집단이나 외집단으로 분류하는 경향이 인간에게 내재되어 있음을 암시한다. 우리는 왜 이러한 행동을 하는 걸까? 한 가지 이유는 자신을 명확하고 확실하게 이해하는 데 도움이 되기 때문이다. 자신이 '과소평가자'가 아닌 '과대평가자'라는 사실을 알게 되면 자신이 어떤 사람인지 명확해지고, 이는 그 자체로 유용한 일이다. 그뿐 아니라 대부분은 자기 집단이 다른 집단보다 우월하다는 결론을 내리기 때문에 자존감을 높일 수 있는 기회도 된다.[9] 자신이 속한 집단을 평가할 때에는 객관성을 지키기가 어렵지만 우리는 그래도 상관없다고 생각한다.

스포츠 팬들은 그저 소파에 앉아 응원할 때에도 좋아하는 팀의 승패에 따라 감정이 오르락내리락한다. 스포츠에 별로 관심이 없는 사람들의 눈에는 이상해 보일지도 모른다. 하지만 타이펠이 발견한 사실과 그에 영감을 받아 그 후 10여 년간 이루어진 연구들은, 팬덤의 작용 원리를 들여다볼 수 있는 창이 되어준다. 워런 세인트 존Warren St. John의 저서 『래머 재머 옐로 해머Rammer Jammer Yellow Hammer』는 타이펠의 개념을 영리하고 유쾌하게 확증해준다.[10] 앨라배마 주 터스컬루사 태생인 세인트 존은 《뉴욕타임스》의 기자로 일하던 중 여섯 달의 안식 기간을 맞아 한 가지 중요한 의문과 씨름했다. 도대체 왜 그는 앨라배마 풋볼 팀에 그렇게도 신경을 쓰는 걸까?

1980년대 초에 세인트 존이 입학한 컬럼비아 대학의 풋볼 팀은 현대 대학 풋볼 역사상 가장 긴 연패를 기록 중이었다. 하지만 정작 세인트 존이 관심을 가진 팀은 앨라배마 대학 풋볼 팀인 크림슨 타이드Crimson Tide(위급한 실전 사태를 뜻하는 미 해군 군사 용어로, 앨라배마 대학 풋볼 팀의 별칭이기도 하다 - 옮긴이)였다. 컬럼비아 대학의 다른 신입생들은 세인트 존이 기숙사 방에 자랑스레 붙여놓은 앨라배마 대학의 전설적인 감독 폴 '베어' 브라이언트Paul 'Bear' Bryant의 포스터가 지닌 의미를 이해하지 못했다. 하지만 그의 고향인 앨라배마에서 크림슨 타이드 팬들의 열정은 타의 추종을 불허했다. 그리고 세인트 존 역시 그런 열정을 갖고 있었다.

세인트 존은 1999년 가을 시즌 동안 앨라배마 대학 풋볼 팀의 모든 경기를 관람하고 앨라배마 팀 팬들이 시합 전후에 경기장 밖에서 여는 파티에 흠뻑 빠져 지내며 집필에 필요한 자료들 대부분을 수집했다. 그는 간신히 굴러가는 RV(트레일러 주택)를 한 대 구입해서 '호그Hawg'라는 별명을 붙이고는 원정 경기를 보러 다녔고, 역시 RV를 몰고 원정 경기를 보러 가는 팬들 사이에서 신용을 얻었다. RV족들은 처음엔 세인트 존을 미심쩍어했지만, 세인트 존이 그들 못지않게 크림슨 타이드의 승패를 중요하게 여긴다는 사실을 곧 알아챘다. 그는 앨라배마 팀이 이기면 마구 들떴고 지면 온몸이 얼어붙었다. 이 덕분에 그는 극성팬들의 신뢰를 얻었다.

40년도 더 전에 대서양 건너 영국에서 이루어진 타이펠의 실험은 우리가 집단에 충성하는 이유가 어떤 계획에 의한 것이 아닌 경우가 많다는 사실을 보여주었다. 세인트 존의 이야기 역시 이에 대한 좋은 증거이다. 1940년대에 터스컬루사에서 세인트 존의 아버지인 워런 세인트 존 시니어는 열여덟 살이 되자 어느 대학에 진학할지 결정해야 했다. 제일 처음 생각한 곳은 조지아 공과대학이었지만, 그의 부모는 그의 아버지의 알코올중독 때문에 곧 이혼할 참이었다. 세인트 존 시니어는 부모와 가까이 있을 수 있는 앨라배마 대학에 들어가기로 결심했다. 그리고 그 근처에서 자신만의 가족을 만들었다. 이런 얽히고설킨 이유로 인해 그의 아들 워런은 크림슨 타이드에 온 마음을 바치고, 조지아 공과대학 응원가가 아닌 앨라배마 대학의 응원가인 〈래머 재머 옐로 해머〉를 부르게 된다.[11]

나는 듀크 대학이 있는 노스캐롤라이나 주의 더럼에서 자랐다. 우리 부모님이 이런저런 사정 때문에 그곳으로 이사하셨기 때문이다.

그래서 듀크 대학의 농구 팀인 듀크 블루 데블스Duke Blue Devils가 나의 크림슨 타이드가 되었다. 마치 셰익스피어의 『한여름 밤의 꿈』에서처럼 내가 잠들어 있는 동안 어떤 장난기 많은 요정이 내 눈꺼풀에 신비의 약을 떨어뜨리기라도 한 것 같았다. 잠에서 깨어나보니 듀크 대학의 마스코트인 블루 데블이 눈에 보였고, 그때 이후로 나는 쭉 듀크 대학 팀을 응원했다.

우리의 감정이 우리 팀의 승리나 패배에만 초점이 맞춰져 있는 것처럼 보일지도 모른다. 하지만 타이펠의 연구에 따르면, 손뼉도 마주쳐야 소리가 난다는 진리는 여기서도 적용된다. 타이펠의 연구에 참여했던 영국인 남학생들은 자기 집단을 편애할 뿐만 아니라 다른 집단을 차별 대우하기도 했다. 승리의 전율이란 우리가 이기고 경쟁자가 졌다는 뜻이다. 그래서 원정 경기에서 거두는 승리가 홈경기에서의 승리보다 더 기분 좋게 느껴질 수도 있다. 라이벌이 이제 '패배자'라는 사실이 더욱 두드러지니 말이다. 세인트 존은 앨라배마 팀이 플로리다 팀을 이긴 후 플로리다의 경기장을 떠날 때 느꼈던 감정을 설명하면서 이 점에 주목했다. 앨라배마에서 찾아온 팬들은 승리감에 취해 하나로 똘똘 뭉친 반면, 패배한 플로리다 팀의 팬들은 혼자 있고 싶어 하는 상처 입은 동물들처럼 뿔뿔이 흩어져버렸다. 시끌벅적한 경기장에서 멀리 떨어진 곳으로 가서, 경기 전에 정성 들여 얼굴에 칠했지만 지금은 우스꽝스러워 보이는 페인트를 지워야 하니까. 순간 세인트 존은 그 불쌍한 사람들이 딱하게 여겨졌다. 하지만 그것도 잠시, 그들 중 한 명이 기분 나쁘게 노려보자 그는 남의 시선을 개의치 않고 앨라배마 팀의 승리 구호를 거칠게 외쳤다. "래머, 재머, 옐로 해머."

우리 팀의 승리로 인해 느끼는 만족감 가운데 상대 팀의 패배가 차지하는 비중은 어느 정도일까? 이 답을 찾는 한 가지 방법은 라이벌 팀이 우리가 아닌 다른 팀에 지는 상황에 초점을 맞추는 것이다. 앨라배마 팀이 루이지애나 공과대학에 패배한 후 세인트 존은 플로리다와 테네시가 붙은 시합의 결과를 듣고는 안도의 한숨을 쉬었다. 앨라배마 팬들은 두 팀 모두 싫어하기 때문에, 두 팀 중 적어도 한 팀은 패배할 수밖에 없는 상황이 조금은 위안이 되었던 것이다.[12]

부상이든 스캔들이든 라이벌 팀에 닥친 불행은 자기 팀에 많은 시간과 노력을 투자하는 사람들에게는 아주 기분 좋은 일이다. 2006년 7월, 전미대학체육협회NCAA에서 선정하는 듀크 대학 올해의 농구 선수로 두 번 뽑힌 바 있는 레딕J. J. Redick이 음주 운전으로 체포되었다. 레딕이나 듀크 대학 모두에게 망신스러운 사건이었다. 레딕은 막 대학을 졸업하고 프로 팀에 입단하기 위해 선발을 기다리던 참이었다. 음주 운전 전과가 생기면 연봉 협상에서 불리해질 수밖에 없었다. 대학 역시 라크로스 팀이 성범죄 혐의로 출장 정지 처분을 받은 터라 힘든 시간을 보내고 있었다(결국 소송은 기각되었다).[13] 레딕의 이 과실은 듀크 팬들에게는 반갑지 않은 소식이었지만 켄터키 대학이 있는 켄터키 주 렉싱턴에서는 어떻게 받아들였을까? 지금 렉싱턴에 살고 있는 내가 그다음 날 출근했더니 한 동료가 아침 일찍 내 사무실에 들러 "레딕 소식 들었어?"라고 물었다. 그는 동정하는 척하는 표정을 지으며 가상의 눈물을 닦아냈다. 이메일을 확인해보니 또 다른 동료가 '나쁜' 소식을 들었느냐고 묻는 메시지가 와 있었다. 단어 하나하나에 환희가 묻어 있었다.

왜 그들은 이 소식을 고소하게 느꼈을까? 앨라배마 대학 풋볼 팬들이 아무리 플로리다를 싫어한다 한들, 켄터키 대학의 농구 팬들이 듀크 대학을 깔보는 것에 비할까 싶다. 듀크 대학과 마찬가지로 켄터키 대학 역시 전통적 강호로서 대개 전미대학농구선수권 대회까지 출전하기 때문에 두 팀은 라이벌이 될 수밖에 없다(가장 최근의 기록을 보자면 켄터키 대학은 2012년 전미 선수권에서 우승했고, 듀크 대학은 2011년에 우승했다). 또 다른 이유도 있다. 1992년의 동부 지역 결승전에서 연장전 끝에 켄터키 대학이 듀크 대학에 패배하고 말았다. 듀크 대학의 선수 크리스천 레이트너Christian Laettner가 마지막 2초를 남겨두고 그랜트 힐Grant Hill의 기가 막힌 패스를 받아 턴어라운드 점프 슛에 성공한 것이다. 이 슛 때문에 켄터키 대학은 눈앞에 두고 있던 승리를 빼앗겼고, 그토록 바라던 전미 선수권 4강 진출도 좌절되고 말았다. 켄터키 대학 팬들에게는 정말 짜증스럽게도 이 슛 장면은 매년 봄에 국내 선수권 대회('3월의 광란'이라는 별명이 붙었다)가 열릴 때마다 자주 방송을 타고, 켄터키 대학 팬들 대부분은 그 후로 듀크 대학에 무력한 반감을 느껴왔다. 그러니 렉싱턴에서 보기 드문 듀크 팬인 나는 듀크 대학 농구 팀에 안 좋은 일이 생길 때마다 놀림의 표적이 되거나 그보다 더 심한 일을 당하기도 하는 것이다.

켄터키 대학이 듀크 대학과 맞붙는 일은 그리 많지 않다. 두 팀이 붙으면, 거기다 켄터키가 이기면(1998년 동부 지역 대회에서처럼), 켄터키 팬들은 그저 듀크 팀의 패배 소식을 들었을 때보다 몇 배는 더 기뻐한다. 하지만 위급한 상황에 처했을 때에는 듀크 팀의 패배나 불행 혹은 스캔들이라면 뭐든 환영할 것이다. 그리고 이런 경우 켄터키 팬들이 느끼는 기쁨은 분명 라이벌 팀의 손실에서 비롯된다.

듀크 대학과 켄터키 대학 간의 경쟁 관계를 들여다보면 그 세부 내용은 독특할지 몰라도 그 근원에 깔려 있는 원리는 보편적이다. 네덜란드인들이 참여한 한 연구는 우리가 매일 일상생활에서 목격하는 일을 경험적으로 증명해준다.[14] 연구자들은 네덜란드 축구 팀의 최대 라이벌인 독일 대표 팀의 패배를 알리는 기사를 읽고 네덜란드 축구 팬들이 어떻게 반응하는지를 관찰했다. 사전에 축구에 대한 그들의 관심도도 측정했다. 아니나 다를까 대부분의 팬들은 독일의 패배 기사를 읽고 통쾌해했는데, 축구에 대한 관심도가 높은 사람들이 훨씬 더 큰 기쁨을 느꼈다. 즉, 그들이 라이벌 팀의 패배로부터 가장 큰 감정적 이득을 얻었다. 연구의 또 다른 단계에서 일부 팬들은 독일 팀의 패배에 대한 자신의 감정을 설명하기 직전에, 과거에 네덜란드 팀이 당했던 패배를 떠올려보라는 지시를 받았다. 그러자 독일의 패배에 대한 그들의 통쾌함이 훨씬 더 강해졌다. 즉, 심리적으로 훨씬 더 큰 이득을 얻었다. 불시에 자기 팀의 열등함을 염려하게 된 팬들에게 라이벌 팀의 패배는 고마운 소식일 수밖에 없다.

:: 스포츠에서 쌤통 심리가 허용되는 범위는?

우연한 계기로 어떤 스포츠 팀의 팬이 된 다음 그 팀의 승패에 꽤 신경을 쓰게 되는 것은 참 신기한 일이다.[15] 하지만 우리가 어느 때고 가리지 않고 쌤통 심리에 빠지는 것은 아니다. 공감 능력이 없더라도 상대편 선수가 부상을 당하면 문화적인 규범에 따라 박수와 응원을 멈춘다. 너나 할 것 없이 모든 사람들의 얼굴에 진심으로 걱정하는 표정이 자연스레 나타난다. 한 선수가 다치는 모습을 본 순간에는 누구나 이렇게 연민을 느끼지만, 그와 동시에 그 부상이 자기 팀에 미치는 영향을 재빨리 계산한다. 상대 팀이 공격권을 상실하거나 슛을 성공시키지 못하는 것보다 주전 선수가 부상을 당하는 편이 훨씬 더 우리 팀에 유리하게 작용할 수 있다. 부상당한 선수를 딱하게 여기는 한편 자기 팀이 얻을 이득을 기뻐하지 말라는 건 무리한 요구가 아닐까?

세인트 존은 앨라배마 대학과 루이지애나 공과대학 간의 경기를 이야기하면서 그런 충동을 분명히 인정한다. 경기가 끝날 무렵 쿼터백인 팀 러테이Tim Rattay의 활약으로 루이지애나가 앞서나갈 것처럼 보였다. 러테이가 정확한 패스로 앨라배마 팀의 수비진을 흔들었고, 아무도 루이지애나 팀의 공격을 막을 수 없을 듯했다.

> 1분 40초가 남았다. 이번에는 앨라배마의 라인맨 다섯 명이 돌진한다. 러테이는 블로커들이 그의 몸 위로 무너져 내리자 팔을 흔들어댄다. 그러다가 뒤로 비틀거리며 스파이크 운동화로 꼴사납게 잔디를 파헤치고 오른쪽 발목을 심하게 접질린다. 35초를 남겨두고 빨간 유니폼을 입은 라인배커 더라이어스 길버트Darius Gilbert의 108킬로그램 나가는 거구가 러테이를 짓누른다. 러테이가 절뚝거리며 일어난다. 루이지애나 팀이 타임아웃을 요청한다. 나는 스포츠 정신에 위배되는 기분을 느낀다. 그가 절뚝거려서 행복하니까.[16]

하지만 러테이는 계속 경기를 뛸 수 있었고 계속해서 팀을 앞으로 전진시켜 루이지애나 팀이 점수를 따기 직전까지 이른다. 러테이는 또 센터로부터 공을 전달받았는데, 패스하기 위해 자세를 잡기도 전에 앨라배마 팀의 두 라인맨에게 붙잡힌다. 한 명은 그의 아픈 발목을 잡고 다른 한 명은 그의 상체를 붙잡아 그의 온몸이 뒤틀리게 만든다. 그는 또다시 발목을 삐면서 땅으로 곤두박질친다. 심하게 다친 그는 절뚝거리며 경기장을 빠져나가 벤치에 쓰러져 눕는다. 세인트 존의 기분은 어땠을까? 그에게 이 사건은 희소식이다. 세인트 존은 그 결과를 다음과 같이 요약한다.

> 그는 368야드를 던졌고 두 개의 터치다운을 기록했으며, 이제는 끝났다.
> 할렐루야, 아멘.[17]

세인트 존의 이런 감정은 이례적인 것일까? 글쎄. 진정한 팬이라면 이런 기분을 느끼는 것이 이상하지 않다. 프로 풋볼 팀인 뉴잉글랜드 패트리어츠New England Patriots의 쿼터백 톰 브래디Tom Brady가 2008년 시즌 초기에 전방십자인대가 찢어졌을 때, 뉴잉글랜드 지역 밖에서 동정을 표하는 팬들은 거의 없었다. 뉴욕 제츠New York Jets의 팬들 중 일부는 노골적으로 기쁨을 드러내지 말라는 경고를 받기도 했다. 하지만 필라델피아의 블로거 앤드루 펄로프Andrew Perloff는 강한 목소리로 그들을 옹호했다. 경쟁 팀의 쿼터백이 부상을 당했는데 축제 기분에 젖지 않는 건 말도 안 된다는 것이었다.[18] 펄로프는 제3자의 입장일지도 모르지만, 관람 스포츠의 세계에서 감정은 격해질 수밖에 없고 그렇기에 삶의 다른 영역에서보다 쌤통 심리가 더 솔직하게 표현된다.[19] 다른 상황에서라면 부끄럽게 여겼을 어두운 감정도 스포츠에서는 더 자유롭게 표출할 수 있다.

연구 결과에 따르면 보통의 스포츠 팬은 상대 팀 선수의 부상을 기뻐하는 일도 서슴지 않는다.[20] 켄터키 대학의 찰스 후글랜드Charles Hoogland, 라이언 슐츠Ryan Schurtz와 동료 연구자들은 학생들에게 듀크 대학 농구 팀의 스타 선수가 경상(손목 뼘) 혹은 중상(무릎 파열)을 당했다는 내용의 기사를 읽고 그에 대한 생각을 익명으로 밝히도록 했다(나중에 그 기사가 가짜임을 알렸다). 또한 켄터키 농구 팀에 대한 학생들의 충성도를 측정했다. 그 결과는 흥미로운 사실을 보여주었다. 농구에 별로 관심이 없는 학생들은 쌤통 심리를 전혀 갖지 않고, 부상당한 선수에게 아주 큰 동정을 표했다. 당연히 경상보다는 중상일 때 동정심이 더 커졌다. 열혈 팬들의 반응은 아주 달라서, 경상이든 중상이든 기뻐하는 경향이 있었다. 기분 좋다고 말한 학생들의 대부분은 그 부상이 켄터키 팀에 도움이 되고 듀크 팀에 손해가 되기 때문에 기쁘다고 밝혔다. 듀크 팀에 본래 가지고 있던 반감과 더불어 이것이 주된 이유였다. 몇몇 극단적인 경우를 제외하고 팬들이 느끼는 즐거움은 가벼웠고, 중상일 때에는 더더욱 그랬다. 하지만 어쨌든 많은 학생들이 기뻐했다는 사실은 스포츠 팬들이 라이벌 팀에 일어나는 '부정적인' 사건을 어떻게 해석하는지를 알려준다. 같은 사건도 열혈 팬들에게는 의미가 달라졌다. 라이벌 팀의 선수에게 일어나는 '나쁜' 일은 그들에게는 어느 정도 '좋은' 일이었다.[21]

또 다른 연구는 스포츠 팬들이 라이벌 팀의 고통에 이런 반응을 보이는 이유가 진화적으로 '내재되어' 있을지도 모른다는 사실을 보여준다. 프린스턴 대학의 사회신경과학 실험실에서 심리학자인 미나 시카라Mina Cikara, 매슈 보트비닉Matthew Botvinick, 수전 피스크는 보스턴 레드 삭스의 골수팬들 혹은 뉴욕 양키스의 골수팬들이 가상 야구 경기를 볼 때 그들의 뇌를 촬영한 뇌 주사走査 사진을 입수했다. 실험 참가자들은 자기 팀과 라이벌 팀이 붙는 경기나, 이 두 팀이 다른 팀과 붙는 경기, 혹은 무관심한 두 팀이 붙는 경기의 영상을 보았다. 그리고 각 경기를 다 보고 나서 자신이 느끼는 기쁨, 분노, 고통의 정도를 보고했다. 참가자들은 관심 없는 두 팀의 경기를 볼 때보다 자기 팀이 이길 때, 자기 팀이 라이벌 팀을 무찌를 때, 라이벌 팀이 다른 팀에 질 때 더 큰 쾌감을 느꼈다. 자기 팀이 어떤 팀에든 패하고 라이벌 팀이 승리하면 분노와 고통을 더 많이 느꼈다. 뇌 주사 사진은 참가자들이 직접 보고한 내용과 일치했다. 참가자들이 즐거웠다고 말한 경기를 보는 동안에는 쾌락과 연관된 뇌 영역(복측선조체 – 피곡, 중격측좌핵)이 활성화되었다. 참가자들이 마음 아팠다고 말한 경기를 보는 동안에는 고통과 연관된 뇌 영역(전대상피질, 뇌도)이 활성화되었다. 이렇듯 자기가 응원하는 팀이 라이벌 팀과 비교해서 어떤 성적을 거두느냐 하는 것은 뇌의 보상 회로나 고통 회로와 긴밀히 연결되어 있다. 우리 팀이든 다른 무관심한 팀이든, 우리 팀의 라이벌을 격파하고 있다면 그건 즐겁고 좋은 일이다. 자존감을 이루는 중요한 요소인 집단 정체감이 기분 좋은 힘을 얻게 된다. 시카라와 그녀의 동료들이 주장하듯, 기본적이고 원시적인 보상 및 고통 상황에 뇌 체계가 반응하는 것을 보면 이것이 진화 초기에 발달했을 가능성이 있다. 하지만 그 체계는 우리가 집단 간 접촉의 유익하거나 위험한 측면에 적절하게 대응하도록 도와주는 방향으로 진화하고 있을지도 모른다.[22]

미나 시카라와 그 동료들의 연구는 쌤통 심리의 근원에 깔려 있을지도 모르는 강력한 동기를 암시해주는 또 다른 흥미로운 사실도 발견했다. 그들은 스캐너로 참가자들의 반응을 조사하고 나서 몇 주 후 그들에게 다시 연락을 취했다. 그리고 라이벌이거나 그렇지 않은 다른 팀의 팬들에게 야유, 욕설, 협박, 구타를 행할 용의가 있는지에 대해 웹 조사를 실시했다. 참가자들은 라이벌이 아닌 팀보다는 라이벌 팀의 팬들에게 이런 피해를 입히는 것을 훨씬 더 꺼리지 않았다.

집단 간의 역학 관계에는 경쟁 본능을 불러일으키는 무언가가 있는 것 같다. 스포츠에서 라이벌 팀들 간의 경쟁은 이미 정해진 일이지만, 집단 간 관계의 심리학에 따르면 경쟁 심리가 증폭되는 이유는 수없이 많다. 체트 인스코Chet Insko, 팀 빌트스휘트Tim Wildschut, 타야 코언Taya Cohen 등의 사회심리학자들은 두 개인 간의 상호작용과 두 집단 간의 상호작용을 비교하는 많은 실험을 실시했다. 그 결과, 개인들보다는 집단 간의 경쟁이 더 치열했다.[23] 이런 '개인 – 집단 불연속성 효과'는 매우 강력하고 쉽게 반복된다. 왜일까? 첫째, 나 개인의 편협한 이익보다는 우리 집단의 이익을 위하는 편이 덜 탐욕스러워 보인다. 둘째, 우리는 충실한 일원으로서 자기 집단을 돕는 것을 의무로 생각하는 경향이 있다. 집단을 위한 일을 할 때에는 자신이 탐욕스럽게 느껴지지 않고 오히려 뿌듯해진다. 셋째, 우리는 다른 수많은 부정적 자질과 마찬가지로 경쟁심을 개인보다는 외집단의 탓으로 돌리려 한다. 다른 집단은 믿기 어려우니 경계해야 한다며 말이다. 마지막으로, 어떤 공격적인 행동을 취하더라도 개인이 아닌 집단의 행동처럼 보이기 때문에 혹시 그 결과가 나쁘더라도 혼자 책임지지 않아도 된다. 집단 간 관계에 갈등이 지나치게 많이 일어나는 것도 놀라운 일은 아니다.

골프를 좋아하는 사람이라면, 라이더컵Ryder Cup에서 드러나는 선수들과 관중의 반응이 다른 정규 경기와 다르다는 사실을 알 것이다. 라이더컵은 2년에 한 번씩 사흘간 미국과 유럽 선수들 간에 열리는 대항전이다. 골프 경기는 보통 차분한 분위기로 진행된다. 선수와 관중은 예의와 스포츠맨십을 지켜야 한다는 규범이 있다. 2013년 2월에 열린 피닉스 오픈의 마지막 라운드에서 한국인 선수 제임스 한James Hahn(한국명 한재웅)이 긴 버디 퍼트에 성공한 후 강남 스타일 춤을 신나게 춘 장면은 전례 없는 일이기에 잊지 못할 사건이 되었다.[24] 일반적인 경기에서 관중은 좋은 샷이 나올 때마다 박수를 보내고 실수가 나올 때마다 다 같이 안타까움의 탄성을 지른다. 큰 대회 중 하나인 마스터스의 입장권 뒷면에는 다음과 같은 문장이 적혀 있다. "골프 경기에서는 선수의 실수에 박수를 치지 않습니다. 마스터스를 찾아주신 여러분은 이제부터 예의를 지키시어 가장 식견 있고 예의 바른 골프 관중으로서의 명성을 지켜주시길 바랍니다."[25] 선수 본인들은 경쟁자가 실수하면 마냥 신나겠지만 속내를 드러내지 않으니 우리로서는 그들의 속을 알 수가 없다. 하지만 이런 규범이 라이더컵 경기에서는 잘 지켜지지 않으며, 최근 몇 년 동안에는 특히 더 그랬다.

1999년 라이더컵에서는 미국 팀이 희한한 역전승을 거두었다.[26] 경기가 극적으로 펼쳐지면서 선수와 관중 모두의 감정이 격해져 노골적으로 분출되고 있었다. 마지막 시합 조는 미국의 저스틴 레너드Justin Leonard와 스페인의 호세 마리아 올라사발José María Olazábal이었다. 두 홀(17번과 18번)이 남아 있었고, 레너드가 한 홀에서 이기거나 두 홀 모두에서 동점만 기록하면 미국에 승리가 돌아갈 상황이었다. 17번 홀에서 두 선수 모두 두 번째 샷 만에 공을 그린에 올렸다. 레너드의 공은 홀에서 12미터 이상 떨어져 있어서 아주 어려운 퍼트를 해야 했다. 올라사발의 공은 6미터 정도 떨어져 있어서 쉽지는 않겠지만 해볼 만한 거리였다. 그런데 먼저 퍼트를 한 레너드의 공이 홀로 빨려 들어가는 것이 아닌가! 올라사발의 퍼트가 아직 남았는데도(그리고 만약에 그가 성공하면 경기를 더 이어가야 하는데도) 미국 선수들과 몇몇 팬들, 그리고 선수의 아내들까지 그린으로 뛰쳐나와 축하했다. 올라사발이 퍼트할 수 있도록 그린이 정리되었지만 그의 공은 홀을 빗나갔다. 그러자 이 실수를 기뻐하는 환호까지 터졌다. 골프가 신사의 게임이라는 말도 집단 간의 경기에는 해당되지 않는다.[27]

::   **쌤통 심리와 정치판의 피 튀기는 스포츠**

내 편과 네 편을 가르는 본능이 중요한 역할을 하는 또 다른 영역이 있다. 바로 정치판이다. 스포츠와 마찬가지로 다른 당의 후보에게 성 스캔들이나 망언 같은 불운이 닥치면 자기 당의 후보나 당이 승리할 수 있는 확률이 높아진다. 선거운동이 한창일 때에, 특히 선거 날 밤

이 가까워질수록 대부분의 사건은 승리나 패배와 연관되어 해석된다. 모든 이들에게 전반적으로 부정적인 영향을 미치는 불행한 사건도 예외는 아니다. 예를 들어 경제 불황 소식은 누구에게도 긍정적인 결과를 가져다주지 않는 것처럼 보이지만, 현직자를 꺾으려고 노력 중인 도전자에게는 희소식이 될 수도 있다. 비난의 화살이 현직자에게로 향할 테니 말이다. 가장 중요한 것은 승산이고, 그래서 '나쁜 소식'은 쌤통 심리를 만들어낸다.[28]

그러나 정치에 많은 것을 쏟아붓는 사람들은 당파적 이익에 따른 감정을 겉으로 드러내기가 가끔 어려울 때도 있다. 나쁜 소식을 듣고도 안타까운 모습을 내비치지 않으면 잃는 것이 많다. 이런 현상은 스포츠보다 정치판에서 훨씬 더 심하게 나타난다. 정치적으로 누가 손해를 보고 있건 간에, 양측 모두 본심을 숨기고 침통한 얼굴을 하고 있어야 한다. 하지만 종종 정치인과 그 동맹자들은 그들의 적들이 부정적인 사건으로부터 얻는 정치적 이득을 적절치 못하게 즐거워한다며 비난을 퍼붓는다. 진짜 감정과 밖으로 드러나는 감정 사이의 불일치를 의심하기 때문이다.[29] 예를 들어 2012년 대선 초반에 버락 오바마Barack Obama 대통령은 공화당이 유가 상승을 아주 열성적으로 반기고 있다고 주장했다. 보통의 소비자들에게는 고통스러운 일인데도 정치적 호재에 "입맛을 다셨다"라는 것이다. 그리고 오바마는 이런 말을 덧붙였다. "오로지 정치판에서만 나쁜 소식을 응원하지요."[30] 정치적 동기 때문에 쌤통 심리가 거짓 염려로 위장되는 경우가 많다. 정적의 흥미진진한 스캔들은 언제나 쌤통 심리를 유발한다. 그런데 그 불행이 정적뿐만 아니라 전반적으로 부정적인 영향을 미칠 때에도 쌤통 심리가 일어날까? 나는 사회심리학자 데이비드 컴스David Combs가 주도한 일련의 연구에 참여하여 이 문제를 조사했다.[31] 우리는 참가자들의 지지 정당과 지지 정도를 평가했다. 그러고 나서 약 두 달 후인 2004년 미국 대선 직전과 2006년 중간선거 직전에 두 유형의 불운을 담은 뉴스 기사를 주고 그들의 반응을 측정했다. 몇몇 기사는 조금 우습고 공화당 혹은 민주당에 망신스러운 내용이었다(이를테면 자전거에서 떨어진 조지 부시George W. Bush 대통령과 우스꽝스러운 옷을 입고 NASA를 둘러본 존 케리 상원의원 등등). 나머지는 정당에 상관없이 객관적으로 모두에게 해가 되지만 다가오는 선거 결과에 영향을 미칠 수 있는 사건에 관한 기사들이었다(경제 불황 소식이나 이라크 파견군의 전사). 우리는 참가자들의 지지 정당이 쌤통 심리의 정도에 영향을 미칠 거라 예상했다.

과연 그랬다. 우스운 불운에 대해서는 솔직한 결과가 나왔다. 부시 대통령에 대한 기사에는 공화당 지지자들보다 민주당 지지자들이 훨씬 더 큰 재미를 느꼈고, 케리 상원의원에 대한 기사는 그 반대였다. 스포츠 팬들이 그랬듯, 정당에 느끼는 일체감이 높아서 선거 결과를 더 걱정하는 사람들 사이에서 이런 패턴이 강하게 나타났다. 요컨대 '똑같은' 사건이 정치적 관점에 따라 아주 재미있을 수도 혹은 그렇지 않을 수도 있었다.

그런데 '객관적으로 부정적인' 두 불운에 대한 결과는 더 흥미로웠다. 공화당 지지자들보다 민주당 지지자들이 경제 침체와 미군 전사에 대한 소식을 더 즐거워했다. 이번에도 역시, 선거 결과에 신경 쓰는 열혈 지지자일수록 이런 경향이 더 강했다. 전체적으로 이 즐거운 감정은 극단적이지 않았다. 하지만 그들이 객관적으로 부정적인 불운에 어느 정도 즐거움을 느낀 것은 사실이다. 열혈 지지자일수록 즐거움이 커진 것을 보면, 그 사건의 결과로 얻어질 정치적 이득과 연관이 있을 것이다. 민주당 지지자들이 경제 침체와 미군 전사에 대해 상당히 양면적인 감정을 보였다는 사실 또한 짚고 넘어가야겠다. 그들은 이 사건으로 인한 뜻밖의 정치적 이득을 반기는 것처럼 보였지만, 그 소식이 여러 모로 거의 모든 사람들에게 비보라는 사실 때문에 고민했다. 이와 대조적으로, 공화당 지지자들은 이 사건들이 전체적으로 미칠 부정적인 영향을 크게 생각하지 않는 경향이 있었다. 지지 정당이 초래한 나쁜 일들 때문에 고민하는 일을 회피하고자 문제의 심각성을 무시하려 노력했을지도 모른다.

우리의 초기 연구에서 공화당 지지자 역시 객관적으로 부정적인 사건에 쌤통 심리를 느낀다는 사실은 발견되지 않았다. 이 연구를 진행할 당시엔 우연히도 민주당이 아닌 공화당에서 스캔들이 많이 터지고 있었기 때문일 것이다. 경제·군사 부문에서 나쁜 소식이 들리면 집권당인 공화당이 거의 언제나 역풍을 맞았다. 하지만 민주당 지지자들에게만 정치적 쌤통 심리가 발생한다고 믿을 근거는 없었다. 또 다른 연구에서 우리는 민주당 혹은 공화당이 비난받을 수 있는 부정적인 사건에 대한 기사를 지어냈다. 그때는 2008년 예비선거 운동의 말미였고 민주당에서는 당시 상원의원이었던 버락 오바마가, 공화당에서는 존 매케인John McCain 상원의원이 각각 대선 후보로 지명된 상태였다. 우리가 만든 기사는 지난해에 그 후보가 저당물 압류를 증가시켜 많은 자택 소유자들에게 큰 타격을 입힌 법안을 강력하게 추

진행했었다는 내용을 담고 있었다. 그 기사는 이 법안의 폭넓은 부정적 영향을 강조했다. 앞선 연구에서처럼 우리는 참가자들의 지지 정당과 정당 충성도를 평가했다. 이번에도 그 불운과 연관된 후보, 참가자들의 지지 정당, 그들의 정당 충성도에 따라 놀랄 만큼 다른 결과가 나왔다.

〈표 3.1〉이 보여주듯, 오바마가 그 불행의 원인이었을 때에는 민주당 지지자들보다 공화당 지지자들이 더 만족감을 느꼈다. 그 법안을 추진한 사람이 매케인이었을 때에는 반대의 결과가 나왔다. 정당에 느끼는 동질감이 강할수록 그런 패턴을 더 보였다. 경쟁이 치열한 스포츠계와 마찬가지로, 정치적 운명이 걸린 일이라면 남들이야 어떤 결과를 맞든 자연스레 자기 당의 성공에 초점을 맞추게 된다. 코미디언 스티븐 콜버트Stephen Colbert(보수적인 방송인과 정치인을 옹호하는 척하면서 그들의 무지와 독선을 조롱하는 것으로 유명하다 - 옮긴이)는 2012년 여

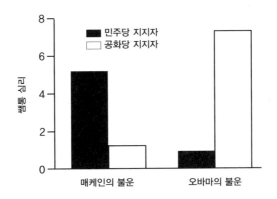

〈표 3.1〉 관찰자의 지지 정당과 불운을 당한 정치인의 정당이 쌤통 심리에 미치는 영향

매케인 혹은 오바마에게 일어나는 '불운'에 반응한 쌤통 심리는 관찰자의 지지 정당에 따라 달라졌다.

름에 현직 대통령인 버락 오바마와 도전자인 미트 롬니Mitt Romney가 대선 경쟁을 벌이고 있을 때 이렇게 말했다. "좋은 소식과 나쁜 소식이 있다. 좋은 소식은 미트 롬니에게 희소식인 나쁜 소식이 많다는 것이다."[32]

집단에 대해 느끼는 동질감은 쌤통 심리에 강력한 영향을 미치지만, 우리의 타고난 사회적 본성에 들어맞기도 하다. 인간은 언제나 집단을 이루며 살았고 강력한 집단의 일원이 되어야 생존에 유리했을 것이다. 따라서 무의식적으로 집단에 동질감을 느낄 수밖에 없고, 이는 내집단 편애와 외집단 혐오로 이어질 수 있다. 그리고 경쟁 상대인 외집단의 고통이 쌤통 심리를 낳을 수 있다. 쌤통 심리는 집단에 대한 충성도가 아주 강한 스포츠계와 정치판의 치열한 난투에서 특징적으로 나타나는 감정이다.

가끔은 스포츠와 정치가 서로 밀접하게 연관되기도 한다. 역사가 피터 게이Peter Gay는 제2차 세계대전이 일어나기 전인 1930년대에 베를린에서 자랐다. 회고록인 『나의 독일적인 질문My German Question』에서 그는 1939년에 배를 타고 쿠바로 탈출하기 전까지 그와 그의 가족이 유대인이라는 이유로 고초를 감당해야 했던 삶을 묘사한다.[33] 점점 더 야비해져가는 나치의 악행으로부터 달아날 피난처가 필요했던 그는 스포츠에 몰두했다. 자신이 소속된 팀에 강한 애착을 갖게 된 게이는 팀이 잘하면 날아갈 듯 행복했고 팀이 지면 마음이 쓰라렸다. 또, 그와 그의 아버지는 나치를 증오했기 때문에 독일보다는 미국에 더 동질감을 느끼기 시작했다. 1936년에 베를린 올림픽이 열렸을 때 그들은 "미국을 열정적으로"[34] 응원했다. 그들은 대부분의 경기를 관람했고, 나치에 대한 증오와 미국에 대한 애정 때문에 경기 결과에 따라 감정이 널을 뛰었다. 게이에게 잊지 못할 시합은 여자 400미터 계주였다. 큰 응원을 받고 있던 독일 팀이 배턴을 떨어뜨리는 바람에 지고 말았다.

> 아버지가 벌떡 일어나며 외치시던 그 목소리를 나는 죽을 때까지 잊지 못할 것이다. …… 아버지는 "Die Mädchen haben den Stab verloren!"이라고 소리치셨다. "저 여자들이 배턴을 떨어뜨렸어!"라는 뜻이었다. 헬런 스티븐스Helen Stevens 선수가 결승선 테이프로 성큼성큼 달려가 미국에 또 하나의 금메달을 안겨주었을 때, 그 누구보다 나치의 여성을 대표하는 선수들은 서로 껴안으며 가슴이 터지도록 울었다. …… 쌤통 심리는 삶의 가장 큰 즐거움이 될 수 있다.[35]

게이가 자신과 아버지의 쌤통 심리에 아무런 죄책감도 느끼지 않는 것은 충분히 이해할 만한 일이다. 우리는 어떤 불행이 자업자득이라는 생각이 들면 부끄럼 없이 쌤통 심리를 드러낸다. 나는 게이의 심정에 전적으로 동감한다. 히틀러Adolf Hitler가 지켜보는 가운데 독일 선수들을 꺾었던 미국 단거리 육상 선수 제시 오언스Jesse Owens를 생각하면 소름이 돋는다.

불행히도 스포츠계와 정치판에서는 또 다른 종류의 오싹함을 느끼게 하는 일들이 벌어질 수도 있다. 집단 간 관계로 인해 생긴 감정은 인종적·종교적 다툼과 국가 간 전쟁 같은 극단적인 형태의 갈등을 조장하기도 한다. 이렇게 보면 쌤통 심리는 자연스러운 감정이기는 하지만, 연민으로 향하는 문을 닫아버리고 더 어두운 감정과 행동을 부추기는 일종의 중독성 약물일지도 모른다. 이 문제에 대해서는 10장에서 더 자세히 이야기해보자.

4

인간 본성의 두 얼굴,
이기심과 이타심

일반적이고 추상적인 의미의 어떤 사람이 실패를 하든 성공을 하든 우리에겐 별로 중요한 문제가 아니다(그가 교수형을 당하든 말든 우리 소관이 아니다). 하지만 그 사람이 바로 우리 자신이라면 성공이냐 실패냐 하는 것은 전적으로 중대하고 무시무시한 문제가 된다. 우리 모두의 가슴속에서는 나는 절대 실패해서는 안 된다는 말이 가장 큰 소리로 아우성친다. 다른 사람이야 실패하든 말든, 적어도 난 성공해야 한다.

―윌리엄 제임스(William James)[1]

친구들의 온갖 고통 속에서
우리는 은밀한 목적을 처음으로 꾀한다.
자연이 우리의 고통을 덜어주려 친절히도
우리를 기쁘게 해줄 상황을 가리켜주니.

―조너선 스위프트(Jonathan Swift)[2]

나중에 나는 쿨리의 죽음이 무척이나 기뻤다. 그 덕에 법적인 문제에 휘말릴 소지가 사라졌고, 내가 코끼리에게 총을 쏠 충분한 구실이 생겼으니 말이다.

―조지 오웰[3]

만약 당신이 어떤 남자를 남몰래 짝사랑하고 있고, 그의 사랑을 얻기 위해 친한 친구와 경쟁하고 있다고 상상해보자. 문제는 친구에게 그 남자를 사로잡을 만한 매력이 넘친다는 것이다. 그런데 그 친구가 다른 사람의 글을 표절했다는 이유로 일하던 신문사에서 해고당했다. 이 사실을 알았을 때 당신의 기분은 어떨까? 분명 사람들 앞에서는 친구를 걱정할 것이다. "베티가 해고됐다니 큰일이야. 너무 안됐어."

친구라면 응당 그렇게 느껴야 하고, 염려를 표하면 자신의 이미지를 높일 수 있다. 어쨌든 베티는 친한 친구고, 친구에게 안 좋은 일이 생기면 안타까운 마음이 드는 것이 인지상정이다. 분명 안타까운 마음이 들겠지만, 당신은 그 뒤에 이런 말도 덧붙일 것이다. "베티가 그런 짓을 했다는 게 놀라워. 신문사만 탓하기는 애매하지. 베티도 상담을 좀 받아야 할 거야."

이렇게 친구의 인격과 정신 건강을 살짝 비꼬는 건, 다른 한편으로는 쾌감을 느끼고 있음을 보여주는 증거다. 먹이를 씹으면서 눈물을 흘린다는 악어처럼. 베티는 매력적인 라이벌에서 자기 얼굴에 먹칠을 한 사람으로 추락해버렸다. 중요한 건 베티의 이미지가 실추됐으니 당신의 사랑 전선에 파란불이 켜졌다는 것이다. 마음속으로는 친구에 대한 걱정스러운 마음을 강조하면서 오로지 깊은 동정만을 느끼고 있다고 스스로를 납득시킬 것이다. 하지만 마음 한구석에서는 덩실덩실 춤을 추고 있을지도 모른다. 다른 무엇보다 소원이 이루어질 수도 있다는 기대감이 당신의 감정을 좌우할 것이다.

친구의 곤경에 통쾌함을 느끼면 심리적으로나 도덕적으로나 찜찜해지는 건 사실이다. 순전히 이기적인 이유로 어떤 감정을 느낀다고

인정하기란 결코 쉽지 않은데, 친구의 행복이 걸려 있는 문제라면 더 더욱 그럴 것이다. 순간적으로 은밀한 기쁨을 느낀다 해도 자신이 나 쁜 사람처럼 느껴진다. 자신의 동기와 감정은 이기적인 것이 아니라 고 자신뿐만 아니라 주변 사람들까지 속일 수 있을지 몰라도, 그렇게 속일 때 우리는 프리드리히 니체Friedrich Nietzsche가 말한 "우리 자신에 게 낯선 타자"가 될지도 모른다.⁴ 경쟁이 치열한 다른 수많은 영역에 서와 마찬가지로 짝짓기 게임에서도 이기적인 감정이 자연스레 생겨 나고 우리의 이타적인 충동을 억누르는 경우가 많다. 경쟁 상황에서 우리가 강하게 품게 되는 의문은 바로 이것이다. "나한테 돌아오는 게 뭐지?"

〈심슨 가족The Simpsons〉의 초기 에피소드에서 사이드쇼 밥은 광대 크러스티에게 편의점 강도 누명을 뒤집어씌우고 크러스티의 쇼를 가로챈다. 재능과 교양 면에서 자기가 크러스티보다 훨씬 더 낫다고 자부하는 사이드쇼는 크러스티의 엉터리 같은 쇼에서 보잘것없는 조수 역을 맡은 것에 불만이 많았다. 크러스티가 감옥에 갇히자 그는 기뻐하며 자기 마음 내키는 대로 쇼를 진행한다. 고전 문학을 읽고, 유명 여류 작가 수전 손택Susan Sontag을 언급하고, 재즈 작곡가 콜 포터Cole Porter의 노래를 부른다. 한번은 쇼를 끝낸 뒤 그에게 알랑거리는 스태프들과 함께 걸으면서 크러스티가 참 안됐다고 말한다. 그는 손가락을 깨물며 훌쩍이지만 분장실에 들어가서 문을 닫은 후 혼자가 되자 사악하게 낄낄거린다. 원하던 대로 쇼를 자기 마음대로 주물럭거릴 수 있게 되었을 뿐만 아니라 크러스티의 몰락을 통해 소원을 이루었으니 더 행복한 것이다.

다른 사람의 불행을 보고 연민이 일더라도 그로부터 얻는 이득이 있으면 쌤통 심리가 생겨난다. 하지만 사이드쇼는 자신의 이익만 생각하는 사람을 희화화한 인물이다. 그가 느끼는 통쾌함에 동정심은 한 톨도 들어가 있지 않다. 좀 더 일반적으로 이야기하자면, 우리 인간의 타고난 성향은 적어도 두 가지 방향으로 갈린다. 편협한 이기심과 쌤통 심리, 그리고 이타심과 연민. 둘 중 어느 쪽도 인간의 본성을 완벽하게 포착하지는 못한다.

심리학의 역사에서 하버드 대학의 심리학자이자 철학자인 윌리엄 제임스만큼 인간의 동기를 날카롭고 공정하게 이해한 사람은 찾기 어렵다. 그의 획기적인 저서 『심리학의 원리The Principles of Psychology』는 1890년에 출간되었지만, 지금도 여전히 현대의 학자들에게 인간 심리에 대한 뛰어난 참고서가 되어주고 있다. 제임스는 경쟁을 벌이는 인간 본성의 두 측면을 다음과 같이 이야기한다.

여러 면에서 인간은 가장 무자비하고 사나운 짐승이다. 군거하는 모든 동물들이 그렇듯, 파우스트의 말대로 "그의 가슴속에 두 영혼이 살고 있다." 사교적이고 남을 잘 돕는 영혼, 그리고 동료를 시기하고 적대시하는 영혼. 일반적으로 인간은 동료 없이 살 수 없지만, 어떤 개인은 동료와 함께 사는 것 역시 힘들어하는 경우가 많다.[5]

현대로 넘어와 하버드 대학의 심리학자 하워드 가드너Howard Gardner 는 우리가 천성적으로 '선'하지도 '악'하지도 않다고 주장했다. 우리는 '선할 수도 악할 수도' 있다.[6] '선' 아니면 '악'은 잘못된 이분법이다.

3장에서 정치적 쌤통 심리에 대한 연구들이 보여주었듯, 남의 불행이 우리의 이득으로 이어질 때 우리는 복잡한 감정을 느낀다. 그리고 타고난 동정심은 남의 고통에 통쾌함을 드러내는 것을 금하고 연민을 지시하는 문화 규범으로 인해 더욱 강해지는 것 같다. 라이벌이 손해를 입으면 우리 대부분은 남몰래 좋아하면서도 그런 감정에 죄책감과 부끄러움을 느낀다.

자신의 이익과 타인의 이익 사이에서 갈등할 때 이기심이 우세할까? 살면서 자주 겪게 되는 경쟁 상황에서 자기 이익이 더 큰 목소리를 낼까?[7] 아마도 그럴 것이다. 누가 이기건 상관없다면 경쟁은 쌤통 심리를 유발하지 않을 것이다. 하지만 윌리엄 제임스가 말했듯, "다른 사람이야 실패하든 말든, 적어도 난 성공해야 한다."[8] 18세기 아일랜드의 풍자 작가인 조너선 스위프트 역시 비슷한 이야기를 했다.

> 사람들이 꽉 찬 쇼에서 누군들
> 자기가 높이 서고, 다른 사람들을 계속 낮게 두고 싶지 않을까?
> 나는 여러분뿐만 아니라 내 친구도 사랑하지만
> 그가 내 시야를 가리게 내버려두지는 않을 것이다.
> 그 친구에게 더 높은 자리를 주라지.
> 부탁하건대 1인치는 넘지 않게.[9]

대부분의 경우 우리는 자신의 승리를 바라지 않는가? 경쟁을 시작하면서 상대편이 이기기를 바라는 사람이 있을까? 상대에게 "행운을 빕니다"라고 말하는 건 모순 아닐까? 경쟁에서는 자신의 이익이 가장 중요하다. 나폴레옹Napoleon은 "적이 실수하고 있을 때에는 절대 방해하지 말라"라고 조언했다.[10] 우리는 라이벌의 불행 때문에 행복하다는 걸 인정하지 않지만, 연민과 죄책감이 뒤섞일지언정 아주 조금이라도 행복이라는 감정이 생겨날 수밖에 없다.

2012년 10월, 두 번째로 열린 대통령 후보 토론회에서 미트 롬니 주지사와 인상적인 논쟁을 벌일 때 비락 오바마 대통령은 나폴레옹과 같은 생각으로 토론에 임했다. 오바마는 지난달에 리비아의 벵가

지에 있는 미국 영사관이 공격당한 사건에 대한 질문에 막 답변을 마친 참이었다. 그 사건으로 미국 대사와 세 명의 미국인이 사망했다. 미국으로서는 끔찍한 참사였고, 오바마와 국무부의 많은 직원들은 대사와의 개인적인 인연 때문에 특히 큰 상처를 받았다. 하지만 행정부의 리비아 정책이 안보 면에서 민망할 정도로 부실하다는 사실이 여실히 드러난 사건이었고, 롬니를 비롯한 공화당 의원들은 냉큼 그 점을 부각시켰다. 그들이 비판한 한 가지 문제는 오바마 행정부가 그 공격의 범인이 테러리스트들이라는 사실을 일찍 파악하지 못했다는 점이었다. 사람들은 롬니가 이 쟁점에서 점수를 딸 것이라고 예상했고, 그는 오바마의 답변을 걸고넘어질 생각이었다. 롬니는 사건 다음 날 "테러 행위"라고 말했다는 오바마의 답변에 초점을 맞추었다. 그는 정말 그렇게 말했느냐고 묻는 듯한 시선으로 오바마를 쳐다보았다. 오바마는 고개를 끄덕이며 "내가 그렇게 말했습니다"라고 답했다.

그 순간 팽팽한 긴장감이 돌았다. 롬니는 도전장을 던졌고 오바마도 이에 응했다. 오바마가 그런 말을 하지 않았다고 확신한 듯한 롬니는 비난조로 이렇게 말했다. "공격 다음 날 로즈 가든에서 그 사건이 테러 행위라고 말씀하셨다고요."

롬니는 잠깐 말을 멈추었고, 자기가 유리한 고지에 섰다고 생각하는 것처럼 보였다. 눈을 치켜뜨고 자신만만하게 불신의 표정을 드러내면서 다시 한 번 확인 했다. "즉흥적인 시위가 아니었다, 이 말씀이십니까?"

사실 유리한 고지에 있는 건 오바마였고, 오바마도 그 사실을 알고 있었다. 롬니가 따지고 드는 동안 차분하게 물을 한 모금 마신 오바마는 롬니의 증거 없는 주장에 "계속하세요. 계속하세요, 주지사님" 하고 대꾸했다.

오바마는 롬니에게 올가미 속으로 들어오라고 재촉하는 셈이었다. 레이저라도 쏘는 듯 그의 눈빛은 강렬했고, 얼굴에는 아주 살짝 미소가 감돌았다. 후에 코미디언 존 스튜어트는 그 순간을 평가하며, 상대가 계속하라고 말하면 그건 바로 당신이 곤경에 처했다는 "첫 신호"라고 말했다.[11] 롬니는 더듬거리며 몇 마디를 더 했지만 이젠 주도권이 오바마에게 넘어갔음을 깨달은 듯했다. 토론회 사회자인 캔디 크롤리Candy Crowley는 오바마가 로즈 가든에서 발표한 성명문을 확인해주었다. 오바마는 "조금만 더 크게 말씀해주시겠어요, 캔디?"라는 말로 그 논쟁에 방점을 찍었다.

토론회 관중은 웃음을 터뜨리며 박수를 쳤다. 롬니에게는 치욕적인 그 순간을 오바마는 느긋하게 즐겼다. 분명 대부분의 민주당원들도 그랬다.[12] 선거운동에서 전환점이 된 순간이었다.

인간의 본성을 분석하는 연구에서 항상 함께 등장하는 주제인 이기심과 이타심은 몇천 년 동안 사상가들 사이에서 뜨거운 화두가 되어왔다.[13] 하지만 우리에게 쌤통 심리가 있다는 사실은 우리의 이기적인 측면을 분명히 부각시킨다. 여기서 짧게나마 이 주제를 짚고 넘어가려 한다. 인간의 행동에서 이기심이 하는 역할을 강조한 학자들은 수없이 많다. 영국의 철학자 토머스 홉스는 끊임없는 권력욕이 인간의 행동을 일으키는 주된 동기라고 주장했다.[14] 심리학으로 눈을 돌리면 우리 인간은 본질적으로 이기적이며 쾌락과 성욕이 인간을 움직이는 동기라고 주장한 프로이트Sigmund Freud가 있다.[15]

이 개념을 간결하게 포착한 유명한 격언도 많다. 예를 들어 17세기 프랑스 작가인 프랑수아 드 라로슈푸코는 다음과 같이 말했다. "유쾌한 대화 상대를 만나기 어려운 이유는 사람들이 상대의 말보다는 자기가 할 말을 생각하고, 말할 기회가 생기면 더 이상 남의 말에 귀를 기울이지 않기 때문이다."[16] 그는 사람들의 이기적인 행동을 폭로하는 일에 주력했고, 쌤통 심리도 그가 자주 다룬 주제 중 하나였다. 다음의 격언에는 두 가지 개념이 모두 담겨 있다. "우리는 남들의 불행을 견딜 만한 힘이 있다."[17]

현대 대중문화에서는 데일 카네기Dale Carnegie가 제안한 개념이 자기 이익이라는 주제를 잘 담고 있다. 카네기는 단순하고 상식적인 처세술의 대명사 같은 존재다. 오랜 베스트셀러인 『카네기 인간관계론』에서 그는 우리가 주로 남들의 이익이 아닌 자신의 이익을 만족시키기 위해 행동한다는 사실을 주요 명제로 삼고 이를 여러 형태로 분석했다. 카네기는 "인간은 백만 명의 목숨을 앗아가는 중국의 기근보다 자신의 치통을 중요하게 생각한다"[18]라고 주장한다. 또한 우리가 남들에게 자신의 진가를 인정받고 싶어 하는 이유는 자존심과 허영심 때문이라고 강조한다. 따라서 남에게 영향력을 발휘하고 싶다면 상대가 자기만의 욕구와 관점에 따라 행동한다는 사실을 이해해야 한다고 조언한다. 즉, 영향을 미치고 싶은 상대의 이익을 생각하고, 진정성 있고 믿음직한 방식으로 그들을 칭찬해주라는 것이다.

카네기의 주장에 따르면 인간은 자신의 행동과 동기가 고상해 보이도록 자신의 처신을 합리화하는 능력이 뛰어나다. 아무리 나쁜 행동을 하더라도 우리 대부분은 자신의 동기를 긍정적으로 해석해낸다. 카네기는 살인과 폭력 범죄를 수없이 저지른 시카고의 악명 높은 갱, 알 카포네Al Capone를 예로 든다. 카포네가 자신을 범죄자로 생각했을까? 아니다. 그는 자신을 금주법 기간 동안 사람들이 술을 먹을 수 있게 편의를 제공해준 "진가를 인정받지 못하고 오해받은 사회의 은인"[19]으로 생각했다. 카네기에 따르면 대부분의 사람들이 비난을 받으면 심하게 발끈하는 이유는 이기심 때문이다. 비판은 행동의 긍정적인 변화를 초래하기는커녕 "한 사람의 소중한 자존심에 상처를 입히고 자부심을 해치기"[20] 때문에 방어적인 태도와 원한을 부추길 가능성이 높다. 카네기는 다음과 같이 조언한다. "사람을 상대할 때에는 상대방을 논리적인 존재로 생각해서는 안 된다. 감정적인 존재, 편견에 가득 차 있고 자존심과 허영심에 의해 움직이는 존재를 상대하고 있음을 잊어서는 안 된다."[21]

카네기가 인간의 본성을 투박하고 불균형한 시각으로 설명했을지 모르지만, 그의 개념은 사교 기술을 개선하여 출세하고 싶어 하는 사람들에게 좋은 지침이 되었다.[22] 상대의 이름을 잘 기억하고, 상대를 칭찬하고, 자신보다는 상대의 이익에 초점을 맞춰 생각하는 사람을 보면 데일 카네기의 처세술을 따르고 있음을 쉽게 간파할 수 있다. 이런 전략을 잘못 써서 가식적인 아첨꾼으로 보이는 사람들도 있다. 카네기의 조언을 제대로 실천하려면 인간에 대한 타고난 이해력이 꼭 필요하지만, 그래도 그의 처세술에서 우리가 취할 점이 있다. 대부분의 사람들은 자기 일에 온 신경이 쏠려 있어서, 남들도 마찬가지로 자기 문제에 주의를 집중하고 있다는 사실을 잘 알아채지 못한다. 그러므로 상대의 관점에서 생각하기만 하면 훨씬 더 쉽게 영향력을 끼칠 수 있다. 대부분의 사람들은 인정받기를 원하기 때문에 진심 어린 칭찬을 받으면 기뻐한다. 또한 자기에게 이익이 된다면 상대의 접근 시도에 적극적으로 호응한다.[23] 내가 영향력을 발휘하고 싶은 상대와

나의 이해관계가 반드시 일치하는 건 아니라는 사실을 깨달았다면, 상대를 효과적으로 움직이는 데 기념비적인 첫발을 내디딘 것이다.

카네기의 이러한 개념은 1920년대와 1930년대에 나왔지만 지금까지도 큰 효력을 발휘하는 듯하다.[24] 대통령, 코치, 배우부터 다수의 성공한 사업가에 이르기까지 많은 사람들이 목표를 달성하기 위해 카네기의 처세술을 사용했다.[25] 인간 본성의 이기적인 측면을 강조한 사람은 카네기뿐만이 아니다. 최근의 예를 보자면 설득과 사회적 영향력의 영역에서 현대의 가장 명망 있는 전문가라 할 수 있는 사회심리학자 로버트 치알디니Robert Cialdini가 개발한 사회과학적 접근법이 있다. 현재 5판까지 출간된 그의 훌륭한 저서 『설득의 심리학』에는 현장 경험을 통해 얻은 통찰력과 수많은 실험실 연구가 잘 버무려져 있다. 치알디니는 성공적인 설득과 사회적 영향력을 설명하는 일련의 중요한 통찰을 제시한다. 그렇다면 그는 이기심의 원칙("이익을 최대화하고 손실을 최소화하려는 욕구")을 강조했을까?[26] 아니다. 그렇다고 해서 그가 그것을 대수롭지 않게 여긴 것은 아니다. 오히려 정반대다. 이기심은 너무도 기본적이고 자명하기 때문에 굳이 집중적으로 다루지 않아도 된다는 것이 그의 생각이다. 이기심은 '이미 정해진 동기'이다.[27]

::   **극단적인 상황에서 우리는 이기적으로 행동한다**

가끔은 극단적인 상황이 닥쳤을 때 우리가 보이는 행동에서 이기심이 어떤 역할을 하는지 드러나기도 한다. 1959년 11월 캔자스 주의

한 작은 농촌 근처에서 시시한 전과자 두 명이 부농인 허버트 클러터Herbert Clutter와 그의 아내, 그리고 두 아이를 잔인하게 살해했다. 트루먼 커포티Truman Capote는 선구적인 논픽션『인 콜드 블러드』에서 이 사건의 상세한 속사정을 파헤치기 위해 그 마을로 가서 몇 달 동안 주민들을 인터뷰했다. 클러터 가족의 가까운 지인들이나 그 범죄를 해결한 경찰관들과 이야기를 나누고, 체포된 살인범들을 그들이 처형되기 전까지 만났다.[28] 한 주민은 살인 사건에 대해 양면적인 감정을 느꼈음을 고백했다. 그는 클러터의 생명보험 중개인이었던 밥 존슨Bob Johnson이었다. 살인 사건 몇 달 전, 존슨은 검소한 클러터에게 보험을 팔려고 오랜 시간 정성을 들였다. 살인이 일어난 바로 그날 오후 존슨은 마침내 클러터를 설득하여 보험을 들게 만들었다. 4만 달러짜리 보험이었고, 사고사할 경우 두 배의 돈을 받을 수 있었다. 존슨이 살인 소식을 들었을 때 클러터가 보험 가입비로 낸 서명된 수표는 아직 현금화되지 않은 채 존슨의 지갑 속에 들어 있었다. 존슨은 소식을 듣자마자 클러터 가족의 죽음을 슬퍼하기보다는 그와 그의 회사가 잃을 돈을 더 걱정했다고 후회하며 말했다. 수표에 대해 아는 사람은 그 자신밖에 없었다. 그 수표를 없애버린다 해도 아무도 모르게 그냥 지나갈 수 있는 일이었다. 클러터가 친구이긴 했지만 그에게 가장 신경 쓰이는 문제는 자신의 지갑이었다. 이런 염려는 그의 본능적인 첫 반응처럼 보였다. 하지만 그는 수표를 없애지 않았다. 그의 설명에 따르면 양심상 그럴 수가 없었으며 위치토에 있는 부장과 의논한 후 클러터의 보험을 유효 처리하기로 결정했다고 한다. 하지만 존슨이 돈 문제가 걸린 자기 이익과 클러터에게 공정한 대우를 해주고 싶은 마음

사이에서 갈등한 것은 분명한 사실이다.

프랑스의 의사이자 레지스탕스 운동가인 알베르 하스Albert Haas가
제2차 세계대전을 회고한 비망록『의사와 지옥의 망령들The Doctor and
the Damned』에도 흥미로운 사건이 묘사되어 있다. 그는 나치 점령하의
프랑스에서 독일 국방군 최고사령부에 잠입했지만 나치에게 발각되
어 여러 강제수용소를 전전했다. 끔찍하고 야만적인 환경과 포로 사
이에 만연해 있는 절망감 때문에 이런 수용소에서 인간의 가장 고결
하고 이타적인 본능이 발휘되기는 어려웠다. 하루는 한 무리의 포로
들이 감시병 한 명을 공격했고, 독일 장교들은 이에 대한 복수로 포로
열 명에 한 명씩 총살하겠다고 발표했다. 그러고 포로들을 여러 줄로
세웠다. 한 감시병이 포로들의 수를 세면서 열 번째 포로들을 잇달아
총살했다. 하스는 겁에 질렸고 자신이 걸리지 않기를 간절히 빌었다.
그의 줄이 가까워지자 계산을 해본 하스는 다음 차례에 죽을 사람이
바로 자신이라는 걸 알았다. 그런데 그의 바로 왼쪽에 서 있는 남자를
보니 몸이 쇠약했고 곧 죽을 것처럼 보였다. 하스는 마음을 놓고 자기
가 서 있던 자리에 그를 밀어 넣었다. 몇 초 후 독일 간수가 그 불운한
남자의 머리에 총을 쏘았다. 하스는 "생각을 제대로 하기도 전에 순식
간에 그런 행동을 저지르고 말았다"[29]라고 설명했다. 그는 평생 이 사
건을 머릿속에서 지우지 못했다. 합리적인 생각으로 그런 결정을 내렸
지만, 죽을 때까지 죄책감을 안고 살아야 했다. 하스의 회고록에는 감
동적인 연민과 자기희생도 담겨 있긴 하지만, 두려운 상황에서 대부분
의 사람들은 자기 살길을 찾기에 바쁘다. 독일의 극작가 베르톨트 브
레히트Bertolt Brecht도 "먹는 것이 먼저요, 도덕은 그다음이다"[30]라는 유

명한 글을 남기지 않았던가.

나는 많은 사람들이 익명으로 들려주는 쌤통 심리의 경험담을 수집했는데, 그런 감정을 느낀 데에 이기적인 이유가 있었다는 이야기를 쉽게 들을 수 있었다. 사람들은 깜짝 놀랄 정도로 쉽게 인상적인 경험들을 떠올렸고, 달갑지 않은 일이라도 속사정을 솔직하게 털어놓았다. 이런저런 경쟁과 관련된 이야기가 많았다. 클러터의 수표를 어떻게 할 것인지 고민한 존슨과 비슷한 갈등을 경험한 사람들도 있고, 하스의 이야기를 떠올리게 하는 경험담까지 있다. 한 응답자는 직장에서 좋은 실적을 내지 못했던 때의 상황에 대해 이야기했다. 그는 그의 형편없는 실적을 가장 잘 아는 상사에게 안 좋은 평가를 받을까 봐 걱정하고 있었다. 그러던 어느 날 그 상사가 큰 병에 걸려 회사를 그만둘 것이고 어쩌면 죽을지도 모른다는 소식을 들었다. 순간 그는 "아싸!" 하고 속으로 쾌재를 불렀다. 상사가 좋은 사람인데도 말이다. 상사가 병에 걸린 덕에 나쁜 평가를 받지 않아도 되니 그 소식을 듣자마자 속으로 기뻤다고 그는 솔직하게 인정했다. 물론 그는 금세 정신을 차리고 죄책감과 연민에 휩싸였지만, 그의 첫 반응은 상사의 병으로부터 자신이 얻을 이익에서 비롯된 것이었다.

어떤 사건에 대해 감정적으로 반응할 때 자기 이익이 동기가 되는 경우가 많기 때문에, 설사 남에게는 불행일지언정 자기에게 이익이 되는 일이라면 우리는 기쁨을 느낄 수 있다.

아이들의 행동이 보여주는 인간의 이기적인 본성

아이들의 부주의한 행동은 인간의 이기적인 본성을 쉽게 볼 수 있는 또 다른 창이다. 내가 열 살쯤이었을 때 부모님이 생일 파티에 한 가족을 초대했다. 이 가족에는 세 아이가 있었고 막내는 세 살, 큰아이는 여덟 살이었다. 점잖게 행동하던 그 아이들은 사탕 항아리를 쳐서 넘어뜨리는 놀이를 시작하자 돌변했다. 서로 자기가 먼저 항아리를 치겠다고 아우성이었고, 자기가 남보다 더 많이 치려고 했다. 나와 내 형제자매들은 뒤로 물러나서 그 아이들이 서로 막대기를 잡으려고 싸우고 항아리를 세게 쳐대는 모습을 지켜보고 있었다. 이것만으로도 정신이 사나웠는데 항아리가 깨져서 사탕이 바닥으로 쏟아지자 그야말로 아수라장이 되었다. 세 무법자가 사탕을 집으려고 바닥으로 달려들었다. 흡사 윌리엄 골딩William Golding의 소설 『파리대왕』의 한 장면을 보는 듯했다. 세 아이 중에 통통하고 가장 덩치가 큰 맏이가 가장 많은 사탕을 가졌다. 그 아이가 자기보다 어린 형제들을 팔꿈치로 밀어제치면서 짓던 표정이 아직도 생생하다. 자기 동생들의 울음소리 따위는 전혀 신경 쓰지 않고 오로지 자기 생각만 하는, 거의 야만적인 표정이었다. 그 아이는 점점 더 많은 사탕을 원했고, 원하는 만큼 가졌다. 결국 그들의 부모가 민망한 표정으로 끼어들었다.

대부분의 사람들이 아이들에게서 이와 비슷한 면모를 발견한다. 문화인류학자인 어니스트 베커Ernest Becker가 유년기를 다음과 같이 묘사한 것도 그 때문일 것이다.

우리는 자존감을 위한 싸움을 아이들에게서 가장 명백한 형태로 목격할 수 있다. 아이는 자기가 원하는 것이 있으면 부끄러움도 모르고 가장 많이 갖고 싶어 한다. 타고난 자기애를 온몸으로 부르짖는다. …… 우리는 '형제간 경쟁'을 별일 아닌 것처럼 이야기한다. 관대한 사회성을 아직 기르지 못한 아이들이 성장하면서 경쟁심과 이기심을 갖는 것은 자연스러운 일이라고 말이다. 하지만 아이들은 거기에 너무 몰입하여 포기라는 걸 모르고 거의 일탈에 이른다. 아이들의 그런 행동에는 온 세상에서 독보적인 존재로 돋보이고픈 인간의 욕구가 드러난다. 자존감을 지키려는 기본적인 욕구와 타고난 자아도취가 합쳐지면 자신을 제일 가치 있는 사람, 우주 만물의 일인자, 모든 생명을 대표하는 사람으로 느껴야 직성이 풀리는 존재가 된다.[31]

우리 작은딸이 네 살이었을 때 일이다. 아내는 먼 곳에서 열리는 어떤 행사에 참석하느라 저녁 식사에 늦을 수밖에 없었다. 초저녁 즈음 뇌우가 무섭게 쏟아졌다. 하늘이 자줏빛 도는 검은색으로 변하더니 폭우를 퍼붓기 시작했다. 무서울 정도였다. 마치 화성인들이 지구를 침공하는 내용의 영화 속에 들어온 듯한 기분이었다. 아내가 전화해서 폭풍우 때문에 예정보다 늦게 도착할 거라고 말했다. 딸이 우리 대화를 엿들었고 나는 걱정스러웠다. 폭풍우도 무서운데 엄마가 걱정되기까지 할 테니 말이다. 아니나 다를까, 딸아이는 눈을 휘둥그레 뜨고 겁에 질린 표정을 지었다. 그런데 뜻밖에도 딸아이가 외친 말은 "그럼 난 어떡해?"였다. 나는 딸아이의 반응에 정말 깜짝 놀랐다. 하지만 다시 생각해보니 딸아이의 반응을 충분히 이해할 만했다. 그 어린 마음에는 엄마가 곁에 없는 것이 가장 두려웠을 것이다. 엄마가 없다는 건 딸아이에게 무슨 의미였을까? 나와 큰딸은 어리둥절한 시선을 주고받았다. 동생보다 네 살 더 많은 큰딸은 좀 더 섬세하게 반응했고 동생의 행동 속에서 유머를 찾을 줄 알았다. 그 사건은 우리 가족 사이에 전설이 되었다. 누군가가 자기중심적인 행동을 할 때마다 우리는 "그럼 난 어떡해?"라고 말하며 그 사람을 놀린다.

1장과 2장에서 말했듯이 사회적 비교는 자존감에 큰 영향을 미치며, 설령 남들이 불행을 당하는 상황일지라도 하향 비교는 긍정적인 효과를 낼 수 있다. 이렇듯 사회적 비교는 인간 본성의 이기적인 측면도 드러내준다. 베커는 이 문제 역시 짚고 넘어간다.

> 아이는 2등이 되거나 평가절하당하는 걸 용납하지 못하고, 하물며 따돌림당하는 건 말할 것도 없다. "쟤한테 제일 큰 사탕 줬잖아요!" "쟤한테 주스 더 많이 줬잖아요!" "그럼 더 줄게." 그러면 다른 아이가 이렇게 말한다. "그럼 내 주스가 더 적어지잖아요!" "나 말고 쟤한테 먼저 난로에 불 피우게 해줬잖아요." "좋아, 이 종이에 불을 붙여보렴." "이 종이는 아까 쟤가 썼던 것보다 작잖아요." 이런 싸움은 끝도 없다. …… 형제간 경쟁은 인간의 기본적인 심리 상태를 반영해주는 중대한 문제다. 아이들이 사악해서, 이기적이어서, 혹은 난폭해서 그런 행동을 보이는 것이 아니다. 그들은 인간의 비극적 운명을 너무도 숨김없이 까발리고 있는 것이다. 자기가 세상에서 제일 가치 있는 사람이라고 필사적으로 정당화해야 하는 운명을……[32]

남의 불행에 대한 반응은 자신의 상대적 경험에 달렸다

심리학자 하이디 에어Heidi Eyre와 나는 우리가 남에게 일어나는 사건에 반응할 때 우리 자신의 상대적인 경험을 근거로 한다는 사실을 증명하는 실험을 했다.[33] 우리는 실험에 참여한 여대생들에게 학생들에게 시험 결과를 알리는 방식을 평가한다는 표면적인 연구 목적을 알렸다. 또 다른 학생 참가자가 아이큐 검사를 받은 다음 다른 방법(구두 혹은 서면)으로 검사 결과를 전달받을 테니 이 방식을 관찰하고 그 효과를 평가하라고 일렀다. (실험이 끝났을 때 우리가 밝힌) 그 연구의 실제 목적은 참가자들 자신의 상대적인 성적이 다른 학생의 성적에 대한 감정적 반응에 어떠한 영향을 미치는지 알아보는 것이었다. 이 목적을 위해 우리는 다른 학생의 경험을 제대로 평가하려면 참가자들 역시 똑같은 경험을 해봐야 한다며 그들도 아이큐 검사를 받게 했다. 그러고는 그 학생의 성적에 대한 그들의 감정적 반응("잘됐다" 혹은 "안됐다" 같은)을 알아보는 설문지를 작성케 했다. 이와 더불어 우리는 참가자들과 학생의 아이큐 검사 결과가 좋았는지 나빴는지를 무작위로 판정했다(이 사실 역시 실험이 끝나고 나서 밝혔다). 우리가 이 연구에서 쌤통 심리를 측정한 것은 아니다. 하지만 이 감정적 반응을 검사해보니 다른 학생의 성적에 대한 참가자들의 반응은 그들 자신의 상대적인 성적에 따라 달라졌다. 참가자들의 감정은 다른 학생의 점수가 '나쁘다' 혹은 '좋다'라는 객관적인 사실을 단순히 따르지 않았다. 만약 다른 학생의 성적이 나쁘다면, 성적이 좋은 참가자들이 그 학생의 실패를 더 안타까워했다. 다른 학생의 성적이 좋을 때에도 성적이 좋은 참가자들이 그 학생의 성공을 더 기뻐해주었다.

요컨대 참가자들의 반응은 다른 학생의 성공이나 실패라는 단순한 사실뿐만 아니라 그들 자신의 상대적인 성적에도 영향을 받았다. 내가 상대적으로 성공한 위치에 있으면 남의 실패를 안타까워하기가 더 쉬워진다. 내가 상대적으로 실패한 입장이라면 남의 성공을 기뻐해주기가 어렵다.

::   **이기심과 연민의 균형: 복잡한 이중성**

성적이 나쁜 참가자들도 다른 실패한 학생들에게 어느 정도의 동정을, 그리고 성공한 학생들에 대해 어느 정도의 행복을 느꼈다는 사실에 주목할 필요가 있다. 즉, 그들은 복잡한 감정을 느꼈다. 인간 본성의 이기적인 측면에 대해 이야기하고 있긴 하지만, 남에게 공감할 줄 아는 우리의 능력을 무시하려는 것은 아니다. 18세기 스코틀랜드 사상가인 애덤 스미스Adam Smith도 비슷한 이야기를 했다.

> 인간이 아무리 이기적이라 해도, 남의 행복에 관심을 갖고 지켜보는 즐거움 말고는 얻는 것이 없다 해도 남들의 행복을 꼭 필요로 하는 것이 인간의 본성이다. …… 우리가 종종 남들의 슬픔에서 슬픔을 느낀다는 것은 너무도 명백한 사실이어서 굳이 그것을 증명할 예를 들 필요도 없다. …… 아무리 못된 악한이라도, 아무리 상습적으로 사회의 법을 어기는 사람일지라도 그런 면이 아예

없지는 않다.[34]

　인간들의 공감 능력을 보여주는 흥미로운 예는 쉽게 찾을 수 있고, 많은 연구자들이 인간 본성의 이러한 측면을 계속해서 탐구하고 있다.[35] 우리가 성장 단계를 거칠 때마다 타인에게 의지하는 것만 봐도 공감 자체가 진화적 유산임을 알 수 있다. 지나치게 이기적인 사람들은 집단의 일원들에게 거부당할 확률이 높다. 우리는 자신에 대한 관심과 타인에 대한 관심 사이에서 복잡한 갈등을 느낀다.[36] 인간 본성의 이기적인 측면을 파악하면 남의 불행이 연민보다는 즐거움을 불러일으키는 이유를 쉽게 알 수 있다.

　1장에서 여키스 국립 영장류 연구 센터가 실시한 연구를 언급한 바 있다.[37] 원숭이 두 마리에게 모두 오이를 주었을 땐 두 마리 모두 만족한 듯 보였다. 하지만 한 마리에게 오이를 주고 다른 한 마리에게는 포도를 주자, 오이를 받은 원숭이가 심통을 부렸다. 그 원숭이들은 불평등한 대우를 신경 쓰는 것처럼 보였다. 내가 언급하지 않은 사실이 한 가지 있는데, 이 원숭이들이 자기 몫보다 더 많이 받았을 땐 별로 개의치 않는 모습을 보였다는 점이다. 다른 원숭이보다 '불공평하게' 더 좋은 대우를 받았을 땐 심란해하지 않았다. 연구자 세라 브로스넌은 다음과 같이 썼다. "꼬리감는원숭이들이 감지하는 불공평함은 아주 일방적인 것 같다. '내'가 부당하게 대우받느냐 아니냐가 가장 중요하다."[38] 그리 놀라운 사실은 아닌데 인간 또한 불공평한 이익과 불공평한 불이익 모두에 스트레스를 받을 수 있지만, 불공평한 이익보다는 불공평한 불이익을 당할 때 전반적으로 더 기분이 나빠진다.[39]

심리학자인 로이 바우마이스터Roy Baumeister와 브래드 부시먼Brad Bushman은 교재로 널리 사용되고 있는 그들의 저서 『사회심리학과 인간 본성Social Psychology and Human Nature』에서 이기심과 이타심이라는 우리의 이중성을 흥미롭게 분석한다.[40] 그들은 자기 이익을 추구하려는 충동이 우리의 진화적 유산에 뿌리를 두고 있을 가능성이 높다고 주장한다. 그런 성향이 개인의 생존과 번식에 도움이 되기 때문이다. 그래서 아리스토텔레스는 "날아오는 무기가 옆 사람을 맞히고 당신을 빗나가면" 그것이 바로 행운이라고 말할 수 있었던 것이다.[41] 생물이 과연 강한 이기심 없이 생존할 수 있을까? 바우마이스터와 부시먼에 따르면 인간은 집단을 위해 개인의 편협한 이익을 포기하도록 강요하는 문화의 요구에 순응하기도 한다. 더 많은 팝콘을 먹고 싶더라도 다른 사람과 공평하게 나누어야 한다는 걸 배운다. 내 딸들이 성장하는 모습을 지켜보니 정말 그랬다. 1장에서 말했듯이 아이들이 아주 어렸을 땐 불이익을 당한 아이는 항의하고 이익을 본 아이는 그나마 얌전히 있었다. 나이가 들면서 아이들은 관심사의 폭이 넓어졌고, 모두가 평등한 대우를 받아야 한다고 고집했으며, 관용과 자기희생을 기분 좋고 자랑스러운 일로 여겼다. 하지만 지금도 다 함께 앉아서 영화를 볼 때 내가 실수로 팝콘을 똑같은 양으로 나누어 주지 않으면 아이들은 의아스런 표정을 짓고, 약간은 상처까지 받는다.

바우마이스터와 부시먼은 차례 지키기와 남의 소유권 존중하기 같은 규칙들이 이기적인 행동을 금하는 도덕적 원칙에 근거함을 지적한다. 특히 잘 아는 사람들 사이에 있을 때 죄책감과 수치심 같은 도덕적 감정은 큰 역할을 한다. 자기 욕심만 채우고 집단이나 다른 가족

구성원의 이익을 무시하면 죄책감을 느끼고, 자신의 이기적인 행동이 사람들에게 알려지면 수치심을 느낀다. 하지만 이기심은 쉽게 드러난다. 따라서 문화적으로 적절한 행동을 하려면 종종 의도적이고 계획적인 노력이 필요하다. 바우마이스터와 부시먼은 이 점을 훌륭하게 설명했다.

> 일반적으로 자연은 계속 가라고 말하고, 문화는 멈추라고 말한다. …… 자아는 이기적인 충동과 그것을 억제하기 위한 수단으로 가득 차 있고, 수많은 내적 갈등은 결국 충동과 억제 간의 대립이 된다. 그 갈등은 아마도 인간 심리에서 가장 기본적인 갈등일 것이다.[42]

클러터의 수표를 어떻게 할까 고민한 존슨, 몸이 안 좋은 동료 포로의 자리를 본능적으로 가로챈 하스 박사, 그리고 자기가 좋아하는 물건이 누구에게 얼마나 돌아가는지 눈에 불을 켜고 지켜보는 아이들에게서 이런 긴장 상태를 엿볼 수 있다.

경쟁처럼 남의 불행이 우리에게 이득을 주는 요인은 철학자 앙리 베르그송Henri Bergson의 말을 빌리자면 "마음의 무감각"[43]을 조장하고, 따라서 우리의 쌤통 심리를 한층 더 강하게 만들 것이다. 스포츠계와 정치판에서 쌤통 심리를 많이 목격할 수 있는 것도 이런 이유 때문이다. 3장에서 검토한 연구들이 보여주듯, 라이벌 팀과 라이벌 정당에 일어나는 불행은 우리에게 즉각적인 즐거움을 안겨준다. 특히 자신의 팀이나 지지 정당에 동질감을 많이 느낄수록 더욱 그렇다. 집단 정체성이 중요한 의미를 지닌다면 라이벌 집단의 손실은 우리 집단에 좋고, 그래서 우리에게도 좋은 일이 된다. 이 연구에서 자기 이익에 대한 인식은 쌤통 심리와 크게 관련이 있다. 사실 그런 인식이 없다면, 그리고 실험 참가자들이 라이벌을 싫어할 이유가 없다면, 쌤통 심리는 거의 발생하지 않았다. 하지만 집단 정체감을 통해 자기 이익을 인식하게 되면 사정이 달라졌다. 자기 집단에 동질감을 크게 느끼는 스포츠 팬이나 정치적 추종자는 다른 사람들(그들이 라이벌이라면)에게 일어나는 '나쁜 일'을 집단에 좋은, 따라서 자신에게 좋은 일로 여긴다. 그 나쁜 일이 라이벌 팀 선수의 중상이나 군인들의 죽음일지라도 상관없다. 이때 느끼는 쌤통 심리는 강도가 전반적으로 약하고(특히 군인들의 죽음에 대해서) 걱정이 섞여 있지만, 남에게 일어나는 불행이 자기 이익으로 이어질 경우엔 그로부터 느끼는 즐거움이 더욱 커졌다.

다음 장에서는 쌤통 심리의 또 다른 중요한 이유로 넘어갈 텐데, 그것은 정의감과 관계있다. 우리는 정의와 공정성에 큰 관심을 갖고 있다. 다른 사람들에게 일어나는 좋거나 나쁜 일에 반응할 때, 그런 결과가 자업자득인가 아닌가, 공정한가 불공정한가 하는 점이 부분적으로 영향을 미친다. 불행은 나쁜 일이지만 그것이 응당해 보이면 거의 확실히 쌤통 심리가 발동된다.

5

저 인간은 당해도 싸!

평화를 사랑하는 사람들을 괴롭히고 화나게 만들기를 즐기는 어떤
사람이 마침내 호된 뭇매를 맞으면 그건 분명 불행한 사건이다. 그
러나 모든 이들이 그 일을 용납하고 별다른 이득이 없다 해도 그 자
체로 좋은 일이라 여긴다.   — 이마누엘 칸트[1]

그 사디스트가 감옥에 간다면 모든 품위 있는 사람들은 싱글벙글할
것이다.   — 리오 로스튼(Leo Rosten)[2]

자업자득이니 슬퍼할 까닭이 없다.
　　— 맬컴 엑스(Malcolm X). 케네디 대통령의 암살에 대한 의견을 말해달라는 요청에[3]

복수 이야기를 담은 영화가 넘쳐난다. 그 주제에 대한 변주가 무궁무진하게 이루어지고 있지만 기본적인 패턴은 단순하고 예측 가능하며 관객들이 좋아한다. 악당이 주인공에게 못된 짓을 하고, 주인공이 통쾌하게 복수하면서 영화는 대단원의 막을 내린다. 영화 관객들만큼 정의의 실현을 기뻐하는 사람들도 없을 것이다. 악당은 아무런 동정도 얻지 못한다. 우리는 결말에 갈채를 보낸다. 악인이 응분의 대가를 받는 장면은 통쾌하기 그지없다.

많은 영화들이 정의로운 복수로 관객의 통쾌함을 이끌어내는 것을 보면, 정의와 쌤통 심리가 자연스레 연결되어 있음을 알 수 있다.[4] 온 사방에 피가 튀더라도 정의만 실현된다면 관객은 상관하지 않는다. 내가 이렇게 장담할 수 있는 이유는 1970년대 후반에 2년 동안 영화관에서 부 매니저로 일한 경험이 있기 때문이다. 영사실은 관객의 행동을 관찰하기에 좋은 장소였다. 악당이 된통 혼나는 장면에 관객의 환호가 쏟아진 영화는 참 많았지만, 특히 브라이언 드 팔마Brian DE Palma 감독의 〈분노의 악령〉이 기억에 남는다. 이 영화의 악역은 존 카사베츠John Cassavetes가 연기한 벤 차일드리스라는 첩보원인데, 그는 첩보 활동에 이용해먹을 수 있는 염력을 가진 두 명의 십 대 아이들에게 무자비한 실험을 행한다. 결국 한 아이가 죽음에 이르자 다른 아이는 자신의 염력을 차일드리스에게 사용한다. 분노와 증오에 휩싸인 아이는 차일드리스를 공중으로 띄워 점점 더 빠른 속도로 빙빙 돌리고, 마침내 그의 몸은 폭발하고 만다. 관객들은 그 기괴한 장면을 보고도 전혀 얼굴을 찡그리지 않았다. 오히려 큰 소리로 기쁨의 함성을 지르는 사람까지 있었다. 그들은 카사베츠가 실감 나게 연기한 그 인물을 싫어했다. 그래서 그가 곱게 죽는 것으로는 성에 안 차, 고기처럼 다져지고 가루가 되도록 부스러지기를 원했다. 그런 벌을 받아도 싼 인간이니까. 소름 끼치지만 통쾌한 결말이었다.[5]

벌을 받아도 싼 사람이 곤경에 처하는 걸 보면 우리는 통쾌함을 느낀다. 쌤통 심리도 그 감정의 일부임에 틀림없다. 쌤통 심리에 관해 그 어떤 학자보다 많은 글을 쓴 철학자 존 포트먼John Portmann은 그것이 정의감에서 비롯된 감정이라고 주장한다.[6] 어떤 불행이 응당하다는 생각이 들면 자연스레 뒤따르는 감정이라는 것이다. 그리고 노먼 페더Norman Feather와 빌코 판 데이크 같은 사회심리학자들의 실험은 우리의 짐작을 확실히 증명해준다. 실험 참가자들은 부당한 불행보다 응당한 불행을 더 고소하게 여겼다.[7]

:: **당해도 싼 불행이란 무엇일까?**

일반적으로 우리는 어떤 불행이 응당한가 아닌가를 판단할 때 비슷한 잣대를 사용한다. 예를 들어 불행을 초래한 장본인이 곤경에 처하면 당연한 일이라 생각하고, 쌤통이라며 고소해한다.[8] 뻔뻔한 사기꾼 버니 메이도프Bernie Madoff는 어마어마한 규모의 피라미드식 사기로 역사에 이름을 남길 인물이다. 그는 투자자들을 끌어모은 다음 신규 투자자들의 돈을 기존 투자자들의 수익금으로 지급해주는 방식으로 사기를 쳤다. 많은 유명인, 자선 단체, 비영리 단체가 총 600억 달러에 달하는 엄청난 액수의 돈을 잃었다.[9] 2009년 6월 메이도프가 150년

형을 받았을 때 사기 피해자들로 가득 찬 법정에서는 환호와 박수갈채가 터져 나왔다.[10] 메이도프도 그제야 자신이 얼마나 심각한 범죄를 저질렀는지 깨닫는 것 같았다. 최고형을 받은 후 그는 고개를 돌려 피해자들에게 이렇게 말했다. "내가 사람들에게 얼마나 큰 고통을 안겨주었는지 알고 나니 무척 괴롭습니다."[11]

책임 유무와 더불어 균형성과 적합성 역시 잣대가 된다. 우리는 '좋은' 사람이 '좋은' 운명을 누릴 자격이 있듯이, '나쁜' 사람은 '나쁜' 운명에 휘말려도 싸다고 믿는다. 극히 선한 행위에 큰 보상을 해주는 것이 당연하듯이, 극히 나쁜 행위에는 최고의 형벌을 내려야 마땅하다. 〈분노의 악령〉의 차일드리스 같은 악당들은 본성이 악랄하고 많은 악행을 저질렀으니 죽어도 싸다. 그들은 마땅한 벌을 받은 것이다. 이런 결말을 지켜보는 것이 통쾌한 이유는 인과응보가 실현되어야 한다는 우리의 생각에 부합하기 때문이다. 이런 쾌감은 미학적인 성격을 지니기도 한다. 나쁜 행동이 나쁜 결과로 이어져 균형이 잡히면 일종의 시적 정의poetic justice(현실에서는 이루어지지 않을 수 있는 권선징악이 문학 안에서 실현되는 것 – 옮긴이)가 이루어진다.[12]

메이도프가 받은 처벌에 대한 사람들의 반응 역시 이 잣대에 들어맞는다. 그는 사기 행각을 들키기 전까지 몰염치하게 큰 피해를 끼치고 많은 이들의 믿음을 저버렸다.[13] 형이 선고되기 전에 피해자들은 자신의 손실을 설명할 기회가 생기자 인정사정 봐주지 않았다. 정신병을 앓고 있는 형제를 위해 모아두었던 돈을 잃어버린 마이클 슈워츠라는 피해자는 이렇게 말했다. "그의 감방이 관이 될 만큼 긴 형이 선고되었으면 좋겠습니다."[14] 판사 역시 메이도프의 죄질이 "상당히 나쁘다"라며, 메이도프가 자백한 범죄 하나하나에 최고형을 내렸다. 법정 밖에서 수많은 사람들과 함께 평결 소식을 들은 또 다른 피해자 도미닉 암브로시노는 "통쾌했다"라고 말했다.[15]

노벨상 수상자이자 아우슈비츠 수용소 생존자인 엘리 위젤Elie Wiesel 의 사연이 가장 딱했다. 위젤은 메이도프에게 사기를 당하는 바람에, 인류를 위한 재단Foundations for Humanity의 전 재산이나 마찬가지인 1,500만 달러의 기금을 잃었다. 위젤은 일말의 자비도 보이지 않았 다. "그 인간에게는 사이코패스라는 단어도 아깝다."[16] 그러고는 5년 동안 메이도프의 감방에 스크린을 설치해서 아침, 점심, 저녁으로 피 해자들의 얼굴을 보여줘야 한다고 주장했다.[17]

메이도프는 감방 신세를 지게 되었을 때 아무런 동정도 받지 못했 다. 오히려 그가 화이트칼라 범죄자들이 대부분인 개방형 교도소에 수감된 데 실망스러워하는 사람들도 있었다. 법이 허용하는 최고형도 부족해 보였다. 그렇지만 대부분의 사람들은 그 사건을 통쾌하게 여 겼다. 특히 인터넷에는 환희에 들뜨고 가끔은 잔인하기까지 한 글이 많이 올라왔다. 한 사이트에 메이도프의 감방 침대 사진이 올라오자 다음과 같은 댓글들이 달렸다.[18]

저기에 바늘 방석을 넣으면 안 되나?
그 인간이 베개 베고 자는 걸 보면 사람들이 격분하겠는걸.
저 침대에 빈대가 득실득실하기를.

메이도프는 희대의 사기꾼이다. 친구, 자선단체, 심지어는 자기 가족마저 속였다. 어떤 잣대를 들이대든 마땅한 처벌을 받았기에 그를 딱하게 여기는 사람은 아무도 없는 것 같았다. 가짜 미다스의 손을 가진 이 투자자의 감옥행에 거의 모든 이들이 통쾌한 기분을 숨기지 않았다.

정의가 실현되면 쌤통 심리는 확실히 더 강해진다. 누군가가 응분의 대가를 치르는 것을 보고 "그것 참 쌤통이다"라고 말해도 이기적인 사람으로 보이지 않는다. 정당성을 결정하는 기준이 개인적이고 편협하기보다는 객관적인 것처럼 보이기 때문이다.[19] 그래서 그런 감정을 느껴도 덜 찜찜하고 덜 부끄럽다. 존 포트먼은 영향력 있는 로마 가톨릭 신학자인 베르나르트 해링Bernard Häring을 예로 든다. 해링은 쌤통 심리가 벌받을 만한 악한 감정이라고 주장하면서도 다음과 같은 단서를 단다.

> 쌤통 심리는 악이며 끔찍한 죄이다. 하지만 하느님의 적법한 적들이 몰락할 때 쌤통 심리를 느낀다면 그것은 미덕이다. 왜일까? 그땐 하느님의 적법한 적들에게 가서 "보라, 그대가 나쁜 길을 걷고 있기에 하느님께서 그대에게 고통을 주고 계시잖은가"라고 말할 수 있기 때문이다.[20]

성경이 쌤통 심리를 용납하는지는 모르겠다. 하지만 13세기 가톨릭 신부인 성 토마스 아퀴나스St. Thomas Aquinas[21]와 18세기의 기독교 설교자인 조너선 에드워즈Jonathan Edwards 같은 종교 사상가들은 해링과 같은 생각을 갖고 있었다. 에드워즈는 '왜 악인의 고통은 정의로운

이에게 슬픔이 아닌 그 반대의 감정을 불러일으킬까'라는 제목의 설교를 한 적이 있다.[22] 쌤통 심리는 악한 감정일지 모르지만, 하느님의 적법한 적들이 응분의 대가를 치를 때에는 그렇지 않다. 신성한 정의가 실현될 때 느끼는 통쾌함은 정당하다.

::   **위선자의 몰락에서 느끼는 묘한 쾌감**

특히 위선자가 몰락했을 때 우리는 그 응분의 대가를 고소하게 여긴다. 위선자의 몰락이라면 지미 스왜거트Jimmy Swaggart의 사례가 단연먼저 떠오른다. 재능 있고 카리스마 넘치는 스왜거트는 텔레비전 전도라는 독특한 전도 방식을 만들어내는 데 일조했다. 그의 프로그램인 〈지미 스왜거트 텔레캐스트The Jimmy Swaggart Telecast〉는 전성기에 전세계 수백 개의 방송국에서 방영되었다. 스왜거트는 지금까지도 수많은 추종자들을 끌어모으며 그들에게 즐거움을 안겨주고 있다. 하지만 1980년대 후반에 그는 곤경에 빠졌었다. 죄가 초래하는 결과에 대해설교하던 스왜거트는 거기서 더 나아가 남들의 죄를 폭로하기 시작했다. 특히 유명한 동료 전도사인 짐 바커Jim Bakker의 간통을 비난했다. 그렇지만 머지않아 스왜거트도 남의 도덕성을 운운할 자격을 잃고 말았다. 스왜거트에게 성적 부정행위를 비난받은 또 다른 목사가사립탐정을 고용하여 스왜거트의 활동을 감시했다. 탐정은 스왜거트가 한 매춘부를 정기적으로 만나는 장면을 사진으로 찍었다. 스왜거트가 속한 교단인 '하나님의 성회' 지도부는 이 사실을 알고 석 달 동안 그를 정직시켰다. 대중문화의 새로운 상징적 행사가 되어버린 공개 고해를 통해 스웨거트는 자신의 신도들과 텔레비전 시청자 앞에 서서 자신의 죄를 인정하고 용서를 구했다.[23]

고통스럽게 얼굴을 찡그리고 눈물을 줄줄 흘리는 스웨거트의 모습에 많은 사람들은 통쾌함을 노골적으로 드러냈다. 철저히 위선적인 행동을 한 그가 그런 치욕을 당하는 건 당연해 보였다. 소셜 미디어에 올라온 글과 대형 신문사로 날아든 편지들은 대부분 스웨거트의 위선적인 행동에 초점을 맞췄고, 혐오감과 조롱, 그리고 환희가 듬뿍 담겨 있었다.[24] 그는 완전히 뉘우치기도 전에 설교단으로 복귀해서 사태를 악화시켰고 그의 고백은 사람들의 기억 속에 강하게 박혀버렸다. 그러자 하나님의 성회는 그의 성직을 박탈했다. 그리고 몇 년 후 또 다른 매춘부와 함께 있는 그의 모습이 포착되었다. 그는 이번에는 굳이 회개 때문에 고민하지 않고 신도들에게 이렇게 말했다. "주님이 말씀하셨습니다, 당신들이 상관할 바 아니라고."[25] 고해와 회개는 전혀 별개의 문제다.[26]

위선적인 행위와 그 통쾌한 발각에 관한 한 설교자들을 따라올 사람이 없다. 많은 설교자들은 그 자신들 역시 탈선에 쉽게 빠지면서 남들의 도덕적 결점을 지적하는 데 주저하지 않는다.[27] 서문에서 언급했던 조지 레커스의 사례를 보자. 그가 남성 매춘부 알선 사이트를 통해 고용한 젊은 남자를 유럽 여행에 데려간 사실이 탄로 나면서 그의 반동성애 운동은 끝장나버렸다. 레커스의 위선이 기가 막힌 이유, 그리고 그의 몰락을 보고 쌤통이라고 느끼는 것이 정당해 보이는 이유는 그가 동성애자에게 불리한 정책을 성공시키기 위해 무려 30년 넘게 애쓴 사람이기 때문이다. 언론 매체의 집중 공격을 받은 레커스가 딱해 보일 수도 있겠지만, 그의 모질었던 행보를 생각하면 고소하다는 생각이 들 수밖에 없다. 칼럼니스트인 레너드 피츠 주니어Leonard Pitts Jr.는 이렇게 썼다. "누군가가 공적인 공간에서 개인적인 사이코드라마를 찍는 것을 보고 있자면 삐딱한 쾌감이 느껴진다. …… 그는 비윤리적인 범죄를 저질렀다."[28] 레커스는 자신이 비난하고 벌했던 사람들과 똑같은 행동을 했다.

또 다른 유명한 예로 테드 해거드Ted Haggard 목사가 있다. 그는 프로 안마사인 마이크 존스와 동성애 관계를 맺은 사실을 인정한 후 콜로라도스프링스에 있는 대형 교회의 담임 목사직에서 사임했다.[29] 동성애를 빈번히 아주 강경하게 비난했던 그가 그런 행동을 한 것은 누가 봐도 위선이었다. 〈지저스 캠프Jesus Camp〉라는 다큐멘터리에서 그는 "동성애에 대해 어떻게 생각해야 하는지 논쟁을 벌일 필요도 없습니다. 성경에 쓰여 있잖아요"[30]라며 자신의 의견을 분명히 밝혔다. 그가 집필한 책 중 한 권은 『오늘부터: 서약을 평생 지키는 방법From This Day Forward: Making Your Vows Last a Lifetime』이라는 제목을 달고 있었다.[31] 한편 존스는 해거드(존스를 만날 때에는 '아트'라는 이름을 사용했다)가 콜로라도 주의 동성 결혼 금지 법안을 지지한다는 걸 알고는 그들의 관계를 폭로하기로 마음먹었다. 해거드의 영향력 때문에 법안이 통과될 가능성이 높다는 사실에 존스의 분노는 점점 더 커졌다.

컴퓨터 화면에 뜬 그의 사진에 대고 "이 개새끼! 네가 감히!"라고 소리쳤던 기억이 난다. 미국에서 아트처럼 이성애자인 척하는 모든 동성애자들은 자기가 원하는 만큼 얼마든지 결혼하고 이혼할 수 있지만, 두 남자나 두 여자는 결혼은커녕 결혼의 법적 혜택도 누리지 못한다. …… 시간이 갈수록 점점 더 화가 났다.[32]…… 이 빌어먹을 위선자![33]

해거드는 처음엔 성적 접촉 혐의를 부인했지만[34] 그의 주장과 반대되는 증거들이 속속 드러나기 시작했고, 이를 고소하게 생각하는 사람들의 반응도 봇물처럼 터져 나왔다. 그의 위선적인 행태는 심야 코미디 프로그램에서부터 성 추문을 다룬 책(『바지 벗기 형제단: 보수주의자들의 성 스캔들 안내서The Brotherhood of the Disappearing Pants: A Field Guide to Conservative Sex Scandals』)[35]에 이르기까지 다양한 형태로 풍자되었다. 한 블로거의 환희에 찬 반응은 당시의 전반적인 분위기를 짐작케 해준다. "아침에 풍기는 위선의 냄새가 정말 끝내주는구나."[36]

반면에 마이크 존스는 해거드의 위선을 폭로하는 것이 전혀 통쾌하지 않다고 말했다. 그의 친구들은 해거드와의 관계에 대한 인터뷰를 좀 더 의욕적으로 했어야 한다고 말했지만, 존스는 "그런 일이 벌어진 것이 전혀 기쁘지 않았다"[37]라고 썼다. 아마도 그는 사람들 앞에서 유쾌한 모습을 보이면 자신의 동기를 의심받을까 봐 걱정했을 것이다. 어쨌든 그는 해거드의 공적인 이미지와 사적인 행동이 심각하게 불일치한다는 사실을 깨달았다. 존스는 이렇게 썼다. "자신이 남몰래 하는 행동을 공개적으로 비난해서는 안 된다. 설교하는 내용을 그대로 실천해야 한다. 이 이야기에서 핵심 단어는 '위선'이라는 사실을 잊지 말자."[38]

설교자들은 이런 일을 당하기 쉽다. 그들 자신 역시 다른 신자들이나 우리와 마찬가지로 완벽한 인간이 아니지만, 직업상 남들에게 도덕적인 행동을 권장해야 한다. 주변 사람들보다 더 체면을 차리고 도덕적으로 깨끗해야 하기 때문에 결코 쉽지 않은 직업이다. 그들은 설교자로서 신자들에게 조언하면서 수없이 강한 유혹을 받게 된다. 오스카 와일드Oscar Wilde의 말을 인용하자면 가끔은 "유혹에서 벗어나는 유일한 방법은 유혹에 굴복하는 것이다."[39] 스왜거트와 해거드 모두 결점을 메울 만한 여러 장점을 가지고 있지만, 그들의 위선적인 행동이 탄로 나면서 무색해지고 말았다. 나는 개인적으로 스왜거트의 설교와 찬송가를 좋아한다. 스왜거트의 전기 작가인 앤 로 시먼Ann Rowe Seaman이 썼듯이, "유머 감각 있고"[40] "가난하지만 재능 있고 단호한"[41] 보기 드문 이 남자의 인생사는 무척이나 매력적이다. 또 해거드가 사람들의 신임을 잃은 뒤 아내와 함께 어려움을 헤쳐나가는 모습은 감탄스러웠다. 해거드는 레커스에 대해 너그럽게 말했지만("우리 모두 죄인입니다")[42], 그러면서도 자신의 행동이 레커스의 행동만큼 위선적이지는 않았다고 지적했다.[43] 1장과 2장에서 강조했듯이 사회과학적 증거에 따르면 자신이 남들보다 우월하다고 생각하면 자존감이 올라간다. 안 좋은 처지에 몰리더라도 우리는 언제든 자기보다 못한 사람과 자신을 비교하기를 주저하지 않는다.

유명하고 노련한 보수주의 사상가로서 『도덕 나침반: 인생 여정을 위한 이야기Moral Compass: Stories for a Life's Journey』과 『미덕의 서The Book of Virtues』 같은 책을 저술한 빌 베넷Bill Bennett을 예로 들어보자. 베넷은 행실이 나쁜 사람들을 가차 없이 비난하는 것으로 명성이 높았다.[44]

그런데 2003년에 그가 몇 년 전부터 카지노에서 도박을 하며 800만 달러나 잃었다는 소문이 돌았다. 베넷을 옹호하는 사람들도 있었다.[45] 덕행에 대해 이야기하는 그의 책들은 아이들에게 도덕적 가치를 심어주는 데 효과적이라는 것이다. 하지만 많은 작가들이 그가 휘말린 소문을 소재로 삼았는데, 특히 《슬레이트 매거진Slate Magazine》의 칼럼니스트 마이클 킨즐리Michael Kinsley는 베넷에게 "'쌤통' 부문 퓰리처상"을 수여했다. 그리고 많은 죄인들이 오래전부터 베넷을 그들 클럽의 비밀 회원으로 상상하고 있었을지도 모른다고 추측했다. "그 기쁜 소문이 퍼지자 …… 모든 곳의 냉소적인 사람들은 순간 이렇게 생각했다. 하늘도 무심하진 않구나."[46]

설교자처럼 남들에게 올바르게 사는 법을 알려주는 것으로 먹고사는 사람들 중에는 몰락한 위선자들이 유독 많다. 하지만 그들뿐만이 아니다. 정치인들은 선거에서 이기기 위해 자기의 능력을 과장하고 경쟁자들을 비난하고픈 욕구를 느낀다. 그래서 스캔들과 언론의 집중 보도에 시달리는 정치인들이 참 많다. 신자들을 감동시켜야 하는 설교자들처럼 정치인들 역시 유권자들과 지지자들에게 책을 잡혀서는 안 된다.

::　　　　**위선자들의 고통을 지켜보는 건 왜 이리도 통쾌할까?**

위선자들이 괴로워하는 모습을 보는 건 정말 즐거운 경험이다. 이 통쾌함 뒤에 숨어 있는 건 뭘까? 위선자들은 말과 행동(대개는 도덕과 관련된 행동)이 다르며, 덕을 주장하면서 죄를 실천한다. 한 복음서에 따르면 종교 지도자들의 위선은 예수도 분노케 했다.

> 화 있을진저, 서기관들과 바리새인들, 위선자들이여! 너희는 잔과 접시의 겉을 깨끗이 닦아놓지만 그 속에는 착취와 탐욕이 가득 차 있다. …… 화 있을진저, 서기관들과 바리새인, 위선자들이여! 너희는 회칠한 무덤 같으니, 겉은 그럴싸해 보이지만 그 속에는 죽은 사람의 뼈와 썩은 것이 가득 차 있다.[47]

역사적으로 어떤 문화권에서든 앞뒤가 다른 행동을 좋아하지 않았다. 사회심리학자 로버트 치알디니는 그의 저서 『설득의 심리학』에서 "믿음과 말과 행동이 일치하지 않는 사람은 애매모호하고 표리부동하며 심지어는 정신적으로 병든 것처럼 보인다"라고 썼다.[48] 치알디니는 잘못을 저지르는 것보다 말과 행동의 모순이 더 나쁠 수도 있다고 말한다. 그것은 남을 기만하고 신뢰를 깨는 짓이기 때문이다.

위선자들이 비난받는 이유는 방관자 입장에서 남들을 모욕할 뿐만 아니라, 도덕적으로 우월한 척하면서 주변의 불완전한 사람들에게 그들의 도덕적 열등함을 반성하도록 강요하기 때문이다. 그래서 위선자들은 그들의 위선적인 행동이 까발려지기 전에도 짜증나고 불쾌한 존재가 될 수 있다. 그들의 '고결한 척하는' 태도는 우리의 심기를 건드린다.[49] 예를 들어, 스탠퍼드 대학의 사회심리학자 브누아 모닌Benoit Monin은 잡식을 하는 사람이 채식주의자와 함께 있으면 그의 눈치를 보게 된다는 사실을 발견했다. 고기를 먹는 사람은 채식주의자에게

도덕성을 비난받을 거라는 짐작에 열등감을 느끼기도 한다.[50] 채식주의자들이 무슨 말을 하지 않아도 그들의 곁에 있는 것만으로도 뭔가 죄를 지은 듯한 기분이 든다. 그런데 채식주의자라고 떠들고 다니던 사람이 어느 날 돼지갈비를 뜯고 있는 모습을 들켜버렸다. 이 얼마나 통쾌한 일인가! 이런 기만적이고 위선적인 행동의 폭로는 우리의 기를 팍팍 살려준다. 그들에게 열등감을 느꼈는데 사실을 알고 보니 그럴 필요가 없어졌으니 말이다. 이제 누가 더 도덕적으로 우월한가? 이런 역전은 당연히 통쾌할 수밖에 없다.

우리가 위선자들의 불행을 고소하다고 느끼는 이유가 또 하나 있다. 그들은 자기가 손가락질하던 바로 그 행동을 하다가 들키는 바람에 몰락하는 경우가 많다. 이 기막힌 조합을 보며 우리는 그들이 망해도 싸다고 느낀다. 이런 반전에는 특별한 미학적 매력도 있다.[51] 시적 정의의 실현에 우리는 통쾌감을 느낀다.

나는 사회심리학자 케이틀린 파월Caitlin Powell과 함께, 위선자들이 자신이 비난했던 바로 그 행동을 하다가 발각됐을 때 우리가 얼마나 쾌감을 느끼는가에 대한 실험을 했다.[52] 대학 학부생인 실험 참가자들 중 일부는 동료 학생의 (가짜) 인터뷰 기사를 읽었다. 그 학생은 인터뷰에서 표절의 처벌 및 근절을 목표로 하는 대학 내 단체에서 열심히 활동하고 있음을 여러 번 이야기했다. "커닝이나 표절을 하는 사람들을 보면 정말 화가 나요. 그냥 게을러서 그런 짓을 하는 거잖아요. 우리의 활동 덕분에 얼마 전 커닝한 학생 세 명이 처벌을 받았어요." 나머지 실험 참가자들은 그 학생이 어느 대학 클럽의 회원이라고만 알고 있었다. 두 번째 후속 기사에는 바로 그 학생이 표절 아니면 절도, 이 두 가지 도덕적 실수 중 하나 때문에 정학을 당했다는 내용이 실렸다. 우리는 그 학생과 부도덕한 행위, 그리고 그에 따른 처벌에 대해 참가자들이 어떻게 생각하고 느끼는지 알아보기 위해 설문지를 나누어 주었다. 예상했던 대로 참가자들은 그 학생이 클럽의 회원일 때보다 학내 부정행위 근절 운동 조직에서 활동하다가 표절로 걸렸을 때 더 위선적으로 보인다고 평가했다. 그리고 이 경우에 그가 받은 처벌을 더 응당하고 더 통쾌하게 여겼다.

그 학생이 학내 부정행위 근절 운동 조직의 회원인가 아니면 클럽의 회원인가에 따라, 두 가지 부정행위에 대한 참가자들의 반응이 어떻게 다른지 비교하자 더 흥미로운 결과가 나왔다. 그 학생이 클럽의 회원인 경우엔, 그가 절도를 저질렀든 표절을 했든 참가자들은 그의 처벌에 똑같은 쾌감을 느꼈다. 결국 두 행위 모두 도덕적으로 잘못된 것이기 때문이다. 그렇다면 그 학생이 표절과의 전쟁을 목표로 삼은 단체의 회원이라면 어땠을까?(〈표 5.1〉 참고) 그가 자신이 그토록 비난하던 행위인 표절을 하다가 발각되었을 때 실험 참가자들이 느끼는 쾌감은 훨씬 더 컸다. 그리고 이 대목이 중요한데, 그들은 그 학생이 절도보다는 표절로 걸렸을 때 더 만족스러워했다. 왜일까? 그가 남들의 표절을 비난했다는 사실을 알고 있으니 그의 표절이 더욱 괘씸하게 느껴지는 것이다. 말과 행동이 일치하지 않는 사람은 더 위선적으로 보이고, 그래서 불행을 당해도 싸다고 느껴진다.

의심의 여지없이 우리는 위선자든 아니든 벌을 받아 마땅한 사람의 몰락을 통쾌한 기분으로 지켜본다. 쌤통 심리의 본질을 폭넓게 연구한 존 포트먼은 우리가 남의 불행에 쾌감을 느끼는 이유는 그 불행

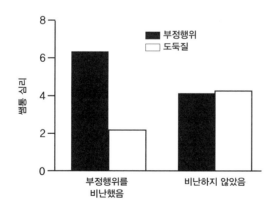

〈표 5.1〉 **부정행위를 비난한 이력이 쌤통 심리의 강도에 미치는 영향**
학내 부정행위를 비난한 적이 있는 사람이 도둑질을 들켰을 때보다 부정행위를 들켰을 때 훨씬 더 강한 쌤통 심리가 유발되었다.

을 자업자득이라고 여기기 때문이라는 결론을 내렸다. 쌤통 심리를 자주 일으키는 이 원인에 대해서는 할 이야기가 아주 많으니, 다음 장에서도 조금 더 다뤄보자.

6

원수의 고통은 더 달콤하다

오, 복수를 하기에 얼마나 좋은 날인가!　　　–아이스킬로스(Aeschylos)[1]

마침내 그가 죽었다는 소식을 듣고 무척 기뻤다.
　　　–9·11 테러 당시 국방부 건물에서 숨진 육군 병장의 어머니 손드라 울른이
　　　오사마 빈라덴(Osama Bin Laden)의 사망 소식을 듣고[2]

나는 복수심에 불타는 사람은 아니지만
가끔은 약간의 응징을 즐긴다.
　　　–《뉴요커》에 실린 에드 코렌(Ed Koren)의 만화 캡션[3]

자업자득의 불행을 지켜보는 묘미는 아무리 기쁨을 드러내도 악의적으로 비치지 않는다는 것이다. 앞선 장에서 말했듯이 모두가 인정하는 문화적 잣대에 따라 "저 사람은 당해도 싸"라는 판단이 서면 특히 더 그렇다. 그땐 우리의 생각을 부당하다고 비난할 사람이 없으니 '정당한' 통쾌함을 만끽할 수 있다.[4] 하지만 누군가의 불행이 자업자득인가를 판단할 때 어떤 강한 동기가 끼어들면 그 쾌감이 주관적이고 불공평한 색깔을 띨 수도 있다. 이 점에 대해 이야기해보자.

::   **공정한 세상에 대한 믿음**

이런 주관성이 생기는 이유는 세상을 공명정대한 곳으로 보려는 우리의 욕구 때문이다. 우리는 누구나 응당한 대가를 받는 '공정한 세상'을 믿으려 한다.[5] 그래야 어떤 예측 가능하고 정연한 힘이 우리의 인생사를 주관하고 있다고 생각하며 살아갈 수 있기 때문이다. 이 세상이 자업자득의 원칙 없이 제멋대로 돌아간다고 믿으면 굳이 인생을 계획할 필요가 없다. 그런 세상은 혼란스러울 테고, 결국엔 불안감을 불러일으킨다. 우리는 이런 실존적 결말을 쉽게 받아들이지 않는다.

심리학자 멜빈 러너Melvin Lerner가 제일 처음 주장한 우리의 이런 믿음은 꽤 순수해 보이지만, 러너를 비롯한 여러 학자들의 연구에 따르면 그것은 무고한 사람들이 고통당할 때 그들을 탓하는 아이러니한 효과로 이어질 수 있다. 러너와 그의 동료 캐럴린 시먼스Carolyn Simmons는 1960년대 후반과 1970년대 초반에 이런 개념을 뒷받침하는 유명한 연구를 실시했다. 첫 연구에서[6] 관찰자들은 전기 충격을 받고 있는 것처럼 보이는 한 사람을 목격했다. 그리고 그 사람이 억울하게 전기 충격을 받고 있다는 얘기를 듣고는 그 사람을 동정했다. 기회가 주어지면 그 사람을 구해서 보상해주겠다고 했다. 하지만 이 사람이 계속 전기 충격을 받을 거라는 암시를 주자 놀랍게도 관찰자들은 피해자의 인격을 폄하하는 경향을 보였다. 러너와 시먼스는 두 조건에서 관찰자들이 보여준 반응은 정의 실현에 대한 믿음에 따른 것이라고 주장했다. 세상이 자업자득의 원리가 실현되는 공정한 곳이라고 믿는다면, 이 믿음에 맞는 방식으로 모든 사건을 구성하게 된다. 첫 번째 조건에서, 관찰자들은 피해자가 억울한 일을 당하고 있다는 걸 알고는 그를 동정했다. 두 번째 조건에서는, 무고한 피해자가 계속 억울한 전기 충격을 받을 거라는 사실을 듣고 찜찜한 느낌이 들자 그 피해자가 그런 일을 당해도 마땅한 짓을 저질렀을 거라고 합리화했다. 러너와 시먼스는 우리가 공정한 세상이라는 동기를 필터로 삼아 다른 사람들에게 일어나는 행불행을 해석하고 그에 반응한다고 주장했다.

:: **피해자를 탓하다**

우리는 당혹스러운 사건에 맞닥뜨리면 공정한 세상을 믿으려는 욕구에 따라 반응하기도 한다. 1980년대 후반 한 젊은 여성이 포트로더데일에 있는 식당의 주차장에서 납치된 후 칼로 위협받으며 강간당한 유명한 사건을 생각해보자. 범인은 붙잡혀서 재판에 부쳐졌지만 배심원들은 그에게 무죄를 선고했다. 배심원 대표는 "우리는 그녀의 옷차림이 사건을 자초했다고 생각합니다"라고 말했다.[7] 피해자는 흰색 레이스 미니스커트와 탱크톱 차림에 속옷은 입지 않고 있었다. 사람들의 눈길을 끄는 자극적인 복장이었을지도 모르지만 과연 그녀가 성폭행을 당해야 마땅했을까? 배심원들은 그렇게 생각했던 것 같다. 그렇지 않다면 어떻게 범인에게 무죄를 선고했겠는가? 공정한 세상을 믿고자 하는 욕구가 영향을 미쳤을지도 모른다.

러너는 1980년에 출간된 그의 저서 『공정한 세상에 대한 믿음: 근본적인 망상The Belief in a Just World: A Fundamental Delusion』에서 자신이 그런 개념을 제시하게 된 연유를 설명했다. 그는 다른 사람들의 쌤통 심리를 보고, 공정한 세상을 믿으려는 욕구에 대해 처음으로 생각하게 되었다. 그는 경력 초반에 정신병자들을 치료하는 의사와 간호사 사이에서 일했을 때 이 전문가들이 환자의 등 뒤에서, 가끔은 그 환자의 면전에 대고 그들에 대한 농담을 떠드는 장면을 여러 번 목격했다. 러너는 충격을 받았다. 대부분의 환자는 자신의 심리적 문제를 자기 뜻대로 통제하지 못하는 불운한 사람들이었다. 하지만 그는 자신의 동료들을 무정한 사람들로 여기지 않았다. 오히려 그들이 환자를 치료하며 대면하는 불쾌한 현실에 대처하기 위해 그러한 행동을 하는 거라고 결론지었다. 이렇게 해서 결국 러너는 공정한 세상을 믿으려는 욕구가 그런 반응의 주된 동기라는 개념을 제안했다. 만약 이 환자들이 정신병에 걸린 것이 자업자득이라면, 그들에 대한 농담을 해도 꺼림칙하지 않을 것이다.[8]

러너의 핵심적인 개념은 우리 삶에 광범위하게 적용될 수 있다. 이 세상에 정의 따위는 없다고 믿는다면 존재론적 불안에 빠질 수 있다. 아무리 세상에 지치고 냉소적인 사람이라도 미신처럼 일종의 업보를 믿게 마련이다. 균형 상태를 맞추고 부정을 바로잡아줄 어떤 우주적 원칙이 존재할 가능성이 희박하게나마 있기에, 운명을 완전히 무시하지는 못한다. 우리는 나쁜 행동은 언젠가 어떻게든 응징될 거라고 믿는다.

세상의 공정함을 믿고자 하는 욕구는 적어도 두 가지 이유로 정의감을 쌤통 심리와 더 강하게 연결시켜준다. 첫째, 어떤 사람의 불행에 대해 그 당사자를 탓할 타당하고 '객관적인' 이유가 있다면 우리는 훨씬 더 열성적으로 그를 비난할 것이다. 이 정당한 이유는 그럴듯한 동기가 되기 때문이다. 불행을 자초한 것처럼 보이는 사람을 보면(예를 들어 운전 중에 통화하다가 사고를 당한 사람이나 위험한 대출 습관 때문에 망한 투자자) 우리는 그런 결과를 초래하는 데 그들 자신이 한 역할에 초점을 맞춘다. 이 정보를 놓치지 않고 윤색까지 할 것이다. 그 불행이 객관적으로 응당하다면 공정한 세상을 믿으려는 우리의 욕구는 정확히 충족된다. 두 번째 이유는 '공정한' 것으로 해석될 수 있는 불행한 사건의 범위가 늘어난다는 것이다. 어떤 불행에 대해 애초에 존재하지도 않는 공정한 근거를 찾으려는 욕구 때문에 인과관계에 대한 인식이 왜곡될 가능성이 높아진다. 그래서 피해자들이 비난받을 위험에 처하기도 한다.

세상의 공정함을 믿으려다 보면 어떤 불행이 응당한가 아닌가를 공정하게 판단하기 어려워질 수 있고, 이는 편견이라는 전반적인 문제를 일으키며 그 편견은 판단력을 왜곡하여 쌤통 심리를 만들어낼 수도 있다. 사회심리학자 마크 앨리크의 연구가 증명해 보였듯이, 우리는 남들에게 나쁜 일이 생겼을 때 그들이 태만하지 않았다면 그런 일을 예방할 수 있었을 거라고 생각하는 경향이 있다. 그래서 그들을 괘씸하게 생각하고 그들의 고통을 더 통쾌하게 여긴다. 우리의 이런 성향을 앨리크는 '결과 편향outcome bias'이라고 부른다. 누군가를 부정적으로 평가하고 싶을 때 마침 부정적인 사건이 일어나면, 우리는 드러난 사실로는 알 수 없는 고의성을 확신하면서 "그럴 줄 알았다"라고 말한다.[9] 쌤통 심리 자체가 이런 과정을 더욱 부추길 수도 있다. 누군가의 고통이 통쾌하게 느껴지면 우리는 그 사람이 비난받을 만한 인간이라고 결론지어버린다.

::   정의와 이기심

5장에서 이야기했듯이 버니 메이도프가 피라미드식 사기로 처벌받았을 때 많은 이들이 쾌재를 불렀지만, 가장 큰 환호를 보낸 사람들은 그에게 사기를 당한 피해자들이었다. 이와 마찬가지로 오사마 빈라덴이 죽었을 때, 빈라덴이 배후 조종한 테러 공격으로 죽은 이들의 유가족들이 그 누구보다 만족스러워했다. 2001년 9월 11일 테러 공격으로 국방부 건물에서 일하던 아들을 잃은 손드라 울른은 이렇게 말했다. "그놈을 생포해서 천천히 죽였으면 좋았을 텐데……. 어쨌든 놈이 죽었다니 기쁩니다."[10] '남들'을 불쾌하게 만든 사람보다는 '우리'를 홀대한 사람이 불행한 일을 당했을 때 확실히 자업자득처럼 보인다. 그

리고 그들의 고통이 더욱 고소하고 통쾌하게 느껴진다.

이솝우화에서 개미는 베짱이가 배고파서 힘들어하는 모습을 보고는 즐거워한다. 베짱이는 여름에 개미가 겨울을 대비해서 일하고 식량을 비축하는 동안 춤추고 노래하며 개미를 비웃었다.

우리는 우리에게 해를 끼친 사람에게 쉽게 불만을 품고 그들을 싫어하게 되며 가끔은 원망까지 한다. 물론 옹졸한 사람으로 보일까 봐 그런 속내를 겉으로 드러내지는 않는다. 하지만 그 사람이 고통받으면 주저 없이 쌤통이라고 생각한다. 그가 혹독한 시련을 겪더라도 자업자득으로 느껴질 수 있다. 그리스인의 인생과 문학, 언어를 연구한 저명한 학자 고故 케네스 도버Kenneth Dover의 예를 보면 이 점을 확실히 알 수 있다.[11] 도버는 그리스 고전 시대에 대한 많은 가설을 뒤집어

엎는 선구적인 저서를 다수 집필한 학자였다. 그는 옥스퍼드 대학과 세인트앤드루스 대학에서 눈부신 학문적 업적을 남겼지만, 놀랍게도 가장 유명한 것은 그가 학자 인생을 마무리하며 집필한 회고록에 실려 있는 몇 가지 고백이다.[12] 그 책에는 이런저런 문제에 대한 그의 솔직한 생각이 담겨 있다.[13] 가장 큰 관심을 받은 고백은 옥스퍼드 대학의 동료인 트레버 애스턴Trevor Aston에게 느꼈던 극심한 반감과 관련된 부분이었다. 애스턴은 짜증스럽게 사람을 조종하는 성격에 술주정, 상습적인 자살 위협까지 하는, 그야말로 골칫거리였다. 당시 애스턴의 행실을 처리하는 일을 맡았던 도버는 그의 자살 의도를 실행시킬 방법을 고민하기에 이르렀다. 도버는 다음과 같이 썼다. "그때 내 마음속에 있던 문제를 잔인하지만 솔직하게 밝혀야겠다. 어떻게 하면 말썽 없이 그를 죽일 수 있을까 하는 것이었다."[14] 애스턴이 골치 아픈 짐으로 느껴진 도버는 자신의 업무 태만이 애스턴의 자살을 실현시켜줄지도 모른다는 생각을 하게 되었다.[15] 다만 법적인 문제 때문에 그런 계획을 섣불리 실행에 옮길 수 없었다. 도버는 애스턴이 스스로 목숨을 끊은 다음 날 자신이 어떤 반응을 보였는지 설명했다. "햇빛이 반짝이고 있었는지 확실치는 않지만, 난 분명 그렇다고 느꼈다. 나는 천천히 혼잣말을 중얼거렸다. '애스턴이 없는 시대의 첫해 첫날이군.'"[16]

도버는 보통 수준의 인간적인 연민이 결핍된 사람이었을까, 아니면 다른 사람들도 남몰래 품고 있을 감정을 속 시원하게 털어놓은 것일까?[17] 옥스퍼드 대학에서 비잔틴학을 가르치는 강사 제임스 하워드 존스턴James Howard-Johnston을 비롯한 몇몇 사람들은 전자의 견해에 손을 들어주며 도버가 "무정하고 냉혹하며 비인간적"이라고 주장했다.[18] 옥스퍼드 대학의 역사학자이자 지도교수인 브라이언 해리슨Brian Harrison 같은 사람들은 의견이 달랐다. "나는 전적으로 케네스를 지지한다. 그 오랜 세월을 참은 것이 용하다."[19] 이 문제에 민감했던 도버는 애스턴의 사망 소식이 들리자마자 다른 두 명의 동료도 안도감을 드러냈다고 회고록에 썼다.[20] 또 애스턴의 장례식과 추도식에서는 정중한 말이 오갔지만 아마 대부분의 사람들이 자신과 별반 다르지 않은 감정을 느꼈을 거라고 지적했다.

도버의 회고록을 읽은 독자들은 충격을 받았어야 했을까? 나는 《가디언Guardian》에 도버의 사망 기사를 쓴 세인트앤드루스 대학의 그리스어 교수 스티븐 할리웰Stephen Halliwell의 의견에 동감한다. 그는 자신의 인생을 솔직 담백하게 파고든 도버가 부당한 비난을 받았다고 주장했다. 도버는 자신의 감정과 욕망을 솔직하게 빠짐없이 전하는 과제를 충실히 이행했는데, 격에 맞지 않아 보이는 몇몇 부분 때문에 그 훌륭한 사람이 이룬 큰 업적이 무색해져버렸다는 것이다.[21] 도버의 흉흉한 생각은 지나칠지 몰라도, 싫어하는 사람에게 불행이 닥쳤을 때 느껴지는 쾌감은 자연스러운 감정처럼 보인다.[22] 그 사람을 싫어하는 이유가 그에게 나쁜 대우를 받아서라면 더더욱 그렇다. 그런 사람이 당하는 불행은 공정하고 통쾌하게 '느껴질' 가능성이 높다.

몇 년 전 친구에게 대기업의 한 관리자가 해고당한 이야기를 들은 적이 있다. 그들은 그 회사에서 잠시 동안 함께 일했다. 내 친구와 동료 직원들은 그 관리자에게 부당한 대우를 받고 있다고 느꼈다. 그는 많은 직원에게 불친절했고 종종 창피를 주며 들볶았다. 그의 만행이

도를 넘자 회장은 그를 해고하기로 결정했다. 내 친구는 그 소식을 듣고는 쾌재를 불렀고, 많은 동료들도 그랬다. 친구는 이렇게 말했다. "이제야 알겠어. 자네가 연구한다는 그 감정, '파르페그뉘겐farfegnügen'[23]이라고 했던가? 아마도 내가 그걸 지금 느끼고 있는 것 같군." 그는 이렇게 신나고 통쾌한 기분이 드는 것이 전혀 부끄럽지 않다고 말했다. 이 이야기를 하는 동안 그는『이상한 나라의 앨리스』에 나오는 체셔 고양이처럼 환한 미소를 지었다. 누군가에게 (증오까지는 아니더라도) 반감을 품은 것을 계기로 내 친구는 자신에게도 쌤통 심리가 있다는 사실을 깨달았다.

4장에서 나치 강제수용소 생존자인 프랑스 의사 알베르 하스의 회고록에 대해 이야기했었다.[24] 그가 마지막으로 갇혔던 수용소에서 발진티푸스라는 전염병이 돌았다. 하스는 "그 질병을 퍼뜨리는 기생충에게 정치색이 없다"는 데서 위안을 찾았다.[25] 전염병에 걸린 나치 친위대 대원 중 많은 이들은 건강해서 금세 회복했지만, 그렇지 못한 사람들도 있었다. 하스와 그의 친구들은 "감시탑을 지키고 있던 저격병이 전염병으로 죽었을 때 특히 기뻐했다."[26]

맬컴 엑스의 인생 역시, 자신을 홀대한 사람이 고통당하면 통쾌함을 느낄 수 있음을 보여주는 좋은 예이다. 이슬람 국가Nation of Islam(미국의 흑인 이슬람교도로 구성된 과격파 흑인 단체−옮긴이)의 이슬람교 성직자였던 맬컴 엑스는 뛰어난 화술과 특별한 카리스마로 1950년대와 1960년대 초반의 세계를 뒤흔들었다. 무엇보다 그는 아프리카계 미국인에 대한 백인의 가혹한 대우를 비난했는데 대부분의 노예가 주인의 고통을 기뻐했을 거라는 사실을 그 증거로 들었다. 1962년 미시간 주립 대학에서 연설하며 그는 '집 안 검둥이house Negro'와 '들판 검둥이field Negro'의 차이를 설명했다. 집 안 검둥이는 들판 검둥이보다는 형편이 나았기 때문에(비록 주인의 헌옷을 입고 남은 음식을 먹었지만) 주인에게 동질감을 느꼈다. 그 동질감은 아주 강해서 주인이 아프면 "주인님, 왜 그러세요? 우리도 아프잖아요"라고 말했다. 하지만 집 안 검둥이는 소수였다. 들판 검둥이의 수가 훨씬 너 많았다. 주인이 아프면 그들의 기분은 어땠을까? 맬컴 엑스는 이렇게 표현했다. "그들은 주인이 죽기를 빌었다. 집에 불이 나면 바람이 불어와서 부채질해주기를 빌었다."[27] 명백한 쌤통 심리가 암시된 이 말은 수많은 청중을 동요시켰을지도 모른다. 들판에서 힘들게 일하는 노예들에게는 주인의 불행이 자업자득으로 보이지 않았을까? 분명 쌤통이라며 아주 고소하게 여겼을 것이다.

::   **복수의 달콤함**

정의 실현에 개인적인 이해관계가 얽혀 있다면 강한 복수심과 복수로 인한 만족감이 동반되기도 한다. 그러나 적어도 현재의 서구 문화권에서는 복수를 했다고 해서 마냥 희희낙락할 수는 없다. 그런 통쾌함을 느껴도 될지 갈등하게 만드는 요소들이 있기 때문이다. 나치 강제수용소를 전전하다가 살아남아, 제2차 세계대전이 끝난 후 나치 전범들을 추적하고 잡는 일에 평생을 바친 사이먼 비젠탈Simon Wiesenthal의 사연이 좋은 예다.[28] 그가 올린 가장 큰 성과는 유대인 대학살의 주요 계획자로 악명 높은 아돌프 아이히만Adolf Eichmann을 잡은 것이었다. 이스라엘 첩보원들은 아르헨티나 부에노스아이레스의 교외에서 숨어 지내던 아이히만이 직장에서 집으로 돌아올 때 그를 함정에 빠뜨려 생포했고, 여기에는 비젠탈의 정보 수집이 큰 역할을 했다. 그뿐 아니라 안네 프랑크Anne Frank와 그녀의 가족을 체포한 사람을 적발하는 등 비젠탈은 수많은 공적을 남겼다. 그가 이 전범들을 끝까지 추적한 데에는 누가 봐도 공정한 이유가 있었지만, 그는 자신의 동기를 복수심으로 규정짓지 않으려 했다. 많은 이들이 알고 있듯 비젠탈의 신조는 "복수가 아니라 정의를 위해서"였다.[29]

비젠탈은 복수심에 휘말리기를 거부했다. 그보다는 사람들이 유대인 대학살의 공포를 잊지 않기를 원했다.[30] 그런 생각을 할 만한 타당한 이유가 있었다. 전쟁이 끝나고 오래지 않아 대부분의 사람들은 나치를 추격하는 일에 흥미를 잃어버렸다. 미국과 소련 간의 냉전이 주목받고 이것이 강력한 정권을 위해 우선적으로 신경 써야 할 문제가 되면서, 이전 나치들을 전범 재판소에 세우기보다는 과학 분야나 간첩 활동 같은 다양한 목적으로 써먹는 편이 더 유리해졌다.[31] 유대인 대학살이 일어났다는 사실을 믿지 않으려는 사람들이 있다는 것도 문제였다. 전후 세대는 『안네의 일기』가 날조된 것이고 강제수용소는 선전 기관이었다고 결론지어버릴 수도 있었다. 그들에게 맞서 비젠탈은 나치를 추격하여 전범들을 법의 심판대에 세움으로써 역사적 기록을 복구하고 영구적으로 정리하려 했다. 그는 개인적인 감정이 들어간 편향된 동기로 움직이는 것처럼 보이지 않으려고 신중을 기했을지도 모르지만, 복수를 원했던 적이 있었음을 시인하기도 했다. "처음에 잠깐 동안은······ 그랬을지도 모른다."[32]

하지만 심리학적으로 보면 정의감과 복수를 따로 떼어놓고 생각하는 건 이상한 일이다. 누군가가 우리에게 잘못을 했을 때 우리는 복수하고픈 충동을 느낀다.[33] 우리에게 나쁜 짓을 한 사람이 '딱' 우리만큼 고통받기를 원한다. 이것이 바로 복수의 핵심이다. 우리는 부당하고 불공정한 피해를 당했다고 느낀다. 가끔은 이기적이고 주관적인 생각에서 원한이 생기기도 하지만 그럴 때조차 우리는 부당한 일을 당했다며 억울해한다. 또한 이기적인 동기가 있든 없든 간에 복수심은 정의감과 밀접하게 연관되어 있으며 거기에는 분노, 증오, 울분 같은 감정들이 뒤섞여 있다. 그리고 이 모든 감정은 악행을 저지른 자에게 집중적으로 향한다.

물론 아무 갈등 없이 개인적인 복수를 해치우는 경우도 있다. 이 대목에서 지옥 같은 나치 강제수용소에서 살아남은 프랑스 의사 알베르 하스의 회고록이 떠오른다. 그가 마지막으로 끌려간 곳은 이름만 들어도 소름 끼치는 구젠 I 수용소였다. 머지않아 미국인들이 와서 수용소를 해방시켜줄 거라는 소문이 돌자, 폭약으로 수용소 전체를 없애버리라는 명령이 떨어졌다. 증거를 숨기고 증언을 막기 위해서였다. 하지만 수용소 내의 저항 집단은 훔친 무기를 이용해 폭동을 일으킬 계획을 꾸몄고, 나치 친위대가 움직이기 시작했을 때에는 당장에 행동할 준비가 되어 있었다. 몸은 쇠약했지만 그들은 수적으로 우세했다. 하스는 고열로 거의 제정신이 아니었지만 "손에 총을 쥐자 힘이 솟았다."[34] 그는 동료 수감자들과 함께 싸웠다. 수용소 입구 근처에서 마주친 한 나치 친위대원은 겁에 질려 두 팔을 들고 "난 아무 짓도 안

했어요!"라며 죽이지 말라고 빌었다.[35] 하스로서는 용납할 수 없는 일이었다. 그가 솔직히 털어놓았듯이 그 친위대원이 "모든 죄를 전면적으로 부정하자 아주 오랫동안 내 속에 쌓여 있던 모든 분노가 터져 나왔다. 나는 그에게 총을 쏘았다."[36]

진화 심리학자들은 복수심이 인간의 본능적인 심리라고 말한다. 내가 당한 피해를 앙갚음하면 미래에 또 당할지도 모를 피해를 효과적으로 저지할 수 있을 테니 말이다.[37] 제프리 머피Jeffrie Murphy 같은 법학자들도 이와 같은 견해를 갖고 있다. 머피는 자신의 저서 『되갚아주기: 용서와 그 한계Getting Even: Forgiveness and its Limits』에서 우리 조상들이 복수심을 품고 그 감정을 행동에 옮김으로써 자기 자신과 도덕질서를 지켰을 거라고 말한다.[38] 그의 주장에 따르면 도덕적인 사람은 어떤 잘못에 대해 지적으로도 감정적으로도 반응한다. 그리고 자신의 권리를 지키려는 절실한 감정 때문에, 그 잘못을 바로잡기 위한 행동을 취하게 된다. 불의에 아무런 분노도 느끼지 않는다면 부정행위를 바로잡을 수 없다.[39]

머피는 사람들이 복수를 정의와 동떨어진 아주 나쁜 것으로 생각하는 이유에 대해서도 고찰한다. 문학과 영화에서 복수는 흔히 극단적이고 병적인 모습으로 그려진다. 머피는 19세기 초반의 중편소설 『미하엘 콜하스』를 예로 든다.[40] 이 소설에 등장하는 남자는 아내가 구타당해 죽고 관리가 횡포를 부리자 분노하면서 난폭해진다. 그는 관리가 숨어 있는 곳을 알아내기 위해 두 마을의 일부를 불태우고, 무고한 다수의 사람들을 해친다. 머피는 이 남자의 반응이 "지나치게 비상식적이며, 모든 복수가 그런 식이라면 도무지 정당화해줄 수 없다"[41]

라고 지적한다.

5장에서 언급했던 〈분노의 악령〉의 결말처럼, 영화 속의 과도한 복수는 쉽게 찾을 수 있다. 아널드 슈워제네거Arnold Schwarzenegger의 초기 영화 중 복수를 주제로 한 〈코만도〉는 어떤가? 영화에서 슈워제네거의 딸이 몹쓸 범죄자들에게 유괴되고, 그는 딸을 구하는 과정에서 불필요한 폭력과 살인까지 저지른다. 과장된 어느 장면에서 그는 한 남자의 몸을 배기관에 꿰며 "화 좀 풀어"라고 말한다.[42] 과장법이 이런 이야기들의 매력일지도 모른다. 복수하는 주인공이 적을 과감하게 처단하지 않고 이성적으로만 행동한다면 사람들에게 깊은 인상을 남길 수 있을까? 복수가 과도할 필요는 없다. 하지만 문제는 처음에 당했던 피해에 비해 복수가 과도해질 가능성이 높다는 것이다. 영국의 시인 오든W. H. Auden이 말한 정의의 뜻에 바로 이 점이 요약되어 있다.

> 정의: 우리가 쪼인 것보다
> 아주 조금 더 세게
> 남을 쪼아도 된다는 허락.[43]

부당한 대우를 받았다고 해서, 합리적이라기보다는 합리화된 것처럼 보이는 과도한 반응을 보이는 건 정의 실현이라고 보기 어렵다.

복수심의 성격상 합리화가 가능하다고 해서 거기 뒤섞인 감정이 객관적으로 바뀌는 것은 아니다. 남의 고통이 자업자득이라 '느껴지면' 우리는 통쾌한 기분으로 그 모습을 지켜본다. 그에게 피해를 당한 입장이라면 더더욱 그렇다.

극단적인 폭력의 뒤를 캐보면 복수심이 그 원인인 경우가 많다.[44] 복수의 욕망은 아주 강해서 다른 관심사들, 심지어는 자기 보호 본능까지 뒤로 밀어낼 수 있다. 인간이 느끼는 감정 중에 복수심만큼 강렬한 것이 또 있을까? 복수의 맛은 달콤하다. 아메리카 인디언 아파치족의 추장인 제로니모Geronimo는 사랑하는 가족을 죽인 멕시코 군인들을 쳐부순 후 자신과 동료 전사들이 기뻐 날뛰었던 순간을 유명한 글귀로 묘사했다.

> 여전히 내 원수들의 피를 뒤집어쓴 채, 여전히 정복의 무기를 손에 들고, 여전히 전투와 승리와 복수의 기쁨으로 온몸이 뜨거웠던 나는 아파치 전사들에게 둘러싸였고 아파치족의 전투 추장이 되었다. 그러고 나서 나는 죽은 자들의 머리 가죽을 벗기라는 명령을 내렸다. 사랑하는 가족을 되부를 수도, 죽은 동족을 되살릴 수도 없었지만, 난 이 복수의 기쁨을 만끽했다.[45]

제로니모와 그의 동족들은 아주 큰 고통을 당했기 때문에 우리는 그의 행동을 사디즘이 아닌 복수로 해석한다. 하지만 복수를 못마땅하게 여기는 문화에서는 복수 행위가 기쁨과 더불어 회한을 불러일으킨다. 예를 들어 오늘날의 서구 문화에서 우리는 영화와 소설 속의 복수를 즐기지만, 실제로는 복수를 하지 말라는 경고를 받는다. 법체계는 법을 무시한 사적인 처벌을 불법으로 규정한다. 유대교 – 기독교 전통에서는 신이 복수의 권리를 가지고 있다.[46] "원수 갚는 것이 내게 있으니 내가 갚으리라고 주께서 말씀하시니라" 같은 성경 구절이 우

리 마음에 깊이 박혀 있다.[47]

　케빈 칼스미스Kevin Carlsmith, 팀 윌슨Tim Wilson, 댄 길버트Dan Gilbert의 실험은 이러한 관점을 뒷받침해준다.[48] 네 명씩 그룹을 이룬 대학생 참가자들은 그룹끼리 컴퓨터 게임을 하는 실험이라고 생각했다. 그들은 처음에 돈을 받고 그 돈을 그룹에 투자할지 아니면 자기가 가지고 있을지 결정할 수 있었다. 그룹에 투자하면(협동) 최종적으로 가장 많은 총액을 얻게 되고, 게임이 끝난 후 그 돈을 동등하게 나눠 가질 수 있다. 연구자들은 투자를 부추기기 위해 게임이 끝나면 40퍼센트의 배당금을 주겠다고 약속했다. 하지만 '무임승차'의 유혹도 있었다. 그룹에 투자하지 않는 참가자는 가장 많은 돈을 벌고, 나머지 사람들은 그보다 적은 액수를 받게 된다. 그룹에게 최선의 길은 모든 참가자들이 투자하는 것이었지만, 자기 돈을 내놓지 않고 거기다가 마지막 배당금(이 역시 나머지 일원의 투자로 더 많아질 수 있다)의 4분의 1까지 챙기는 이기적인 행동을 할 수도 있다. 그런데 한 참가자는 처음에 다른 참가자들에게 그룹에 협력하라고 재촉해놓고는 게임이 끝날 때까지 이기적인 선택을 잇달아 했다. 이 행동은 누가 봐도 알 수 있었는데, 사실 실험자에 의해 설정된 상황이었다. '응징자' 조건의 참가자들은 다른 참가자들에게 벌금을 매긴 다음, 자기 기분을 밝힐 수 있었다. '예측자' 조건의 참가자들은 게임을 마친 후 이 무임승차자를 벌하면 어떤 기분이 들까 하는 질문을 받았다.

　실험 결과, 예측자들은 응징자들이 실제로 밝힌 것보다 보복이 더 만족스러울 것 같다고 예측했다. 이 결과는 자신의 행동을 되새길 수 있는 시간에 어느 정도 영향을 받았을 것이다. 응징자들은 게임이 끝나고 10분이 지난 후 자신의 감정을 측정했고, 그 시간 동안 예측자들보다 더 많이 자신의 경험을 곱씹을 수 있었다. 따라서 사람들이 복수의 쾌감을 과대평가하는 것은 "자신이 벌한 사람을 (잊기보다는) 계속 생각하게" 되리라는 걸 모르기 때문일 것이다.[49] 그리고 복수를 한다고 해서 과연 속이 완전히 풀릴까? 자신의 행동을 되새기는 건 좋은 일이지만, 적어도 한 가지 부정적인 면이 있다. 이 실험 결과에 의거해 생각하자면 복수를 한 뒤 그것을 되돌아보면 복수심에 불타서 했던 행동을 더 후회하게 될지도 모른다.[50]

사회심리학자 김성희의 주장에 따르면 다른 사람에게 존중받지 못해서 해코지를 당할지도 모른다는 사실 때문에 떨어진 자존감은 복수를 통해 회복할 수 있다. 복수가 균형 상태를 되찾아주는 것이다.[51] 하지만 적어도 현대 문화에서는, 가해자와 똑같은 수준의 인격으로 곤두박질쳤다는 생각 때문에 도덕적 우월감이 줄어들 수도 있다. 그리고 극단적인 피해를 당하거나 유난히 비열한 사람에게 당한 것이 아닌 이상, 복수를 금지하는 문화 규범이 머릿속 깊이 박혀 있어 복수로 인한 쾌감이 줄어들지도 모른다. 수많은 할리우드 영화의 주인공들이 관객에게 시시한 사람으로 보일 정도까지 심하게 괴롭힘을 당하면서 참고 참다가 보복을 행하는 것도 놀라운 일은 아니다. 우리는 주인공이 복수에 성공하기를 원하지만, 그 복수가 도덕적으로 아무런 문제가 없기를 바란다.

칼스미스와 그의 동료들의 연구는 복수에 대한 우리의 복잡한 태도를 잘 조명해준다. 또한 쌤통 심리가 생겨나는 원리에 대한 또 다른 중요한 요점을 드러낸다. 복수를 금하는 문화 규범이 우리의 내면에 강하게 각인되어 있기 때문에 직접적인 복수보다는 간접적인 복수, 즉 목격이 훨씬 더 큰 쾌감을 가져다줄지도 모른다. 이 간접적이고 '수동적인' 형태의 복수를 통해 얻을 수 있는 심리적 이득은 아주 많다. 기쁜 마음을 밖으로 표출하지는 못하지만 미개하게 행동했다고 비난받을 위험은 없다. 동시에 원수의 불행을 지켜보면서 복수심을 달랠 수도 있다. 칼스미스와 동료들의 실험은 이 사실도 일부 뒷받침해준다. 한 추가적인 조건에서, 참가자들은 자기가 직접 응징하지 않고 다른 참가자의 처벌을 목격했다. 이는 '응징자' 조건보다 훨씬 더 긍정적인 감정을 불러일으켰고, 처벌을 목격하는 기분을 예측한 또 다른 '예측자' 조건에도 뒤지지 않는 결과였다. 또한 '목격자' 조건의 참가자들은 자신의 행동을 되새김질하는 정도가 덜했다. 이렇듯 나에게 잘못한 사람의 고통을 내가 직접 유발하기보다는 목격하는 편이 훨씬 더 유리하다. 죄책감 없이, 그리고 보복당할 위험 없이 통쾌함을 느낄 수 있다.

몇몇 학자들은 남의 고통을 초래할 때가 아니라 목격할 때에만 쌤통 심리가 생겨난다고 주장한다.[52] 쌤통 심리는 적극적이지 않고 수동적인 감정이라는 것이다. 나는 이것이 너무 단순한 구분이라고 생각한다. 내게는 켄터키 주 동부에서 자란 친구가 있는데, 그 친구의 할아버지는 십 대에 아마추어 복싱 대회에서 우승했고, 80대 후반인 지금도 여전히 고집이 세고 싸움을 두려워하지 않는다. 그는 진주만 공습 때 겨우 열여섯 살이었지만 나이를 속이고 곧장 입대했다. 하지만 불행히도 전쟁 초반에 필리핀에서 일본군에 포로로 붙잡혔다. 그는 햄프턴 사이즈Hampton Sides의 『유령 병사들Ghost Soldiers』에 매력적으로 묘사된 '죽음의 바탄 행진(태평양 전쟁 초기에 일본군이 약 7만 명의 미군과 필리핀군 포로에게 강제로 120킬로미터를 행진시킨 사건 – 옮긴이)'을 겪었다.[53] 행진하는 동안 한 전우가 일본군에게 목을 베였는데, 단순히 키와 덩치가 크다는 이유 때문인 것 같았다. 친구의 할아버지는 전쟁 막바지에 전우들과 함께 구조되기 전까지 포로수용소에서 혹독한 세월을 보냈다. 친구에 따르면 할아버지는 이 경험에 관해 이야기하는 걸 꺼렸는데, 한 사건만은 거리낌 없이 들려줬다고 한다. 포로들은 채석장에서 아주 고된 노동에 시달렸다. 그들을 감독한 일본군은 포로를 무자비하게 다루었고 한 남자가 노역으로 죽었을 때에도 대수롭지 않게 여겼다. 포로들은 감시병들을 싫어했고 그들이 '사고사'를 당하게 할 방법을 찾으려 했다. 그러던 어느 날, 할아버지는 커다란 바위를 옮기다가 아래의 바위 턱에 서 있는 한 감시병을 보았다. 그래서 목표물을 겨냥한 다음 바위를 떨어뜨렸다. 바위는 표적에 명중했고 감시병은 머리가 뭉개지며 즉사했다. 할아버지는 이 이야기를 들려주면서 정의 실현의 만족감과 환희를 드러냈다고 한다. 60년 이상 지난 사건을 떠올리며 통쾌함을 느낀 것이다. 고백하건대 나도 친구에게 이 이야기를 들을 때 그 장면을 상상하며 살짝 미소 지었다.

그렇다면 할아버지가 바위를 떨어뜨리고 우리는 그러지 않았으니, 친구와 나에게만 쌤통 심리가 생겨났을까? 이는 엄밀하게 구분할 수 있는 문제가 아니다. 어쨌든 나는 할아버지가 그 감시병의 죽음을 통쾌하게 여긴 것을 탓하기 어려웠다. 그것은 가학적인 행동이 아니었다. 그는 평소에 남을 해치는 것을 즐기는 사람도 아니었고, 그런 쾌락을 찾지도 않았다.[54] 그는 특수한 상황에 처한 것이다. 전쟁 상황임을 감안해서 공정성을 계산한다면, '정의'가 실현된 것이었다. 친구에게 그 이야기를 들으면서, 그리고 환하게 웃는 친구를 보면서 나는 할아버지가 느꼈을 행복한 만족감을 간접적으로 경험하는 듯한 기분이 들었다. 또한 나치 친위대원을 처리한 알베르 하스의 이야기를 읽으면서도 그와 비슷한 감정을 느꼈다. 우리에게 큰 잘못을 한 사람에게 일어나는 불행이 우리의 마음속 깊이 뿌리박힌 정의감을 만족시키는 건 분명한 사실인 것 같다.

셰익스피어의 시대를 초월한 복수극 『햄릿』에서 로젠크란츠와 길덴스턴은 햄릿을 죽이라는 지시가 담긴 밀서를 영국 왕에게 전달해 햄릿을 죽음에 이르게 하려 한다. 하지만 햄릿이 편지를 중간에 가로채고 내용을 바꾸어, 영국 왕에게 그 두 사람을 죽이라는 지시를 내린다. 두 명의 학교 친구는 배신자인 그의 삼촌에게 알랑거리는 "독이빨을 가진 독사들"만큼이나 못 미더운 인간들이기에 햄릿은 양심의 가책을 거의 느끼지 않는다. 오히려 통쾌한 결과를 기대한다. "제 꾀에 제가 넘어가게 만드는 건 재미있으니까."[55] 연극을 지켜보는 관객도 분명 그 재미를 느낄 것이다.

7

남의 망신은 나의 즐거움

이번에 제작진이 내 재능 부족을 이용해먹은 것 같다. 무대 위에서 난 바보처럼 보였다. 나도 사람들에게 비웃음을 사지 않고 멋진 모습을 보이고 싶다.

-윌리엄 훙(William Hung)[1]

어떻게 동료의 굴욕을 자기의 영광으로 느낄 수 있는지, 내게는 그것이 항상 수수께끼였다.

-마하트마 간디(Mahatma Gandhi)[2]

메뚜기의 다리와 나비의 날개를 떼어내고 잡히는 개구리마다 배를 가르는 아이들은 그 문제에 대해 아무런 생각도 없다.

-윌리엄 제임스[3]

2003년 가을만 해도 윌리엄 홍은 캘리포니아 대학 버클리 캠퍼스에 다니는 무명의 대학생이었다. 눈에 띄는 구석이 전혀 없던 그는 2004년 1월 중순 인기 높은 리얼리티 프로그램인 〈아메리칸 아이돌〉 시즌 3에 마지막 참가자로 출연하면서 일약 유명 인사가 되었다. 그의 노래 실력이 대단한 것은 아니었다. 그가 어설프게 부른 〈쉬 뱅즈 She Bangs〉는 리키 마틴Ricky Martin의 섹시한 원곡과는 달라도 너무 달랐다. 이를 드러내고 웃는 그의 촌스러운 모습은 〈티파니에서 아침을〉에서 미키 루니Mickey Rooney가 연기하여 인종차별 논란을 불러일으킨 일본인 사진작가를 생각나게 했고,[4] 거기다 그는 홍콩에서 11년을 보냈기 때문에 그곳 억양이 남아 있었다.[5] 홍은 프로그램의 오락적인 목적을 초월하는 사랑스럽고 온화한 진정성을 가지고 있었고, 그래서 프로그램이 끝난 후에도 그의 인기는 쉽게 사그라지지 않았다. 하지만 그는 아메리칸 아이돌이 아니었다.

홍이 경연에서 우승할 가능성은 전혀 없었지만, 프로그램 제작진은 그의 코믹하면서도 형편없는 공연을 내보내면 많은 시청자를 만족시킬 수 있으리라는 사실을 알았을 것이다. 〈아메리칸 아이돌〉의 마지막 열두 지역 예선에는 수천 명이 참가했다. 예선 동안에 제작진은 이 어마어마하게 많은 사람들 중 고르고 골라 극히 일부만 하이라이트로 방송에 내보낸다. 하지만 이 프로그램의 성공 공식은 뛰어난 실력자들과 찬사만큼이나 형편없는 공연과 심사위원들의 신랄한 혹평도 비중 있게 다루는 것이었다. 홍은 프로그램에 있어 신의 한 수와도 같은 존재였다. 그의 굴욕적인 모습이 담긴 예고 영상은 수많은 시청자의 흥미를 끌었다.

:: 순진하고 재능 없는 사람에게 망신을 주는 즐거움

〈아메리칸 아이돌〉은 2002년 첫 시즌이 시작된 후로 최정상의 시청률을 유지해왔다. 이렇게 큰 인기를 끄는 데에는 여러 가지 이유가 있다. 숨어 있던 실력자들이 등장해 시간이 지날수록 점점 더 성장하는 모습을 지켜볼 수 있고, 전설적인 가수들의 축하 공연을 즐길 수 있다는 것이 인기의 가장 큰 원동력일 것이다. 하지만 귀가 정화되는 공연과 실력이 떨어지는 참가자의 굴욕적인 모습이 균형을 이루지 않으면 이 프로그램의 독특한 묘미가 줄어들고 만다.

망신당하는 건 최악의 경험 중 하나일지도 모른다.[6] 이미지가 망가지고 모자라며 열등한 사람처럼 보인다. 이런 상황에 처한 사람은 사회적으로 죽은 사람, 그리고 사회학자 어빙 고프먼Erving Goffman이 썼듯이 "추려졌지만 격리되지는 않고 살아 있는 사람들 속을 계속 걸어다니는"[7] 표적이나 마찬가지다.

　그런 사회적 고통을 지켜보는 것이 어떻게 통쾌할 수 있을까? 어쩌면 자기보다 못한 사람과 자신을 비교할 수 있어서일지도 모른다. 1장과 2장에서 강조했듯이, 망신당한 사람과의 하향 비교는 통쾌함과 연민을 함께 불러오기도 한다. 확실히 윌리엄 홍의 어설프기 짝이 없는 실력을 지켜본 대부분의 사람들은 자기보다 잘난 사람과의 '상향 비교'로 자신감이 줄어들 위험은 전혀 없었다. 뚜렷한 기준이 무엇이든 간에 아무리 평범한 시청자라도 자신을 상대 평가하는 데 어떤 위협도 느끼지 않았을 것이다. 오히려 대부분의 사람들은 자신의 외모, 재능, 주제 파악이 홍보다 더 나으며 자기가 더 멋있다고 결론 내릴 수 있었을 것이다. 비아시아인 중 일부는 아시아인에 대한 고정관념이 옳다는 것이 증명되었다며 흡족해했을지도 모른다. 특히 소수 집단의 성공 때문에 자신감이 떨어진 사람이라면 더더욱 그럴 것이다. 시간이 지날수록 홍은 감탄할 만한 여러 가지 자질을 많이 보여주었다. 그의 진정성 어린 모습은 사람들을 매혹시켰다. 하지만 거의 대부분의 사람은 홍 같은 외모와 재능을 가진 사람은 오디션 우승은커녕 다음 단계로 진출할 리도 만무하다며 우월감을 느꼈을 것이다.

　왜 우리는 다른 사람이 망신당하는 모습을 지켜보며 마음 아파하기보다는 통쾌한 우월감을 느낄까? 홍이 공연하는 동안 시청자는 심사위원들이 비웃는 장면을 보았다. 심사위원 랜디 잭슨Randy Jackson은 표정을 감추기 위해 손수건으로 얼굴을 덮었다. 평소에 웬만해서는 참가자들에게 상처를 주지 않는 폴라 압둘Paula Abdul은 참지 못하고 마구 웃어댔다. 세 번째 심사위원인 사이먼 코웰Simon Cowell은 과연 그답게 조소를 날리며 홍이 노래를 다 마치기도 전에 공연을 중단시켰다. "노래도 못 불러, 춤도 못 춰, 대체 나더러 무슨 말을 하라는 겁니까?"[8] 물론 홍에게는 가슴 아픈 평가였지만 수많은 시청자에게는 그렇지 않았다. 오히려 심사위원들의 조롱은 큰 재미를 선사했다. 홍의 공연에 그런 반응을 참지 못하는 건 당연한 일이었다. 세 명의 전문가들이 즐기고 있으니, 시청자에게도 그와 비슷한 즐거움이 허락된 셈이다.

〈아메리칸 아이돌〉이 연민보다 웃음을 부추기는 데 일조하는 또 다른 요인도 있다. 오디션 참가자들은 '자발적으로' 노래를 부른다. 그 누구도 그들에게 오디션을 강요하지 않는다. 우승할 수 있다는 생각에 순진하게 덤벼들어 민망한 수준의 실력을 보여주고는 비웃음당하는 사람을 왜 동정해야 하는가? 아주 정확한 평가에 적의를 보이는 참가자들이라면 말할 것도 없이 망신을 당해도 싸다. 5장과 6장에서 강조했듯이, 어떤 사람이 자업자득으로 불행을 겪는 모습을 볼 때는 틀림없이 쌤통 심리가 생겨난다. 형편없는 실력으로 방송을 타는 참가자들 중에 윌리엄 홍처럼 점잖고 사랑스러운 태도를 보이는 사람은 거의 없었다. 사이먼 코웰의 혹평에 윌리엄 홍은 "음, 전 이미 최선을 다했으니 아무런 후회도 없어요"[9]라고 답했다. 이런 겸손하고 계산적이지 않은 응답으로 그는 결국 시청자들의 마음을 사로잡았고, 그가 누린 인기는 잠깐의 유명세가 아니었다. 사실 그는 〈아메리칸 아이돌〉에 어울리지 않는 이미지로 큰돈을 벌었다. 또 다른 예선 참가자 알렉시스 코언Alexis Cohen은 좀 더 전형적인 반응을 보였다. 그녀는 사이먼 코웰에게 혹평을 받자 상스러운 동작을 하면서 욕설을 퍼부었다. 카메라는 오디션실과 건물에서 나가는 그녀를 따라가며 계속 막말을 떠들어대는 모습을 담았다. 이 장면 역시 시청자들에게 어느 정도 '재미'를 주었다. 그녀의 '열등함'을 더 확신하고 그녀가 창피를 당해도 싸다고 느낄 수 있었으니 말이다.

〈아메리칸 아이돌〉은 출연자의 굴욕이 가장 중요한 요소가 되는 리얼리티 프로그램의 한 예에 불과하다. 미디어 학자인 앰버 와츠 Amber Watts의 분석에 따르면, 출연자들의 굴욕적인 모습을 보여줄 수 있는 여러 장치들로 시청자를 유혹하는 리얼리티 포맷의 프로그램 (〈서바이버Survivor〉, 〈빅 브라더Big Brother〉, 〈아메리카 넥스트 톱 모델America's Next Top Model〉, 〈저지 쇼어Jersey Shore〉 등등)이 많이 늘어났다.[10] 텔레비전을 많이 보지 않는 사람일수록 분명히 느끼겠지만, 텔레비전을 틀기만 하면 리얼리티 프로그램이 나온다. 또 다른 미디어 학자인 세라 부커와 브래드 웨이트는 각본 있는 드라마보다 리얼리티 프로그램에 출연자들의 굴욕적인 모습이 더 많이 나온다는 분석 결과를 내놓았다. 그들은 이런 경향에 '휴밀리테인먼트'라는 이름을 붙였다.[11]

사람들의 굴욕을 오락적으로 이용하는 면에 있어서 사실 〈아메리칸 아이돌〉은 재미가 떨어지는 편이다. 형편없는 실력으로 망신당하는 참가자가 있는 반면, 열심히 노력해서 소름이 돋을 만큼 멋진 공연을 선보이는 참가자들도 있다. 게다가 몇몇 출연자들은 잠깐의 인기라도 누리기 위해 일부러 망신스러운 모습을 보이기도 한다. 다른 프로그램들은 훨씬 더 강한 굴욕으로 시청자의 눈길을 사로잡으려 애쓴다.

〈하위 두 잇Howie Do It〉이라는 단명한 프로그램의 한 에피소드가 잊히지 않는다.[12] 코미디언 하위 맨들Howie Mandel이 진행한 그 프로그램은 극단적인 상황에서 창피당하는 사람들의 모습을 보여준다는 면에서, 몰래카메라로 사람들의 자연스러운 반응을 찍어서 보여준 〈캔디드 카메라Candid Camera〉의 확장판이라 할 수 있다. 〈하위 두 잇〉의 웹사이트에는 프로그램의 목표가 다음과 같이 뻔뻔하게 소개되어 있다.

> 각 에피소드에 출연하는 의심 없는 '표적들'은 자신들이 새로운 게임 프로그램이나 리얼리티 프로그램의 주인공이라고, 혹은 할리우드 대작 영화나 텔레비전 프로그램을 위한 오디션을 보고 있다고 생각할 것이다. 그들은 물론 스타다. 다만 수백만 명의 시청자 앞에서 예상치 못한 재미있는 모습을 보여주는 스타가 될 것이다.[13]

한 에피소드에서는 젊은 남자가 요란스러운 일본식 게임 프로그램에 참여했다. 그가 일반 상식 문제를 하나 틀릴 때마다 같은 팀원에게 전기 충격이 가해지는데, 규칙상 그 강도가 매번 두 배씩 높아지도록 되어 있었다. 사실 팀원은 제작진이 고용한 사람으로, 충격을 느끼는 척하라는 지시를 받았다. 제작진의 계획대로 출연자가 세 번째로 오답을 말하자 전기가 쉭, 지지직 하고 돌아가면서 연기가 피어오르고 팀원이 고통스러워하며 비명을 질렀다. 그러다가 의식을 잃고 호흡이 멎었다. 구급대원 두 명이 심폐기능 소생술로 그의 호흡을 되돌려났지만, 젊은 남자는 잠시나마 자기가 팀원을 죽였다고 생각했다.

한편 스튜디오에서는 방청객들이 큰 화면을 통해 실시간으로 그 광경을 지켜보고 있었다. 맨들은 실황 중계를 하며 방청객들의 웃음을 부추겼다. 긴 속옷처럼 생긴 몸에 딱 달라붙는 정장을 입고 우스꽝스러운 빨간 모자를 쓴 게임 참가자의 차림새가 굴욕을 더해주었다. 물론 그 젊은 남자는 자기가 팀원을 거의 죽일 뻔했다는 생각에 심한 충격을 받았지만, 스튜디오의 방청객들은 배를 움켜쥐고 웃으며 박수를 쳤다.

곧 제작진은 출연자에게 팀원의 몸에 아무런 문제도 없고 사실은 연출된 상황이라는 사실을 알려주었다. 하지만 남자의 기분은 풀리지 않았다. 이 '표적'은 흥분하며 "이런 잔인한 개새끼들!!!!"이라고 소리쳤다. 이 분노의 폭발에 맨들은 어떻게 반응했을까? 그는 관객을 둘러보며 시인했다. "우리가 잔인하긴 하죠. 하지만 재미있잖아요."[14] 맨들의 솔직함은 칭찬해줄 만하지만, 조지 오웰은 어릴 적 영국 기숙사 학교에서 당했던 굴욕을 회상하며 이렇게 말했다. "어지간히도 좋은 시절이었지."[15]

::   **휴밀리테인먼트의 어두운 이면**

강한 굴욕으로 시청자들을 끌어당기는 인기 프로그램 중 가장 극단적인 예는 〈데이트라인 NBC〉의 특별 시리즈인 〈성범죄자를 잡아라〉일 것이다. 이 프로그램은 2008년에 폐지되었지만, 이 글을 쓰고 있는 지금까지도 계속 재방송되고 미방영분이 스페셜 방송으로 전파를 타고 있다. 각 에피소드에서 미성년자와 성관계를 맺으려 하는 남자를 잡기 위한 함정수사가 펼쳐지고, 남자는 결국 촬영된 내용이 전국적으로 방송될 거라는 이야기를 들으며 수치스러운 순간을 맞는다. 이 프로그램은 온라인 성범죄자 문제를 대중에게 알린다는 점에서 가치를 지니긴 하지만, 텔레비전 프로그램이 어디까지 굴욕을 홍행 요소로 삼을 수 있는지를 보여주는 완벽한 예이다. 그 면면을 살펴보면 왜 이런 유형의 프로그램이 쌤통 심리를 불러일으키는지 알 수 있다.

〈성범죄자를 잡아라〉의 제작진은 사설 감시 단체와 협력하여 수사를 진행한다. 단체의 직원들이 바람잡이가 되어 미성년인 척 인터넷 대화방에 개인 정보를 올린다. 그들은 채팅 초반에 사진을 올려 자신이 미성년자임을 암시하고 나이를 12~15세로 속인다. 처음엔 전혀 성적으로 접근하지 않다가 남자가 선을 넘는 순간부터는 그럴듯하게 들리는 성적인 주제를 적극적으로 떠들어대기 시작한다. 그리고 만남을 부추긴다. 거기에 동의한 남자는 바람잡이와 통화하여 약속 장소를 정하는데, 주로 교외의 어느 집이다. 이 남자들은 잘 속아 넘어간다. 《허핑턴 포스트Huffington Post》의 제시 웨그먼Jesse Wegman은 "결과? 매번 식은 죽 먹기다"라는 한마디로 상황을 요약했다.[16]

약속 장소로 잡은 집의 안팎에는 무려 열일곱 대의 카메라와 마이크가 설치된다. 대화방에 올렸던 사진 속의 소녀나 소년과 비슷하게 분장한 동안의 여배우가 남자를 맞아 집 안으로 끌어들이고 보통은 부엌으로 데려간다. 잠깐의 대화 후에 여배우가 밖으로 나가면, 바로 그 문으로 프로그램의 진행자인 크리스 핸슨Chris Hansen이 남자를 급

습한다. 핸슨은 마치 자신의 깜짝 등장이 예정되었던 일인양 아무렇지도 않게 대화를 시작하는 경우가 많다. "무슨 일이에요?" 이렇게 말하거나, 혹은 남자가 이 만남을 기대하며 음식과 술을 가져왔다면 "재미 좀 보시려고요?"라고 묻는다. 핸슨이 남자에게 앉으라고 청하면 남자들은 대개 순순히 응하고, 그때부터 핸슨은 남자에게 이 집에 있는 이유를 추궁하기 시작한다. 온라인에서 이루어진 대화의 내용을 이미 상세히 알고 있는 시청자들은 핸슨과 함께 남자의 거짓말을 듣는다. 언제나 핸슨은 남자가 바람잡이와 나누었던 온라인 채팅의 전문을 출력한 것처럼 보이는 종이를 들고 있다. 그가 남자의 주장과 다른 채팅

내용을 읽어나가는 동안 남자는 변명거리를 찾으려 애쓰며 안절부절 못하고 몸을 꼼지락거린다. 이쯤에서 대화를 마무리 지어야겠다는 생각이 들면 핸슨은 자신의 정체와 이곳에 찾아온 이유를 밝힌다.

> "저는 〈데이트라인 NBC〉의 크리스 핸슨입니다. 우리는 온라인으로 십 대들을 꾀어 성관계를 가지려고 하는 성범죄자나 어른들을 취재하고 있습니다."[17]

핸슨이 자신의 정체를 밝힐 때 커다란 카메라를 어깨에 짊어진 카메라맨 두 명과 기다란 붐 마이크를 든 스태프들이 우르르 들어와 남자의 반응을 바로 가까이에서 잡아낸다. 물론 남자들은 일이 자기 계획대로 진행되지 않고 있다는 걸 이미 눈치채고 있다. 대부분은 자신이 곤란한 처지에 빠졌다는 걸 깨닫는다. 이 프로그램을 본 적 있는 남자들은 핸슨을 알아보기까지 한다. 하지만 대개는 핸슨이 정체를 알리고 카메라가 나타나고 나서야 사태의 심각성을 제대로 인식한다. 어떤 남자는 손으로 얼굴을 가리거나 셔츠를 얼굴까지 끌어올리면서 곧장 방에서 빠져나가려고 한다. 어떤 남자는 바닥에 털썩 주저앉는다. 용케 밖으로 달아난 남자는 총을 들고 날카로운 목소리로 명령을 내리는 경찰들에게 포위당한다. 경찰은 남자를 땅바닥에 쓰러뜨리고, 손을 등 뒤로 돌려 수갑을 채운 다음 체포하고 신문하기 위해 데려간다. 이 즉석 추방자들은 분명 비운의 남자들이다. 얼굴에 먹칠을 단단히 한 그들은 셰익스피어의 표현을 빌리자면, 불멸의 부분을 잃고 남은 것은 금수와 같은 것뿐이다.[18]

〈성범죄자를 잡아라〉는 새로운 에피소드가 방송되는 동안 시청률 면에서 NBC에 효자 노릇을 톡톡히 했다. 미방영분을 추가한 재방송도 계속해서 시청자들을 끌어모으고 있다. 크리스 핸슨은 성범죄에 관한 믿음직한 전문가로서 아이콘 같은 존재가 되었고, 심지어는 국회에서 증언까지 했다. 프로그램이 워낙 유명해지다 보니, 그 반복적인 설정이 대중문화의 일부가 되었다. 특히 남자들이 자기가 전국 방송에서 망신당해 앞으로는 사람들 앞에서 얼굴을 들고 다니지 못하리라는 걸 깨닫는 순간 핸슨이 던지는 대사가 그렇다. "저는 크리스 핸슨입니다"라는 말은 〈심슨 가족〉에서부터 〈30 록30 Rock(코미디 프로그램을 제작하는 사람들의 이야기를 그린 미국 시트콤 – 옮긴이)〉에 이르기까지 많은 프로그램에서 자주 패러디되고 있다.[19]

:: **〈성범죄자를 잡아라〉는 왜 그리 재미있을까?**

《슬레이트 매거진》의 스티븐 윈Steven Winn이 적절히 표현했듯이 그 프로그램은 "불쾌하게 사람들의 시선을 사로잡는" 매력을 지니고 있다.[20] 그 이유는 여러 가지다. 분명 어떤 시청자는 다른 사람들의 추잡한 비밀이 드러나는 것을 즐긴다. 이 프로그램은 21세기의 대중 광장과도 같은 방송이라는 거대한 무대에 대대적으로 올려진 가십이나 마찬가지다. 남자와 바람잡이가 인터넷상으로 주고받는 대화에는 확실히 선정적인 요소가 있다.[21] 시청자가 상상할 수 있는 여지가 거의 없을 정도로 적나라하다. 하지만 표적이 된 남자는 누가 봐도 자업자득의 대가를 치르는 것처럼 보이기 때문에, 포르노를 보는 듯한 관음증적인 즐거움을 정의로운 혐오감으로 감출 수 있다. 5장과 6장에서 강조했듯이 자업자득의 불행은 직접적으로 쌤통 심리를 불러일으킨다. 하지만 윌리엄 홍처럼 실력이 떨어지는 〈아메리칸 아이돌〉의 참가자를 보며 코믹한 즐거움을 느끼는 이유는 사람들 앞에서 망신당하는 출연자들과 우리를 비교함으로써 만족감을 얻기 때문이다. 〈성범죄자를 잡아라〉는 또 다른 차원의 만족감을 가져다주는 것 같다. 코미디언인 지미 키멜Jimmy Kimmel은 자신의 심야 토크쇼에 특별 손님으로 출연한 크리스 핸슨을 다음과 같이 소개했다.

> 다음 손님은 가장 재미있는 코미디 프로그램의 진행자입니다. 〈성범죄자를 잡아라〉라는 프로그램이죠……. 못 본 분들이 계시다면, 소아성애자들을 위한 〈펑크드Punk'd(할리우드판 몰래카메라 리얼리티 프로그램 - 옮긴이)〉라고 생각하시면 됩니다. 대단한 프로그램이에요……. 크리스 핸슨을 모시겠습니다.[22]

〈성범죄자를 잡아라〉를 보면 자신이 더 좋은 사람처럼 느껴지긴 하지만, 그건 다른 사람이 극도로 망신을 당한 덕분이다. 이 프로그램의 제작진은 남의 외설스런 행동을 훔쳐볼 기회를 노골적으로 제공하는 것도 모자라, 누군가를 전국 방송에서 무자비하게 망신시켰다. 그러고도 어떻게 아무런 처벌을 받지 않을까? 그리고 어떻게 그들은 시청자가 남자들의 저속하고 지저분한 굴욕을 죄책감 없이 즐겁게 지켜볼 거라 장담할 수 있었을까?

176

프로그램의 제목 자체가 많은 점을 시사해준다. 시청자는 표적이 된 남자들이 '성범죄자'라는 가정하에 프로그램을 지켜본다. 처음부터 그들을 추잡한 인간으로 분류해버리는 것이다. '성범죄자'나 '소아성 애자'만큼 혐오스럽고 두렵고 경멸스러운 호칭이 또 있을까? (범주가 넓고 그 정도와 치료법이 다양하긴 하지만 말이다.)[23] 어린아이를 성적으로 이용하는 것은 거의 모든 문화권에서 최악의, 혹은 그에 가까운 비도 덕적 행동으로 여겨진다. 역겨운 짓일 뿐만 아니라 불변의 결함, 도덕 적 타락, 비인간적 행태인 것이다. 범죄자들마저도 아동 성추행범을 인간 망종으로 취급하고, 그들을 보며 자부심을 느낀다. "그래, 난 사 람을 죽였다. 하지만 아이를 건드리지는 않아."[24] 그래서 성범죄자들 은 교도소에서 폭행당할 위험이 특히 높다. 폭력 범죄를 저지른 흉악 범도 그렇지 않은데, 아동 성추행범은 신상이 웹사이트에 공개된다. 그리고 그들이 어떤 동네로 이사를 가면 이웃 사람들에게 경고 편지 가 보내지고, 그들은 학교 반경 300미터 이내에서는 살 수 없다.

　〈성범죄자를 잡아라〉는 아동 성추행범에 대한 나쁜 인식을 더욱 부추기는 데 일조했다. 《컬럼비아 저널리즘 리뷰Columbia Journalism Review》의 기고 작가이자 변호사인 더글러스 매칼럼Douglas McCollam은 '성범죄자'라는 명칭 하나만으로도 많은 시청자의 머릿속에는 "사탕 을 가득 채운 가방을 들고 침을 질질 흘리며 트렌치코트 차림으로 동 네 놀이터를 어슬렁거리는 악마"의 이미지가 떠오른다고 주장한다.[25] 폴리 클라스Polly Klaas(1993년 유괴되어 강간당하고 살해된 12세 소녀 - 옮긴이) 사례 같은 악명 높은 유괴 사건들이 있었기 때문에 사람들은 쉽게 두려움에 빠진다.[26] 충분히 이해되는 이런 걱정 덕분에 그 프로그램은 상당한 자유재량을 얻었다. 그런 범죄자들은 인간으로서 존중받을 가치가 거의 없는 것처럼 보인다. 그들은 창피를 당해도 싸고, 거기서 끝날 것이 아니라 붙잡혀서 이런 역겨운 행동을 다시는 못 하도록 톡톡히 망신당해야 마땅하다. 그래서 시청자들은 이 남자들이 굴욕당하는 모습을 그토록 통쾌해하고 재미있어하는 것이다. 어찌 됐든 이 성범죄자들은 어린 소녀나 소년과 성관계를 맺으려는 명백한 의도를 갖고 왔다. 여기에 변명의 여지가 있을까? 망신은 그들이 받을 처벌의 시작이자 징역형에 걸맞은 서막일 뿐이다.

공개 처형이나 차꼬의 시대는 지났다. 현대의 감성을 가진 우리는 남들이 망신당하는 모습에 고의적으로 즐거워해도 된다는 생각에 쉽게 찬성하지 못한다.[27] 하지만 아이들을 성추행하는 사람들에 대해서는 이런 감성이 무뎌지는 것 같다. 그러니 〈성범죄자를 잡아라〉 제작진은 비난을 막아주는 튼튼한 방화벽을 갖춘 셈이고, 시청자들은 그 남자들을 망신시키는 일에 아무런 죄책감 없이 참여할 수 있다. 자업자득의 결과임이 투명하게 보일수록 우리는 아무런 도덕적 혼란 없이 "쌤통이다!"라고 말한다.

대부분의 사람들은 아이들에게 외설스러운 짓을 하는 자들에게 말로 다 표현하지 못할 정도의 혐오감을 갖고 있다. 그 혐오감은 너무도 깊고 반사적인 것이어서, 그들을 조금이라도 동정하면 뭇매를 맞을 위험이 있다. 나는 이 위험을 통감하고 있다. 〈성범죄자를 잡아라〉에 대한 비평을 많이 읽어봤는데, 하나같이 이 남자들이 저지른 행동에 대한 사람들의 혐오감을 강조했고, 프로그램과 연루된 자들이 오해받을 수도 있음을 비판하는 사람은 아무도 없었다. 매칼럼은 프로그램의 윤리적인 문제를 제기하지만, 그런 그조차도 "이들이 변태가 될 가능성을 지닌 재수 없는 인간들임을 솔직히 인정하자"라고 말한다.[28] 정말이지, 성범죄자들은 가장 큰 미움을 받는 인간들이다. 그들을 강하게 비판하지 않으면 도덕성을 의심받을 수 있다.

:: 리얼리티 프로그램은 도덕적으로 완벽한가?

설령 시청자들이 프로그램의 내용을 백 퍼센트 믿을 수 있을지 의심한다 해도 제작진의 의도에 휘둘릴 수밖에 없다. 표적이 된 남자들에게 불리한 증거가 공정하고 객관적으로 제시되는 것처럼 보이지만, 사실 시청자는 온라인 채팅이나 핸슨과 남자 사이에 오가는 대화를 편집된 버전으로밖에 볼 수 없다. 각각의 에피소드마다 표적과 핸슨은 약 10분 동안 대화를 주고받는다. 채팅은 며칠 동안 이어지기도 하고 한 시간이 채 안 걸리는 경우도 있다. 시청자들은 채팅 내용 중 몇 줄만 보게 되는데, 방송에 나오는 부분들은 대부분 아주 선정적이다. 〈데이트라인〉 측은 항상 남자들이 먼저 성적으로 접근해서 만남을 제안한다고 주장하지만, 이 과정이 빠짐없이 방송되지는 않는다. 누가 먼저 접근했느냐는 정확히 구분하기 애매한 문제고, 시청자들은 제작진을 믿을 수밖에 없다. 그리고 프로그램의 전개 방식상, 이 구조가 깨지고 주제를 의심받을 여지는 거의 없다. 온라인으로 이루어진 대화는 마치 실시간으로 중계되는 것처럼 화면에 타이프라이터로 쳐진다. 이런 묘사 방식은 그 내용에 함축된 의미를 과장하고 시청자들에게 더 강한 인상을 남긴다. 선택된 내용들을 보면 아주 역겹고 자극적이며 유죄를 암시하기 때문에, 설령 그 남자들을 좀 더 긍정적으로 볼 수 있게 해줄 대화 내용이 있었다 해도 판도를 바꾸지는 못할 듯하다. 게다가 핸슨에게는 언제나 강력한 비징의 무기가 있다. 아무리 정상참작의 여지가 있다 해도, 아무리 남자들이 이런저런 핑계를 댄다 해도, 그들이 미성년자와 성적 접촉을 하기 위해 그곳까지 온 것은 누가 봐도 명백한 사실이다. '성범죄자'의 의도와 책임을 조금이나마 다르게 볼 수 있는 사소한 정보에는 신경을 쓸 이유가 없어 보인다.

핸슨은 현장을 급습할 때 그 남자들보다 훨씬 더 유리한 입장에 있다. 핸슨은 시청자와 마찬가지로 그들의 목적이 무엇인지 분명히 알고 있는 반면, 그 남자들은 핸슨이 사실을 알고 있다는 걸 (그리고 전국의 시청자 역시 알게 되리라는 걸) 모른다. 핸슨은 이 이점을 이용하여 그 남자들이 한심하고 우스꽝스러운 사람으로, 어쩌면 그보다 더 나쁜 사람으로 보이게 만든다. 이렇게 그들은 망신을 당하고, 우리는 고소해한다.

능숙한 편집 처리가 우리의 쌤통 심리를 더욱 자극하는 경우도 있다. 한 에피소드에서는 표적이 된 유명한 의사가 다른 남자들에 비해 품위 있는 처신을 보여주었다. 이번 건의 경우 함정수사 현장은 교외에 있는 어느 집의 뒤뜰이었다. 바람잡이 여자는 얼음을 넣은 레모네이드를 만들었다며 자기가 옷을 갈아입는 동안 한 잔 따라달라고 하고는 자리를 떴다. 그가 주전자를 기울이자 얼음이 우르르 쏟아져 유

180

리잔 밖으로 넘치면서 여기저기로 튀었다. 그는 냉정을 잃지 않으려 애썼다. 의사의 희생으로 만들어진 이 소소한 코미디는 앞으로 벌어질 거대한 드라마에 오락적 가치를 더해주었다. 그가 수건을 찾느라 주위를 둘러보다가 〈데이트라인〉의 카메라맨을 발견한 것이다. 그는 얼른 몸을 돌린 다음 자신의 정체를 가리려는 나약한 본능적 행동으로 선글라스를 끼고는 뒤뜰에서 뛰쳐나갔다. 그가 그 집 진입로까지 갔을 때 그에게 총을 겨눈 경찰관 세 명이 몰려와 땅에 엎드리라는 지시를 내렸다. 그리고 시멘트 바닥에 쓰러진 그의 등 뒤로 수갑이 채워졌다.[29]

거의 모든 순간이 녹화된 보기 드문 장면이었다. 경찰관들뿐만 아니라 다른 사람들도 카메라에 잡혔다. 커다란 텔레비전 카메라를 어깨에 진 남자가 의사의 오른쪽에 바짝 붙어 움직이고 있었다. 또 다른 남자는 화면 오른쪽에서 안으로 들어왔다. 이 카메라들은 왜 필요했을까? 고정된 몰래카메라들이 이미 현장의 구석구석을 찍고 있었는데 말이다. 이 추가된 카메라를 본 시청자는 경찰이 〈데이트라인〉의 오락적인 목적에 너무 협조해주는 건 아닌가 하는 의심이 들지는 않았을까? 하지만 프로그램의 목적과 그 흥행 비결이 오락적인 목적으로 사람을 망신시키는 거라면, 그 많은 카메라는 굴욕의 참담함을 더욱더 키워준다. 다음 장면은 경찰의 허락을 받고 일어선 의사의 반응을 근접 촬영으로 보여주었다. 그는 "난 아무 짓도 안 했어요……. 아, 정말 아무 짓도 안 했다니까요!"라며 항의했다. 두 발짝 정도 떨어져서 그의 얼굴을 찍은 장면에서 그는 거의 울고 있는 것처럼 보였다. 그러고 나서 의사가 경찰에게 신문받는 과정이 편집된 화면으로 잇

따라 나왔다. 핸슨의 목소리가 냉정하고 초연하게("경찰이 늘 하듯이 개인적인 질문을 하는데 의사는 마음이 딴 데 가 있는 것 같군요"), 가끔은 놀라움을 표하며("이런 위치에 있는 남자가 열세 살이라고 밝힌 소녀를 만나러 나왔다는 게 믿기지가 않습니다") 착실하게 해설을 해주었다. 언제나 그렇듯이 표적을 함정에 빠뜨린 전략에는 아무런 문제가 없다는 듯 도덕적으로 우월한 사람인 척 굴면서.[30]

핸슨은 프로그램이 사용한 술책의 타당성을 전혀 의심하지 않는 것처럼 보인다. 그가 〈성범죄자를 잡아라〉에 대한 정보를 담아 2007년에 출간한 책에는 그와 남자들 간에 오갔던 대화들이 묘사되어 있다. 그는 '도를 넘지' 않는 것이 중요하다고 하면서도, 가끔은 '검사 같은' 말투를 사용했다고 인정했다. 또한 "우리에게 접근해오는 남자들 중에는 딱한 자들"[31]도 있었다고 썼지만, 사람을 교묘히 조종하는 그 남자들의 행동, 그들의 저속한 채팅 내용, 그들이 먼저 접근해왔다는 사실, 그들의 의도, 그리고 그들이 사회에 가하는 전반적인 위협을 강조했다. 이런저런 논쟁점을 염두에 둔 듯, 그는 수많은 대화를 나누는 동안 강한 연민을 느낀 적은 단 한 번도 없었다고 단언했다.[32]

::   **높은 지위와 복수의 즐거움**

사람들이 리얼리티 프로그램을 보는 이유에 대한 사회과학적 연구를 보면, 〈아메리칸 아이돌〉과 〈성범죄자를 잡아라〉 같은 프로그램에 어떤 일정한 내용이 반복적으로 등장하는 이유를 개략적으로 알 수 있

다. 미디어 연구자인 스티븐 라이스Steven Reiss와 제임스 윌츠James Wiltz
는 사람들이 기본적인 동기와 욕구를 충족시키기 위해 텔레비전이나
다른 자극제를 본다고 주장한다. 한 연구에서 라이스와 윌츠는 많은
사람들이 자유 시간에 어떤 활동을 하는지 조사했다. 연구 참가자들
은 여러 다른 유형의 여행, 스포츠, 음악, 그리고 인기 있는 다양한 리
얼리티 프로그램을 얼마나 즐기는지 체크했다. 이와 더불어 열여섯
가지 기본 욕구와 그것이 충족되었을 때 느껴지는 기쁨을 평가하는
성격 측정 검사도 받았다. 리얼리티 프로그램의 시청과 가장 분명하
게 연관된 것은 두 가지 동기였는데, 둘 중 더 강한 것은 '지위'였다.
라이스와 윌츠는 이것을 '자부심'의 기쁨이 따르는 '명예욕'이라고 정
의했다. 다음으로 강한 것은 복수, 즉 '정당성 입증'의 기쁨이 따르는
'설욕 욕구'였다. 즐겨 시청하는 리얼리티 프로그램이 많을수록 이 두
가지 욕구가 중요하게 작용했다.[33]

〈아메리칸 아이돌〉과 〈성범죄자를 잡아라〉를 보는 시청자들은 출
연자들에 비해 자신이 더 높은 지위에 있다고 느끼고 그래서 자부심
도 높아진다. 〈아메리칸 아이돌〉에 대해 말하자면, 윌리엄 홍은 재능
보다는 열등함 덕분에 방송 분량을 많이 챙길 수 있었다. 〈성범죄자
를 잡아라〉에서 붙잡힌 남자들은 이미 인간 망종들이지만 프로그램
이 그들을 더욱더 나락으로 떨어뜨린다. 연예 전문지《엔터테인먼트
위클리Entertainment Weekly》의 댄 스니어슨Dan Snierson과 조시 워크Josh
Wolk는 직설적인 평을 남겼다. "인간 본성에 대한 귀중한 통찰이라도
얻자고 리얼리티 프로그램을 시청하는가? 말도 안 된다. 우리가 그
민망한 장면들을 보는 건, 촬영되지 않는 우리의 소소한 삶이 조금이

나마 더 낫구나, 하고 느끼게 해주기 때문이다."[34]

복수는 어떨까? 두 프로그램 모두, 특히 〈성범죄자를 잡아라〉의 출연자들은 망신을 당해도 싼 사람들이다. 〈아메리칸 아이돌〉의 경우 창피를 당한 참가자들은 그 실력으로 우승할 수 있을 거라 생각한 바보처럼 보인다. 오디션에 참가하라고 그들을 떠민 사람은 아무도 없다. 〈성범죄자를 찾아라〉의 경우, 이 변태들이야말로 침담하게 망신당하고 감옥으로 직행해야 하지 않을까? 다 자업자득이다.

어떤 면에서 〈성범죄자를 잡아라〉 같은 프로그램은 많은 문화에서 치욕 안겨주기를 좀 더 일반적인 처벌로 선택하던 시대를 돌아보게 한다.[35] 너새니얼 호손Nathaniel Hawthorne의 『주홍 글씨』는 허구의 이야기지만, 처벌이 치욕적이어야 한다고 믿는 청교도 정신을 잘 담아냈다.[36] 19세기까지만 해도 감금이 아니라 차꼬를 채우고 칼을 씌우는 것이 공공의 처벌 방식이었다. 죄인에게는 사람들이 자주 다니는 마을 광장 같은 공공장소에 서 있으라는 형벌이 내려졌다. 사람들은 죄인을 놀리고 썩은 음식에서부터 동물 사체까지 온갖 것들을 그에게 집어던졌다. 특히 죄인에게 칼을 씌우는 것을 좋아했다. 손뿐만 아니라 얼굴도 움직일 수 없기 때문이다. 가끔은 얼굴이 움직이는 것을 막기 위해 귀를 나무에 못으로 박기도 했다. 많은 구경꾼들에게는 죄인의 고통을 마음껏 고소하게 여길 수 있는 축제의 시간이었을 것이다.[37]

오늘날의 몇몇 텔레비전 프로그램이 비슷한 역할을 하고 있는 건 아닐까? 〈성범죄자를 잡아라〉는 사회의 잠재적인 위협을 시청자에게 가르쳐주지만, 제작진에게는 무엇보다 오락성이 선택의 중요한 판단 기준이 되는 것 같다. 사람들에게 치욕을 주고 그로부터 아무 죄책감 없이 쌤통 심리를 느끼는 즐거움은 프로그램 인기의 강력한 견인차이다. 자업자득의 치욕과 그로 인한 통쾌함의 기대가 이런 프로그램의 성공 공식이며, 제작진은 이 조합의 효과를 높일 수 있는 방향을 선택한다.

(〈아메리칸 아이돌〉과 그 밖에 많은 리얼리티 프로그램과 마찬가지로) 〈성범죄자를 잡아라〉의 제작진은 넘지 말아야 할 선이 있다는 걸 안다. 성범죄자들이 당하는 치욕의 강도를 점점 더 높일 수는 있지만, 시청자들이 통쾌함을 느끼는 대신 남자들에 대한 가혹한 대우에 분노하고 그 결과 시청률이 떨어져 광고 수입이 줄어드는 사태만은 피하고 싶을 것이다. 2008년에 텍사스 주의 한 남자가 공개적으로 망신당하고 체포되는 것을 견디지 못해 자살한 후 새로운 에피소드는 제작되지 않았지만 재방송이 계속되고 있다는 건 적절한 선이 잘 지켜졌다는 뜻이다. 핸슨은 유명 인사의 지위를 얻었고, 온라인 성범죄 문제에 대해 국회에서 증언할 만큼 높은 평가를 받았다. 프로그램의 성공을 위해 사람들에게 치욕을 주는 방식을 썼는데도 말이다. 프로그램보다는 표적이 된 남자들이 악마 취급을 당했다.

나는 핸슨과 제작진이 시청자의 눈을 사로잡는 프로그램을 탄생시켰다는 건 인정하지만, 핸슨이 용의주도하게 사람들의 굴욕적인 모습을 이끌어내는 것을 보기가 편안하지만은 않다. 그 프로그램을 보는 동안 나는 즐겁기도 하고, 정신없이 빠져들기도 하고, 기분이 더러워지기도 한다. 영화 〈다이하드〉 시리즈에 등장하는 시청률에 목을 매는 기자 리처드 '딕' 손버그가 생각난다. 그는 1편에서는 형사 존 매클레인의 아내 홀리에게 코를 맞고, 2편에서는 끝에 테이저 총을 맞는다. 배우 윌리엄 애서턴William Atherton이 완벽하게 연기한 손버그는 전형적인 기자의 모습을 희화화한 인물이지만 크게 과장된 것 같지는 않다. 1편에서 한 사무용 빌딩의 일부가 폭발하자, 손버그는 카메라맨의 카메라가 돌아가고 있었는지 확인한다.

> 손버그: 이런, 제발 찍었다고 말해줘.
> 카메라맨: 찍었어, 찍었어!!
> 손버그: 채널 5에서 약이 바짝 오르겠군.[38]

손버그에게는 자극적인 뉴스거리를 찾는 일이 가장 중요하다. 그는 자기가 대중의 '알 권리'를 위해 싸우는 투사라고 주장하지만, 선정적인 특종을 얻을 수만 있다면 무슨 짓이든 할 사람이다. 그 목적을 위해서라면 사람들의 치욕적인 모습을 카메라에 담는 것도 마다하지 않는다. 아이러니하게도 홀리에게 코를 맞은 후 손버그는 그녀를 상대로 접근 금지 명령을 받아내는데 "그 여자가 나를 폭행하고 사람들 앞에서 망신을 줬기"[39] 때문이다. 영화의 재기가 돋보이는 대목이었다.

방송계가 점점 더 복잡해지고 경쟁이 치열해지면서 시청률 올리기에 혈안이 되다 보니 선정성 없는 교육적 내용보다는 오락성으로 승부를 봐야 한다는 압박감이 심해졌다. 이렇듯 경쟁이 과열된 상황에서, 자업자득의 치욕을 목격하는 통쾌함을 미끼로 시청자들을 낚는 전략을 거부하기란 어려울 것이다. 그렇다면 〈성범죄자를 잡아라〉 같은 프로그램이 더 많이 나와야 할까? 핸슨은 몰입도 강한 프로그램을 제작하고 싶다는 욕구를 밝히기도 했지만, 사회 문제의 폭로와 예방은 〈성범죄자를 잡아라〉의 표면적 목표에 불과하다. 프로그램을 통해 세상에 까발려지는 행동이 과연 제작진이 암시하는 것만큼 큰 문제인가는 확실치 않다.[40] 여러 전문가들의 주장에 따르면, 대부분의 아동 성학대는 가족 내에서 혹은 서로 아는 사람들 사이에서 일어난다.[41] 채팅 사이트에 나타난 남자들이 바람잡이들의 집요한 작전 없이도 그런 짓을 저질렀을 가능성은 얼마나 될까? 이 프로그램을 통해서 우리는 온라인 성적 일탈의 본질을 얼마나 알게 될까? 〈성범죄자를 잡아라〉는 불필요한 공포를 불러일으키고, 사건을 보도하기보다는 만들어내고, 대중에게 성적 이상 행위의 문제를 이해시키기보다는 부적절한 방식으로 개인들을 악마처럼 묘사함으로써 문제의 핵심을 흐리고 있는 건 아닐까?

무엇보다 문명사회가 이렇듯 사람들에게 치욕을 안겨주는 방식을 허용해도 되는 걸까? 죄책감 없는 쌤통 심리에 의지하는 이런 프로그램들을 권장해야 할까? 분명한 사실만은 잊지 말자. 핸슨은 그 남자들에게 극도의 치욕을 안겨주었다. 망신당해도 싼 사람들이라고 결론 내려버리면 편하겠지만 그 남자의 가족들, 그 무고한 사람들은 이차적인 피해자로서 프로그램이 끝난 뒤에도 오랫동안 치욕과 창피함을 감당해야 한다. 핸슨과 제작진(그리고 시청자)이 그 남자들에게 연민을 느껴야 하는가는 복잡한 도덕적 문제이다. 〈성범죄자를 잡아라〉는 대담하고 획기적인 탐사 보도 프로그램일까, 아니면 제시 웨그먼의 말대로 "독선에 빠진 싸구려 교훈극"[42]일까? 판단은 당신의 몫이다.

8

질투와 쌤통 심리

남의 불행을 기뻐하는 사람은 남의 성공을 시기하는 사람과 똑같다.
어떤 일의 발생이나 존재 때문에 괴로운 사람은 그것이 존재하지 않
거나 파괴되면 기쁠 것이다. – 아리스토텔레스[1]

질투는…… 남의 행운에 슬퍼하고 남의 불운을 기뻐하게 만든다는
점에서 증오의 감정이라고 할 수 있다.

 – 바뤼흐 데 스피노자(Baruch de Spinoza)[2]

호머: 오, 왜 이래, 리사. 난 그냥 그 인간이 쫄딱 망해서 기분 좋을
 뿐이야! 그 인간은 항상 행복하고 편안한 얼굴에, 사랑하는
 사람들한테 둘러싸여 있잖아. 그래서 내 기분이…… 네가 말
 한 떳떳치 못한 기쁨의 반대말이 뭐지?
리사: 질투요. – 〈심슨 가족〉[3]

한국에는 "사촌이 땅을 사면 배가 아프다"라는 속담이 있다. 이 말은 질투의 고통을 정확히 포착해내고, 질투의 대상에게 불행이 일어나면 쌤통 심리가 생겨나는 이유를 설명해준다. 질투는 쓰라린 불만족, 악감정, 그리고 내가 갖고 싶지만 가질 수 없는 것을 다른 사람이 누리는 모습을 봤을 때 생겨나는 분노가 뒤섞인 감정이다. 그런 질투의 대상에게 불행이 닥치면 열등감은 줄어들고 안도감과 기쁨이 찾아든다. 아팠던 배가 낫는 것이다. 그 불행으로 상대방이 경쟁에서 불리해졌으니, 희망적인 미래까지 꿈꿀 수 있을지도 모른다.

질투는 인간이라면 누구나 느끼는 감정이다. 자기 몫을 다른 누군가에게 뺏기고, 탐내던 것을 다른 사람이 누리는 모습을 계속 지켜봐

야 한다면 질투를 느끼는 것이 당연하다.[4] 1장과 2장에서 강조했듯이 사회 비교는 중요한 문제이며, 질투는 이 사실을 증명해주는 특별한 증거가 된다. 사랑하는 사람이 나보다 더 잘생기고 더 재능 있는 다른 사람을 선택한다면? 정말 좋은 음악을 쓰고 싶지만 실패한 나와 달리 친구가 최근 작곡한 곡으로 찬사를 받는다면? 대부분의 사람들은 영화 〈아마데우스〉에 등장하는 살리에리Antonio Salieri라는 인물에 감정을 몰입하게 될 것이다. 살리에리는 나름대로 뛰어난 실력을 갖춘 음악 가지만, 큰 노력 없이 천재성을 발휘하는 모차르트Wolfgang Amadeus Mozart 앞에서는 그저 평범한 사람일 뿐이다. 머리 에이브러햄 F. Murray Abraham이 연기한 살리에리가 모차르트의 악보에 그려진 기적적인 음표들을 즉석에서 연주하며 고통스러운 표정으로 고개를 드는 장면보다 더 완벽하게 질투를 표현할 수 있을까?[5]

사회심리학자이자 신경과학자인 수전 피스크는 자신의 저서 『질투는 높이고 비웃음은 줄여라』에서 질투에 대한 신경과학적 증거를 요약하고, 질투를 느낄 때 항상 나타나는 뇌 활동의 패턴을 알려준다.[6] 사람들이 질투 대상에게 반응할 때, 감정적으로 중요한 것에 대한 반응을 주관하는 뇌 영역인 편도체가 활성화된다.[7] 편도체는 우리보다 우월한 누군가를 즉각적으로 평가하는 데 꼭 필요한 것처럼 보인다. 질투와 연관된 또 다른 뇌 영역은 전대상피질ACC이다. 피스크에 따르면 전대상피질이 질투에 중요한 이유는 '차이 감지기'의 역할을 하기 때문이다.[8] 자신과 (자신보다 우월한) 다른 사람 사이의 '차이'를 감지하지 못하면 질투라는 감정을 느낄 수 없다. 질투와 연관된 세 번째 뇌 부분은 다른 사람의 생각과 감정을 이해하려고 애쓸 때 활성화되는 영역인 내측 전전두엽mPFC이다.[9] 질투 대상은 우리가 탐내는 것을 가지고 있고, 우리보다 낮은 지위의 사람들보다 그들의 존재가 더 중요하기 때문에 그들의 생각과 감정을 읽는 것은 아주 중요해 보인다.[10] 요컨대 질투에는 여러 감정이 뒤섞여 있기 때문에 뇌 활동도 복잡하게 이루어진다. 질투와 연관된 특징적인 뇌 활동 패턴을 보면, 우리에게 없는 중요한 무언가를 다른 사람이 가지고 있을 때 그에 대한 대책을 세우려면 섬세한 주의를 기울여야 한다는 인식을 반영하는 듯하다.

계속 강조했듯이 우리는 자기보다 못한 사람과 자신을 비교함으로써 이득을 얻는다. 그리고 다른 사람에게 어떤 불행이든 일어나면 우리의 자존감이 올라간다. 그런 불행이 있는 곳에 기회가 찾아온다. 남의 불행으로부터 이익을 얻을 가능성이 있다면, 질투 대상에게 닥친 불행은 그야말로 뜻밖의 횡재다.[11] 경쟁 상황에서 질투를 가장 강하게 느끼기 때문에, 질투 대상에게 불행이 닥치면 우리에게 직접적이고 명백한 이익이 돌아오는 경우가 많다. 또한 누군가를 질투하면 당연히 그 사람과 자신을 비교하게 되고, 따라서 그의 불행이 가져오는 결과가 더욱더 소중해진다. 결코 무시할 수 없는 특별 보너스가 하나 있는데, 그 불행이 질투라는 고통스러운 감정을 제거해준다는 것이다. 열등감과 불쾌감이 우월감과 그로 인한 기쁨으로 바뀐다. 자기보다 잘난 사람을 올려다보던 고통이 순식간에 나보다 못난 사람을 내려다보는 기쁨으로 변하는 것이다. 이 얼마나 멋진 역전인가! 괴팍한 성격의 미국의 소설가 고故 고어 비달Gore Vidal은 "친구가 성공할 때마다 나는 조금씩 죽는다"라는 유명한 고백을 남겼다.[12] 이 말이 진실이라면 그 반대도 진실일 것이다. "친구가 실패할 때마다 나는 조금씩 더 살아난다."

마크 트웨인Mark Twain의 자서전 『미시시피 강의 추억』에도 부러운 사람의 실패를 보는 즐거움을 증명해주는 일화가 소개되어 있다. 그가 어린 시절을 보낸 미주리 주 해니벌에서는 트웨인을 비롯한 모든 소년들이 강배 조종사를 간절히 꿈꾸었다. 그런데 한 소년이 모두가 탐내던 그 일을 얻었다. 게다가 그는 다른 아이들보다 아는 것도 더 많았고 소녀들의 시선을 한 몸에 받았다. 트웨인과 친구들이 그에게 느낀 적의 어린 질투는 다른 사람들의 눈에 보일 만큼 강렬했다. 그러다가 그 소년의 강배에 불운이 닥쳤을 때 트웨인 패거리는 쾌재를 불렀다. 트웨인은 그때의 감정을 다음과 같이 설명했다. "그의 배가 마침내 폭발했을 때, 몇 달 만에 처음으로 우리 사이에 평온한 만족감이 감돌았다."[13]

소설가 워커 퍼시Walker Percy 역시 그의 엉뚱한 자립 안내서 『우주에서 길을 잃다Lost in the Cosmos』에서 질투심이 쌤통 심리로 쉽게 이어질 수 있음을 이야기한다.[14]

이웃이 신문을 가지러 밖으로 나온다. 당신은 연민 어린 눈으로 그를 바라본다. 그가 심각한 가슴 통증 때문에 관상동맥 우회술을 앞두고 있다는 사실을 알고 있으니 말이다. 하지만 오늘 아침 그는 심장병 환자처럼 행동하지 않는다. 운동복 바지를 입은 채 활짝 미소 지으며 당신에게 터벅터벅 걸어온다. 그에게 세 가지 좋은 소식이 있다고 한다. 그의 가슴 병은 알고 보니 가벼운 식도

틈새 탈장이었다. 그리고 승진을 했으며, 그리니치(코네티컷 주)로 이사할 계획이다. 그곳에서는 그의 보트를 트레일러가 아닌 물에 띄울 수 있다.

"잘됐네요, 찰리! 나도 정말 기쁘네요."

당신은 정말 기쁜가?[15]

퍼시는 아니라고 주장한다. '질투하는 자아'에게 이런 소식이 기쁠 리가 없다. 그는 이렇게 묻는다. "찰리에게 참사가 일어나지 않는다면, 당신은 그의 좋은 소식을 어디까지 견딜 수 있겠는가?"[16] 찰리에게 안 좋은 일이 일어나야 그의 좋은 소식이 불러일으킨 질투와 불쾌감이 치료될 수 있는 걸까? 당신 자신의 운이 바뀔 가능성은 얼마나 될까? 또 찰리의 콧대를 꺾어놓을, 도덕적으로 문제없고 현실적인 방법이 있을까? 퍼시는 찰리의 승진이 성사되지 않았다는 사실을 나중에 알게 된다면 전혀 유감스럽지 않을 거라고 장담한다. 그 소식이 가져다주는 기쁨을 애써 부정하고 억누르고 숨기겠지만 말이다.

:: **질투와 쌤통 심리를 이어주는 경험적 증거**

인지심리학자 테리 터너Terry Turner와 나는 다른 연구자들과 함께 질투와 쌤통 심리 간의 관계를 시험해보았다.[17] 우선 대학생 참가자들에게 의과대학에 진학할 계획인 한 학생의 인터뷰를 보여줌으로써 질투심을 유발했다. 우리는 (부러워할 만한) 우월한 학생이나 혹은 (부럽지 않은) 평범한 학생을 연기할 배우를 고용했다(결국 우리의 속임수에 참가자들을 끌어들인 셈이다). 배우가 자신의 학업과 과외 활동에 대해 이야기하는 부분에서는 그의 활동을 찍은 장면을 추가로 집어넣었다. 우월한 학생 버전의 영상에서 그는 유기화학 과제를 거뜬히 해내고, 최첨단 생물학 실험실에서 현미경을 들여다보고, 하버드 의과대학에 들어가는 데 도움이 될 특강을 듣기 위해 하버드 대학 교정을 걸었다. 또 아버지에게 선물받은 값비싼 콘도에 들어가고, BMW를 몰고, 매력적인 애인과 함께 요리도 했다. 반면 평범한 학생 버전에서는 과제 때문에 힘들어하고 생물학 실험실에서 시험관을 씻는 모습을 보여주었다. 또 우중충한 고층 기숙사에 들어가고, 혼잡한 대중교통을 이용하고, 평범하게 생긴 여자 지인과 함께 피자를 먹는 모습도 나왔다. 각 버전의 영상이 끝나갈 무렵 우리는 잠시 테이프를 멈추고 참가자들에게 기분을 묻는 질문지를 작성하게 했다. 거기에는 질투심을 측정하는 항목이 몇 개 포함되어 있었다. 그런 다음, 인터뷰 이후 그 학생에게 일어난 일을 알려주는 에필로그 영상을 틀어주었다. 여기에 우리는 불행을 삽입했다. 그 학생은 자신이 연구하던 실험실에서 각성제인 암페타민을 훔치다가 체포되었고, 그래서 의과대학 진학 계획은 당연히 뒤로 미룰 수밖에 없었다. 두 번째 질문지에는 통쾌한 반응("인터뷰 이후 그 학생에게 일어난 일이 기뻤다")을 알아내는 항목들이 포함되었다. 나머지 항목은 우리의 실제 목적을 참가자들이 눈치채지 못하도록 만들어졌다.

우리가 짐작한 대로 참가자들은 평범한 학생이 불행을 겪을 때보다 부러운 학생이 안 좋은 일을 당할 때 더 쌤통이라고 느꼈다. 중간에 영상을 멈춘 후 참가자들이 작성한 질문지의 결과는 이 사실을 더욱 명확히 증명해주었다. 인터뷰의 첫 부분을 보는 동안 질투를 느꼈다고 밝힌 참가자들은 후반부의 반전을 통쾌해할 가능성이 더 높았다. 또한 인터뷰 영상을 보기 전에 실시한 성격 측정 검사에서 질투지수가 높았던 참가자들도 인터뷰 주인공의 불행을 즐거워할 확률이 높았다.

뇌 주사 기법을 이용한 연구 역시, 질투 대상에게 불행이 닥칠 경우 질투와 통쾌감이 서로 연관되어 있음을 뒷받침해준다.[18] 일본 연구진은 자신이 다른 사람보다 더 높은 혹은 낮은 지위에 있는 상황을 상상할 때 뇌 활동이 어떻게 변화하는지 관찰했다. 참가자들이 남을 질투하는 상황을 상상하자 육체적 고통의 경험과도 연관된 뇌 영역인 전대상피질이 활성화되었다. 그리고 나서 연구진은 참가자들에게 다른 사람이 파산부터 질병까지 온갖 불운을 겪는 모습을 상상해보라고 했다. 그 결과, 쾌락이나 보상을 담당하는 영역인 선조체가 크게

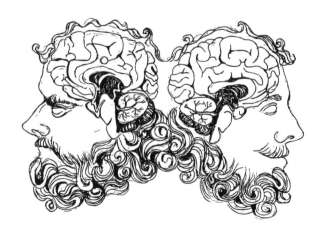

활성화되었다. 이 활성화 패턴은 처음에 가장 많은 질투심을 보였던 참가자들에게 더 강하게 나타났다. 연구진을 이끈 다카하시 히데히코 高橋英彦는 "남의 불행은 꿀맛이다"라는 일본 속담으로 실험 결과를 요약했다.[19] 한국인이라면 여기에 다음과 같은 단서를 달 것이다. 특히 질투가 나서 배가 아팠다면.

:: **질투와 적대감**

질투를 구성하는 여러 요소는 질투가 쌤통 심리와 밀접한 관계에 있는 이유를 설명해준다. 트웨인이 부러움의 대상이었던 소년의 우월함을 강조한 것을 보면 알 수 있듯이, 질투심 속에는 분명 열등감이 담겨 있다. 하지만 그 소년에 대한 적대감이 없었다면 배 폭발로 인해 생겨난 쌤통 심리가 그렇게 유쾌하지는 않았을 것이다. 사람들은 부러운 대상에게 애정을 느끼지 않는다. 사실 적대감은 남의 우월감에 대한 다른 불쾌한 반응(예를 들면 불만)과 질투를 구별해주는 특징일지도 모른다.[20] 트웨인의 이야기만 봐도 쉽게 알 수 있다. 그와 친구들이 느꼈던 질투에 선의라고는 눈곱만큼도 없었다. 그들의 질투심 속에 악의가 있었기 때문에 배 폭발이 그토록 만족스러웠던 것이다.[21]

질투 섞인 적대감에는 뭔가 독특한 점이 있다. 질투를 느끼는 사람들은 그 대상이 자신과 똑같은 정도로, 혹은 더 심하게 고통받을 수 있다면 자기 자신의 손해도 감수하려 한다.[22] 자멸적인 행동 같지만, 질투하는 사람의 입장에서는 아무리 절대적인 의미의 이득을 얻는다

해도 질투 대상의 상대적인 우월함을 보고 느끼는 고통을 달래기에는 부족한 것이다.

질투가 일반적으로 적의를 띠는 것은 그리 놀라운 일이 아니다. 탐나는 것을 남이 누리고 있는 모습을 목격할 때, 또 그것을 내 손에 넣을 수 있는 가능성이 거의 없을 때 우리는 질투를 느낀다.[23] 다른 사람의 이점을 알아채고 그것을 갖고 싶다면, 그리고 결국에는 그것을 쉽게 얻을 수 있으리라는 걸 안다면 어떨까? 잠깐 동안은 불만스럽겠지만, 그것을 손에 넣는 길이 명확하다면 안 좋은 감정은 금세 사라질 것이다. 이것도 일종의 질투라고 할 수 있지만 본질적으로 온건하다.[24] 반면, 그 이점을 얻을 수 있는 가능성이 아예 없다면 사정은 달라진다. 그땐 비교 자체가 무의미해 보일 것이다. 우리는 우리 자신과 비슷하면서도, 우리가 간절히 원하지만 갖지 못한 것을 누리는 사람을 질투한다. 설령 욕심대로 되지 않으리라는 걸 안다 해도, 우리와 비슷한 사람들이 누리고 있으니 우리도 그것을 가질 수 있을 거라 상상하게 된다. 적대적인 질투를 느낄 때 우리는 원하는 것을 금방이라도 손에 넣을 것처럼 애가 타면서도, 이 소망을 이룰 수 없을 거라고 느낀다. 간절한 욕구의 좌절, 중요한 목표에의 차단은 분노와 적대감으로 이어지기 쉽고, 좌절감의 원인을 제공한 사람이 고통을 당한다면 쌤통 심리가 발동할 것이다.

《내셔널 인콰이어러The National Enquirer》같은 인기 있는 타블로이드 신문의 편집자들은 18세기 철학자이자 정치가인 에드먼드 버크Edmund Burke의 소견을 환영할 것이다. 그는 무대 위의 비극적인 공연을 기대하는 관객들이 '바깥'의 근처 광장에서 한 범죄자가 곧 처형당할 거라는 얘기를 들으면 금세 연극에 대한 흥미를 잃어버리고 밖으로 뛰쳐나갈 것이라고 말했다.[25] 버크는 사람들이 "남들의 실제적인 불행과 고통에 결코 작지 않은 즐거움"을 느낀다고 믿었다.[26] 그리고 항상 '모방 예술'보다 진짜 불행이 사람들의 흥미를 더 끌어당긴다.

버크의 이런 관점을 더 발전시킨 사람들이 있었다. 장융張戎과 존 핼리데이Jon Halliday는 최근에 발표한 마오쩌둥毛澤東의 전기 『마오 – 알려지지 않은 이야기들』에서 마오쩌둥이 '격변과 파괴'에 유별난 환희를 느꼈다는 설득력 있는 주장을 펼친다.[27] 하지만 마오는 자기만 이런 성향을 가진 것은 아니라고 믿었다. 예를 들어 그는 '대부분의' 사람들이 영속적인 화합보다는 전쟁을 택할 거라고 주장했다.

> 인간은 오래 지속되는 평화를 견디지 못하기 때문에, 평화로운 상태에서는 해일 같은 소동을 만들어내야 직성이 풀린다. …… 우리는 역사를 볼 때 극적인 일들이 끊이지 않는 전쟁의 시대를 찬미한다. …… 그 시대에 대해 읽으면 아주 재미있다. 하지만 평화와 번영의 시대에 이르면 따분해진다.[28]

워커 퍼시 같은 이들은 사람들이 남에게 일어나는 재앙과 불행에 통쾌함과 함께 매혹을 느낀다고 주장하기도 했다. 타블로이드 신문이 인기를 끌고 범죄, 사고, 자연재해가 언론 보도의 큰 비중을 차지하는 걸 보면 이러한 주장에도 일리가 있는 것 같다.

이렇듯 사람들의 불행에 의지하는 타블로이드 신문의 또 다른 특징은 유명 인사들과 관련된 사건에 초점을 맞춘다는 것이다. 내가 심리학자 케이티 바우처Katie Boucher와 함께 진행한 《내셔널 인콰이어러》에 대한 연구는 이러한 특징을 확증해주었다.[29] 우리는 그 잡지를 약 10주 동안 조사했다. 각각의 기사에 대해 그 주인공의 사회적 지위가 어느 정도인지, 그리고 기사가 그 사람의 불행(이혼, 스캔들, 체중 증가, 건강 문제 등등)을 얼마나 자세히 전하는지 평가했다. 그 결과, 기사의 주인공이 높은 지위의 인물일수록 기사는 불행에 더 초점을 맞추었다. 돈이 많고 유명한 사람들은 우리의 마음을 매혹시키지만, 우리 대부분은 그들의 성공 앞에 한없이 초라해지고 그래서 약간의 질투를 느낀다. 그러니 유명 인사들의 좌절을 읽을 수 있는 기회를 저버리기란 여간 어려운 일이 아니다. 타블로이드 신문들이 성공을 거두는 것도 이 때문일 것이다.

::   **마사 스튜어트의 불운**

내부자 거래로 고발당하고 유죄 선고를 받으면서 타블로이드 신문들의 집중 공세를 받은 마사 스튜어트Martha Stewart[30]의 사례를 살펴보자.

그녀는 미국적인 성공의 전형을 보여주는 인물이다.[31] 하지만《슬레이트 매거진》의 마이클 킨즐리가 지적했듯이, 그녀의 수난기는 "쌤통 심리의 역사에 한 획을 긋는 사건"이 되었다.[32] 모델로 시작해서 증권 중개인으로 성공한 그녀는 오래전부터 관심을 가져온 요리, 장식, 원예 등을 사업으로 발전시켜 잇따라 엄청난 성공을 거두었다.《뉴욕타임스》베스트셀러가 된 첫 요리책『엔터테이닝Entertaining』을 발표한 후 그녀는 파이, 전채요리, 결혼식에서부터 크리스마스를 즐겁게 보내는 방법에 이르기까지 다양한 주제를 다룬 책을 거의 해마다 출간했다. 그 와중에 잡지 기사와 신문 칼럼도 많이 썼고, 전국으로 방송되는 텔레비전 프로그램에도 자주 출연했다. 2002년 내부자 거래로 고발당하기 전에 그녀는 마사 스튜어트 리빙 옴니미디어Martha Stewart Living Omnimedia라는 미디어 제국을 건설했다. 그녀 자신의 잡지인《마사 스튜어트 리빙Martha Stewart Living》, 평일 텔레비전 프로그램, 카탈로그 사업Martha by Mail, 화훼 사업marthastewartflowers.com 등이 거기에 포함되었다. 그 기업의 주식이 뉴욕 증권거래소에 상장된 첫날 저녁 무렵 그녀는 억만장자가 되었다.

고발당하기 전, 마사 스튜어트는 그녀의 주식 거래에 대한 소문이 떠돌자《뉴요커》의 법률 분석가인 제프리 투빈Jeffrey Toobin을 코네티컷 주에 있는 그녀의 집으로 초대해 인터뷰를 가졌다. 투빈은 사람들의 조롱(이를 테면 인터넷에 널리 퍼져 있던《감옥살이를 하는 마사 스튜어트》라는 가짜 잡지 표지) 때문에 그녀가 큰 피해를 입고 있다고 느꼈고, 이번 기회를 통해 그녀가 일방적으로 당하는 일을 막을 수 있을 거라고 생각했다. 그리고 이 인터뷰에 대한 그의 논평은 인상적이었다.

스튜어트는 흠 하나 없는 완벽한 모습을 보였다. 투빈에게 중국 후 난식 닭 요리를 점심 식사로 대접하면서 스튜어트는 최상의 방법으로 요리했다며, 투빈이 나중에 따라 할 수 있도록 요리법을 알려주었다. 각종 구리 냄비와 조리 도구가 갖추어진 부엌은 경탄을 자아냈다. 투빈은 그녀의 집, 손님 대접, 그녀의 말과 행동, 이 모든 것이 완벽함을 목표로 한 것 같다고 묘사했다. 마사 스튜어트는 많은 사람들에게 질투를 불러일으킬 수밖에 없었다.[33]

스튜어트가 투빈에게 그녀의 경이로운 라이프 스타일을 드러낼수록 사람들의 호감은 점점 더 줄어들었다. 스튜어트의 논평에 따르면 그녀는 자신의 성공에 사회적 대가가 따를 수 있다는 걸 잘 알고 있었던 것 같다. 투빈은 스튜어트가 내놓은 가느다란 은 젓가락을 눈여겨보았다. 그러자 스튜어트는 중국에서는 지위가 높은 사람일수록 얇

은 젓가락을 사용한다고 설명했다. "그래서 최대한 얇은 젓가락을 구했어요. 이러니까 사람들이 날 미워하죠."[34] 그녀는 자신의 수난이 사람들에게 쌤통 심리를 불러일으킨다는 사실도 잘 알고 있는 듯, 언론 매체들의 선정적인 보도에 대해 이야기하면서 그 단어를 사용하기까지 했다. 하지만 그녀는 자신이 여자들을 더 나은 주부로 만들어주는 사업을 하고 있다며 당혹감을 표했다. "그런 일을 한다고 비난받는 건 좀 이상해요."[35]

스튜어트는 언론의 부정적인 반응에 감정적으로 힘들었을 것이다. 투빈에 따르면, 스튜어트는 많은 신문과 잡지가 그녀의 흉한 사진들을 싣는 것 때문에 속을 태웠다. 그리고 사람들이 그녀를 냉대하는 이유는 그녀가 명성과 재산을 끌어모으는 동안 매정하게 굴었기 때문이라는 《뉴스위크Newsweek》의 주장에는 역정을 냈다. 스튜어트의 이런 반응은 그녀가 자신을 아주 높이 평가하고 있다는 인상을 심어주었다. 사진에 대해 그녀는 이렇게 말했다. "난 사진이 정말 잘 받거든요. 그런데 그렇게 이상하게 나온 것만 골라서 싣더라고요."《뉴스위크》의 주장에 대해서는 "난 그 누구한테도 매정하게 군 적이 없어요"라고 말했다.[36] 무결점 살림을 고집하던 스튜어트가 실제로 얼마나 그 목표에 가까워졌는지는 알 수 없지만, 그로 인해 질투의 큰 표적이 되고 말았다.

케네디 행정부의 쿠바 침공이 실패로 돌아간 후 얼마 지나지 않은 1960년대 중반에 엘리엇 애런슨Elliot Aronson과 동료들이 행한 유명한 실험이 떠오른다.[37] 이 사회심리학자들은 피델 카스트로Fidel Castro를 타도하려던 어설픈 시도 후에 케네디의 지지도가 오히려 올라가는 현상에 흥미를 느꼈다. 그렇게 큰 실수를 했는데 왜 대통령의 인기는 올라가는 걸까? 그들은 그 사건 전에는 잘생기고 유능하고 카리스마 넘치는 케네디의 인상이 너무 강하다 보니 국민들이 그와 동질감을 느끼고 좋아하기가 힘들었을 거라고 추론했다. 아마도 이 실수를 통해 그도 '인간'이라는 것이 증명된 셈이니 그에 대한 호감도가 올라갔을 것이다. 실험 참가자들은 대학생 대상의 퀴즈 프로그램인 〈칼리지 볼College Bowl〉에서 어떤 학생이 문제를 아주 잘 맞히거나 혹은 못 맞히는 상황을 오디오 테이프로 들었다. 어떤 경우엔, 퀴즈 풀이 후 그 학생이 칠칠맞지 못하게 커피를 쏟는 소리도 들렸다. 퀴즈 푸는 실력이 좋든 보통이든 그 칠칠맞지 못한 행동이 학생의 매력을 반감시킬 것 같지만, 연구진의 예감대로 문제를 잘 푸는 학생은 커피를 쏟은 후 더 큰 호감을 얻었다. 반면 보통의 실력을 가진 학생에 대한 호감은 줄어들었다.

여기에는 스튜어트가 귀담아 들어야 할 교훈이 있다. 우리는 남의 능력을 존경하긴 하지만, 능력이 너무 커 보일 때에는 그 사람을 선뜻 좋아하지 못한다. 의사나 변호사를 정할 때 아주 실력 좋은 사람을 택한다 해도 그들과 점심 식사를 함께 하고 싶은 마음은 들지 않는다. 잘난 사람이 약점이나 나약함을 보이면 그에 대한 부정적인 감정이 상당히 줄어든다. "난 체비 체이스고, 당신은 아니야"라며 잘난 척하는 태도를 약간만 줄이면 적대적인 질투를 피할 수 있다.[38]

리얼리티 프로그램의 전성기를 이끈 〈서바이버〉의 첫 시즌이 방송되던 시기의 어느 날, 나는 〈투나잇 쇼Tonight Show〉를 보고 있었다. 〈서바이버〉의 기본 포맷은 한 무리의 사람들을 외딴곳에 데려다놓고 단한 명의 '생존자'가 남을 때까지 투표로 참가자들을 탈락시키는 것이었다. 〈투나잇 쇼〉의 진행자인 제이 리노Jay Leno는 방청객 중에 다섯 명을 골라, 그들을 버뱅크의 어딘가에 있는 교통 '섬'(보행자를 보호하기 위해 차선 사이에 설치한 안전지대 – 옮긴이)으로 보냈다. 〈서바이버〉를 패러디하여, 10분마다 방청객들이 다섯 명 중에 한 명을 투표로 탈락시켰다. 그런데 그 다섯 명은 섬으로 출발하기 전에 나머지 방청객들에게 자신을 몇 마디로 소개하는 시간을 허락받았다. 나는 첫 번째 사람이 마음에 들지 않았다. 그는 스탠퍼드 대학에 다니고 있다면서, 자기 아내와 함께 하고 있는 대단한 일에 대해 늘어놓기 시작했다. 나는 그가 제일 먼저 탈락했으면 좋겠다는 무정한 생각부터 들었다. 그리고 실제로 그가 제일 먼저 쫓겨났을 때 별로 놀라지 않았다. 나머지 참가자들은 평범한 사람들이었고 확실히 더 겸손했다. 방청객들의 첫 결정에서, 그리고 그 판결에 뒤따른 통쾌한 웃음에서 어떤 강경함이 느껴졌다.

제이 리노는 방청객들이 웃음을 터뜨린 이유를 그 누구보다 잘 이해하고 있었다. 2012년 《퍼레이드 매거진Parade Magazine》과의 인터뷰에서 그는 디지털 시대가 코미디에 대한 접근법에 영향을 미치고 있느냐는 질문을 받았다. 세대가 달라져도 유머는 크게 변하지 않는다는 것이 그의 생각이었다. 소재는 바뀔지 몰라도 그 밑에 깔린 원리는 똑같다. 리노는 이 점을 아주 잘 요약했다. "뚱뚱한 부자가 캐딜락에서 내리다가 진흙탕에 빠지는" 모습은 언제나 웃음을 끌어낼 것이다.[39]

리노도 예로 들었지만 값비싼 차는 종종 질투의 근원이 된다. 소비자 심리학자인 질 선디Jill Sundie에 따르면, 황금 왕좌를 지닌 이집트 파라오부터 오늘날의 람보르기니 주인에 이르기까지 사치품의 과시는 대부분의 문화에서 보편적으로 등장하는 주제이다.[40] 한 연구에서 선디 연구팀은 한 학생에 대한 두 기사 중 하나를 읽은 학생 참가자들의 반응을 조사했다. 기사 속의 학생은 6만 5,000달러짜리 메르세데스 벤츠 혹은 1만 6,080달러짜리 포드 포커스를 가지고 있다고 밝혔다. 그런 다음 참가자들에게 그 차의 사진을 보여주면서, 쇼핑센터에서 차가 고장 나는 바람에 그 주인과 몇몇 친구들이 오도 가도 못하는 처지가 되고 말았다고 설명했다. 사진에 찍힌 차는 엔진뚜껑이 올라가 있었다. 메르세데스 벤츠에 대한 기사를 읽은 학생들은 포드에 대한 기사를 읽은 학생들보다 그 사고 소식에 더 큰 통쾌함을 느꼈다. 특히 기사를 읽고 질투심을 느낀 학생이라면 더욱더 그랬다. 누구나 짐작할 수 있듯이 질투가 연루되면 질투와 연결된 적대감이 통쾌함을 더욱 부추긴다.

이 실험과 유사한 사건이 2012년 5월에 실제로 일어났고, 이를 촬영한 영상은 엄청난 호응을 얻었다.[41] 25만 달러짜리 밝은 노란색 람보르기니 한 대가 시카고의 한 동네에서 회전을 하다가 운전자의 핸들 조작 실수로 통제 불능 상태가 되어버렸다. 다친 사람은 아무도 없었지만, 차는 결국 다른 두 대의 차 사이에 끼고 말았다. 다른 차에 타고 있던 사람들이 그 광경을 처음부터 끝까지 녹화했다. 영상 속에서 그들은 사고 전에는 그 람보르기니를 욕하고 사고 후에는 아주 즐거워한다. 그들은 더 자세히 보려고 몸을 돌리기까지 했다. 유튜브에 올려진 이 영상은 24시간 만에 380만 건의 조회 수를 기록했다. 그 불운한 운전자는 심한 조롱을 받았다. 에코잉 스파이더맨이라는 아이디를 사용한 누군가는 영상을 보고 "강한 마력에는 그만큼 책임이 따르는 법"이라는 평을 남겼다.[42] 많은 이들이 "멍청한 부자가 자랑하고 싶어 난리" 같은 시기 어린 악성 댓글을 달았다.[43]

질투는 의지를 꺾지 않는다

아주 유능한 사람을 향한 적대적인 질투는 만약 그들에게 호감이 생긴다면 줄어들까? 일리 있는 말처럼 들린다. 이스라엘의 심리학자인 슐로모 하렐리Shlomo Hareli의 연구가 증명해주듯, 좋아하는 사람에게 안 좋은 일이 생기면 쌤통 심리가 약해지는 경향이 있다.[44] 하지만 질투는 그렇게 만만하게 물러나지 않는다. 질투가 쌤통 심리로 이어진다는 사실을 증명해 보인 우리 연구에서, 우리는 우월한 학생과 평범한 학생 모두 똑같은 정도의 호감 가는 인상을 풍길 수 있도록 만들기 위해 신중을 기했다. 그런데도 실험 참가자들은 우월한 학생의 불행에 훨씬 더 큰 쌤통 심리를 느꼈다.

나는 사람들이 질투를 경험한 사례들을 많이 수집했다. 질투의 대상이 탐나는 재능이나 물건을 가졌을 뿐만 아니라 친절하고 착하다고 말하는 사람들도 드물지 않다. 하지만 이것이 질투하는 사람에게는 더 큰 좌절감을 안겨줄 수도 있다. 일반적으로 질투를 느끼는 사람은 자신의 부당한 악감정을 합리화하기 위해 대상을 미워할 만한 이유를 찾는다. 예를 들어 '건방지다'거나 '얄밉다'거나. 그런데 질투의 대상에게 호감을 느낄 만한 자질이 있다면 악감정을 합리화하고 정

208

당화할 만한 그럴듯한 이유를 찾기가 어려워진다. 하지만 좌절감을 초래하는 상대적 불리함은 의지로 없앨 수 있는 것이 아니기 때문에, 나보다 유리한 대상에 대한 질투가 반드시 사라지지는 않는다. 한 사람은 다음과 같이 썼다. "나는 세라가 나보다 더 똑똑하고 더 예뻐서 질투가 나고 싫었다. 그런데 설상가상으로 그 친구는 착하기까지 했다. 그러니 세라를 미워할 만한 명분이 없었다." 따라서 호감도는 질투를 누그러뜨리는 확실한 해독제가 될 수 없다. 물론 얄미운 사람보다는 성격 좋은 사람을 덜 미워하게 되겠지만, 아무리 착하다 해도 강점을 가지고 있고 나보다 우월한 사람에게 질투를 느끼지 않기란 어렵다. 『걸리버 여행기』에서 소인족과 거인족 모두를 상상으로 그려냈던 조너선 스위프트는 동료 작가와의 비교로 인한 질투로 적대감이 생길 수도 있음을 다음과 같이 잘 표현해냈다.

> 포프의 시를 한 구절 읽을 때마다
> 내 것이었으면 하는 한숨을 짓게 되네.
> 그의 대구對句 하나가
> 나의 대구 여섯 개보다 더 많은 의미를 담는구나.
> 이것이 내게 질투심을 불러일으켜
> 나는 울부짖는다.
> "그와 그의 기지에 저주가 내리기를!"[45]

투빈은 마사 스튜어트에 대해 좋게 얘기할 만한 거리가 많았다. 그녀는 특권층의 삶을 누리고 있긴 했지만 부잣집에서 태어나지는 않왔다. 노력으로 얻은 호화로운 인생을 즐겁게, 그리고 꽤 진정성 있게 살아가고 있다. 투빈의 말대로, "마사 스튜어트가 사람들 앞에서 보이는 모습은 연기가 아니다."[46] 그리고 그녀에게는 그녀의 좋은 성격과 훌륭한 행동을 증명해줄 친구들이 많이 있다. 투빈에 따르면 대체로 스튜어트는 자신을 괴롭히는 사람들을 비난하기를 거부했다. 심야 프로그램의 코미디언들에게 아무런 항의도 하지 않았다.[47]

하지만 질투에도 그 나름의 논리가 있다. 이웃인 네드 플랜더스에 대한 호머 심슨의 질투가 여기에 딱 들어맞는 사례다. '골프 대결Dead Putting Society'이라는 에피소드에서 네드는 호머를 자신의 집에 있는 오락실로 초대한다. 그곳에는 온갖 물건들이 갖춰져 있고, 색다른 외국 맥주를 통에서 바로 따라 먹을 수도 있다. 네드의 아들이 방 안으로 깡충깡충 뛰어 들어오더니 네드의 볼에 뽀뽀하면서 과학 숙제를 도와줘서 고맙다고 말한다. 네드는 자기 아들이 최악의 행동을 했다는 듯 "아이들은 가끔 골칫거리가 되기도 하지"라고 말한다. 그때 네드의 매력적인 아내가 맛있어 보이는 샌드위치를 접시에 담아서 가져온다. 곧 호머는 네드에 대한 시기심과 악감정이 북받쳐 오른다. 네드가 아무런 빌미도 주지 않았는데 말이다. 당황한 네드에게 호머는 잘난 척하지 말라고 비난하면서 욕을 퍼붓고는 떠나버린다.

호머는 네드를 싫어하지만 그럴듯한 이유를 대지는 못한다. 그날 저녁 호머는 아내 마지와 함께 침대에 누워서, 네드에 대한 질투 어린 적대감을 털어놓는다. 마지는 그녀가 캐물어도 호머가 정당한 이유를 말하지 못하자 어리둥절해한다. 그들의 대화는 이렇게 끝이 난다.[48]

마지: 네드가 화를 냈어요?

호머: 아니.

마지: 무례하게 굴었어요?

호머: 그래, 그래, 알았어, 그 인간 말투도 문제가 아니었어. 하지만 그 인간이 나한테 무슨 말을 하고 싶었는지는 분명히 알아. 우리 가족은 구리다고 말하려고 했던 거야![49]

호머가 네드 플랜더스를 눈엣가시로 여기는 이유는 그가 자주 눈에 띌 뿐만 아니라 자기보다 더 잘났기 때문이다. 호머는 자기 인식이 부족해서 자신의 고통이 바로 질투라는 사실을 알지 못하지만, 네드를 이웃으로 둔 것이 왜 축복이 아닌 저주가 될 수 있는지 잘 알고 있다. 그래서 네드의 사업이 신통치 않은 것을 알고는 그토록 흥겨워한다. 마찬가지로 아주 매력적이고, 교양 넘치고, 놀랄 정도로 재주가 많고, 거기다 부유하기까지 한 마사 스튜어트는 완벽해 보인다. 지나칠 정도로. 그녀의 수준을 도저히 따라갈 수 없고 그녀의 성공이 부러운 보통 사람에게는 마음을 달래줄 위안거리가 필요했을 테고, 마침 그녀가 법적 문제에 휘말리자 쌤통 심리를 마음껏 발산했다.

9

질투의 추악한 얼굴

나는 질투를 알아! 그래, 살리에리는 질투를 하지.
깊이, 비통하게 질투를 하지, 오 하늘이시여!
신성한 재능이, 불멸의 천재성이,
열렬한 사랑과 철저한 자제와
수고와 노력과 간절한 기도에
보상을 해주지 않고
멍청이의 머리, 시시한 게으름뱅이의 이마에 후광을 둘러주다니,
정의는 어디에, 어디에 있나요? …… 오 모차르트, 모차르트!

　　　　　　　　−알렉산드르 세르게예비치 푸시킨(Aleksandr Sergeevich Pushkin)[1]

그런데 이 남자는
이제 신이 되었고, 캐시어스는
비참한 존재가 되어 시저가 무심히 끄덕하기만 해도
허리를 굽실거려야 하오.　　　　　　−윌리엄 셰익스피어[2]

증오는 적극적인 불만이오, 질투는 소극적인 불만이다. 질투가 그렇
게 금세 증오로 바뀌는 것도 놀라운 일이 아니다.

　　　　　　　−요한 볼프강 폰 괴테(Johann Wolfgang von Goethe)[3]

질투에 대해, 그리고 질투와 쌤통 심리의 관계에 대해 할 말이 아직도 많이 남았다. 이제부터는 질투에 시달리는 사람들의 정신에 어마어마한 영향을 미치는 질투의 한 가지 특징에 대해 이야기해보려고 한다. 대부분의 학자들에 따르면 질투는 대개 일상생활에서 감춰지거나 은근한 방식으로 작용한다. 일반적으로 우리는 질투를 부정한다. 특히 남들 앞에서는 질투심을 드러내지 않으려 애쓰고, 심지어 은밀히 스스로 질투를 인정할 때에도 그 감정과 거리를 둔다.[4] 질투의 이런 특징 때문에 그 대상에게 불행이 닥치면 쌤통 심리가 발동할 확률이 훨씬 더 높아지고, 심지어는 그 불행을 초래하기 위해 수를 쓰는 사태까지 발생한다.[5]

::   **왜 우리는 질투를 부정할까?**

자기만의 내밀한 생각이라 해도 질투를 인정하는 건 열등함을 시인하는 것이나 마찬가지다. 대부분의 사람들은 정반대의 관점을 유지하려 무던히 애쓴다. 열등함의 증거가 명백하더라도, 자기애가 입은 상처를 냉큼 치료해버린다. 우리는 자아상에 대한 공격을 방어하는 데 능숙하게 단련되어 있다. 한 방어 전략이 실패로 돌아간다 해도, 또 다른 전략들이 쭉 늘어서 있다. 그래서 대부분의 사람들은 자신이 평균 이상이라고 믿을 수 있는 것이다. 모든 사람이 평균 이상이라는 건 수학적으로 불가능하지만 말이다. 우리는 자신의 강점과 약점을 저울질할 때, 자신이 더 좋아하는 우월한 자아 이미지를 기준으로 삼는 경향이 있다. 현실에서 명백히 보이는 결점이 있다 해도, 그 자아는 스스로를 영웅까지는 아니더라도 무례함과 불의와 싸우는 중요한 인물로 평가할 수 있다. 일종의 자체적인 신과도 같은 이 자아는 자기 이익에 방해가 되는 것처럼 보이는 이들에게 승리를 거두고 복수를 가하는 공상적인 역할 놀이를 한다. 이 자아는 질투에 쉽게 빠지지 않는다. 아니, 우리가 스스로를 그렇게 납득시킨다. 질투를 인정하는 건 품위가 떨어지고 보기 흉한 짓처럼 느껴진다. 다른 사람들은 이 옹졸한 감정 때문에 힘들지 몰라도 우리는 아니다.[6]

대부분의 사람들이 질투를 부정하는 또 다른 이유는 그 악의적이고 불쾌한 성질 때문이다. 우리는 자신이 누군가를 미워하고, 심지어는 그가 더 우위에 있다는 이유만으로 그의 불행을 즐기기까지 한다는 사실을 편안하게 받아들이지 못한다. 그 사람이 이런 반감을 살 만한 행동을 실제로 했을까? 이 반감은 결백한 대상을 향해 있으니, 정당화될 수 없는 한심한 감정이다. 비열하고, 심술궂고, 도덕적으로 명백히 문제가 있는 데다, 우리의 자체 평가에도 위협이 된다.[7]

우리는 이렇듯 자아상을 수호하기 위해서뿐만 아니라, 다른 사람들에게 비치는 이미지 때문에 질투를 부정하기도 한다. 질투로 인해 드러난 열등함을 직시하는 것만으로도 힘든데 그것을 남에게 털어놓으면 굴욕의 고통까지 더해진다. 질투 때문에 늘어놓는 쩨쩨한 넋두리를 인내심 있게 들어주는 사람은 거의 없다. 사람들은 질투 밑에 깔려 있는 비열한 악감정도 경멸한다. 대부분의 문화에 질투를 느끼거나 표출하거나 더군다나 그 감정에 따라 행동하는 것을 금하는 강력한 규범이 있는 것도 당연한 일이다. 그래서 질투심을 드러내면 다른 사람들에게 거의 확실히 비난을 받게 된다. 열등감이 드러나는 창피함과 더불어 질투의 악의적인 성질 때문에, 질투를 표출하는 사람은 더 위축되고 수치스러워진다.[8]

질투를 허용하는 종교가 있을까? 그런 것 같지는 않다. 유대교와 기독교 전통은 남을 질투하지 말라고 경고한다. 구약성경의 친숙한 십계명을 생각해보자.

> 네 이웃의 집을 탐내지 말라. 네 이웃의 아내나 그의 남종이나 그의 여종이나 그의 소나 그의 나귀나 무릇 네 이웃의 소유를 탐내지 말라.[9]

다소 예스런 내용도 포함되어 있긴 하지만, 이 계명의 핵심은 누구나 이해할 수 있을 것이다. 다른 사람이 가진 것을 질투하지 말라는 것이다. 그런 감정을 느끼는 것조차 죄가 된다.

성경을 대충이라도 읽어본 사람이라면, 질투가 성경 속 이야기의 주제 중 하나라는 사실을 알 것이다. 이 때문에 성경은 돈벌이를 위한 저급한 문학 작품으로 읽힐 수도 있다.[10] 가인이 동생인 아벨을 살해한 주된 이유는 질투일 것이다. 가인과 아벨 모두 하느님에게 바칠 제물을 가져갔다. 하느님은 가인이 바친 "땅의 소산"에 불쾌함을 표하고, 아벨의 제물인 "양의 첫 새끼와 그 기름"을 따뜻하고 정중하게 받아준다. 그래서 가인은 "동생 아벨을 치려고 일어나 그를 죽이고", 하느님은 가인을 저주와 함께 추방하여 놋 땅에서 방랑하고 다시는 비옥한 경작지를 갖지 못하게 한다.[11] 결국 질투가 최초의 살인을 일으켰고, 우리는 일찌감치 명백한 도덕적 교훈을 얻었다. 질투하지 말라. 형제가 나보다 운이 좋고 형제 때문에 내가 실패를 맛보게 되더라도 형제를 죽이지 말라.

종종 사탄을 질투의 화신으로 표현하는 기독교에서는 존 밀턴John Milton의 장엄한 대서사시『실낙원』에서처럼 질투를 악과 연결시킨다.

> 그를 사탄이라 부르겠노라. 그의 이전 이름은
> 이제 하늘에서 들리지 않으니. 제일의 대천사는 아니지만
> 으뜸가는 자리를 차지한 그는 권력이 막강하고
> 은혜를 받은 걸출한 자였지만,
> 그날 위대한 아버지로부터 영광을 받아,
> 기름부음 받은 메시아 왕으로 불리게 된
> 하느님의 아들에 대한 질투심에 사로잡혀,
> 오만함으로 그 광경을 차마 견디지 못하고
> 자신이 피해를 당했다고 생각했느니라.
> 그때부터 깊은 악의와 경멸을 품고,
> 한밤중이 오고, 잠과 정적의 편인
> 어스레한 시간이 되자마자
> 그는 전군을 거느리고, 최고의 보좌를
> 섬기지 않고, 복종하지 않고 떠나기로 결심하였노라.[12]

사탄은 막강한 권력을 가지고 있으면서도, 하느님의 사랑을 더 많이 받는 예수를 과도하게 질투한다. 자존심에 상처를 받고 악의가 북받친 그는 복수를 계획하고 세상에 악을 뿌린다. 질투가 폭발하면 어

떤 일까지 저지를 수 있는지 이처럼 오싹하게 보여주는 광경이 또 있을까? 이 글을 읽고 나면 질투를 가볍게 생각하기가 어려워진다.

기독교 전통은 질투를 7대 죄악 중 하나로 꼽기도 한다. 질투의 고통이 곧 형벌이 되는 셈이지만, 질투라는 죄를 저지르면 유독 불쾌한 결말을 맞게 된다. 단테Alighieri Dante가 그린 연옥에서, 질투한 자들은 두 눈이 철사로 꿰매어진다.[13] 질투envy라는 단어가 '어떤 대상에게'라는 뜻의 'in'과 '시선을 던지다'라는 뜻의 'videre'가 합쳐져서 생겼다는 사실을 생각하면[14] 안성맞춤의 벌인 것 같다. 또한 질투는 다른 죄악을 부추기는 죄악이기도 하다. 기독교 철학자인 조지 아콰로George Aquaro는 질투가 대부분의 나쁜 행동을 부추기고, 그래서 다른 계명들도 꼭 필요하게 만드는 핵심적인 감정이라고 주장한다.[15] 질투가 없었다면 가인은 아벨을 살해하지 않았을 것이다. 질투하지 말라는 계명을 지키는 것이 불가능해 보이니, "살인하지 말라"라는 계명을 더할 수밖에.

굳이 종교학자의 도움을 받지 않아도 질투라는 감정이 어떤 믿음에든 문제가 될 수 있다는 건 누구나 알 수 있는 사실이고, 따라서 종교는 복을 덜 받은 자들에게 일시적인 처방을 내려주어야 한다. 성경에 따르면 예수는 "부자가 하느님의 나라에 들어가는 것보다 낙타가 바늘귀에 들어가는 것이 쉽다"라고 말했다.[16] 사악하고 강력하고 오만한 자들이 아닌 온유한 자들이 땅을 상속할 것이다. 이는 곧 열등함이 도덕적 가치를 갖고 있고 결국엔 보상받을 거라는 뜻이니, 약자들에게는 반가운 소식이 아닐 수 없다. 하지만 불이익을 당하는 그 순간의 고통은 무시하기가 힘들다. 그런 불공평함에 대해 종교가 어떤 설

명을 하고 어떻게 정당화를 하든 질투 앞에서는 속수무책이다. 질투
는 자신의 운명이 불만스럽고 그래서 심란하다는 신호이며 이는 종
교적 믿음을 뒤흔들어놓을 수도 있다. 어떤 일에 질투와 불만이 생겨
나면 만물의 창조주인 하느님을 원망할 수밖에 없다. 질투는 하느님
의 계획 자체에 의문을 갖는 시발점이 될 수도 있다.[17]

::   **다층적인 자기기만**

질투를 하면 열등한 자아를 인정하는 꼴이고 다른 사람들에게 비치
는 이미지도 나빠진다. 그 결과 질투는 다층적인 자기기만과 가식을
낳는다. 사람들은 자기가 질투하고 있음을 실토하지 않으려 한다. 인
류학자 조지 포스터George Foster를 비롯한 학자들은 사람들이 진짜 감

정을 감추기 위해 하는 노력을 보면 오히려 질투심을 감지할 수 있다고 주장한다. 포스터는 이 충격적인 개념을 정확히 전달하기 위해 미겔 데 우나무노Migel de Unamuno의 소설에서 한 문장을 인용한다. "저 추도사는 누굴 욕 먹이려고 쓴 거지?"[18] 물론 다른 사람들이 없는 곳에서 질투심을 인정할 수도 있다. 더 나아가 남들에게 공개적으로 실토하는 사람도 있을 것이다. 하지만 사회정치 이론가인 존 엘스터Jon Elster가 썼듯이, 질투는 "억눌리고, 미연에 회피되고, 다른 감정으로 변형되는" 경우가 많다.[19] 왜냐하면 "그런 감정을 없애려는 정신적 압박감이 아주 강하기" 때문이다.[20] 이는 곧 많은 사람들이 질투를 느끼거나 질투심으로 인한 행동을 하면서도 그것을 의식하지 못한다는 뜻이다. 하지만 다른 사람들은 그들을 질투심 많고 그 감정에 휘둘려 행동하는 사람으로 낙인찍을 것이다.[21]

::   **질투, 부당함, 그리고 쌤통 심리**

우리는 누군가를 질투할 때 부당함도 함께 느끼는 경우가 많다. 질투 대상이 누리고 있는 이득이 부당하다고, 아니면 적어도 우리 자신의 불이익이 부당하다고 생각하는 것이다.[22] 우리는 질투 대상의 유리한 입장에 분개한다. 왜 그럴까? 선구적인 사회심리학자 프리츠 하이더Fritz Heider는 모두의 몫을 '평등화'하려는 강한 성향에서 질투가 비롯된다고 생각했다.[23] 우리는 우리와 비슷한 배경을 가진 다른 사람들이 우리와 비슷한 보상을 얻어야 한다고 믿는다. 그렇지 않으면 균형감과 정의가 무너진 듯한 느낌이 든다. (질투를 유발하는 특별한 계기가 없다면) 질투는 서로 비슷한 사람들 간에 일어날 가능성이 가장 높기 때문에,[24] 어느 한쪽만이 이득을 얻는 것은 마땅해 보이지 않을 것이다. 그래서 질투에는 분하고 억울한 마음이 더해지는 경우가 많다.

비슷한 맥락에서 프로이트는 불평등한 상황에 대한 아이의 질투심에서 정의감이 시작되었다고 주장했다. 부당함을 주장하는 것은 불평등한 대우를 정당하게 비난하는 방법이 될 수 있다. 따라서 우리가 성인으로서 불평등에 대응하는 방식은 어렸을 때의 방식에 뿌리를 두고 있을 수 있다. 프로이트에 따르면 더 어린 자아의 선입견이 강한 잔상을 남긴다고 하니 말이다. 이런 의미에서 아이는 어른의 아버지다. 우리는 평등한 대우를 바라는 이 아이 같은 고집을 끝내 버리지 못한다.[25]

누군가를 질투할 때 부당함도 함께 느끼는 또 다른 이유는, 질투를 불러일으키는 것들 중에는 평균적인 인간의 능력으로는 얻을 수 없는 것이 너무나 많기 때문일지도 모른다.[26] 우리가 외모, 지적 능력, 운동 능력, 음악적 재능 등을 개선하는 데에도 한계가 있다. 건강이나 가족 배경 같은 요인도 인생의 출발점에서부터 사람들을 영원히 갈라놓는, 극복할 수 없는 차이가 되는 경우가 많다. 그런 불평등은 직업적 경력에서나 연애에서나 아주 중요한 성공 요인이고, 따라서 질투의 원료가 된다. 이렇게 보면 질투를 느끼는 사람들이 그들의 열등함 때문에 비난받아서는 안 되며, 그들이 열등한 것은 부당한 일이다. 또한 질투 대상들이 이익을 누리는 것도 부당하다. 그렇다 해도 대부분의 문화에서 이런 차이는 보상을 분배함에 있어 불공정한 기준으로 여겨지지 않는다. 오히려 혜택받을 수 있는 원천이 된다. 만약 애나가 수전보다 수학 실력이 떨어진다면, 수전이 퀴즈 참가자로 선발된다고 해서 애나가 억울하다고 외칠 이유는 없다. 메리가 아름다운 외모 때문에 폴의 관심을 받는다면, 그것이 '불공정한' 일이라 해도 못생긴 제인은 메리를 법정으로 데려갈 수 없다. 질투를 느끼는 사람들의 주관적인 관점으로 보면 이런 이점들이 불공정해 보이겠지만, 이 불공정함을 별다른 보상 없이 당할 수밖에 없다. 부당함에 대한 인식을 몰아붙이는 감정이 질투라면, 대부분의 문화는 불만을 혼자만 간직하도록 강요한다. 에드워드 피츠제럴드Edward Fitzgerald가 번역한 「오마르 하이얌의 루바이야트Rubáiyát of Omar Khayyám」는 운명이 가져다줄 수 있는 좌절감을 잘 담아내고 있다.

> 움직이는 손가락은 쓴다. 다 썼으니
> 다음으로 넘어간다. 그대의 신앙심도 잔꾀도
> 그 손을 되돌려 행의 반을 지울 수 없고,
> 그대가 아무리 눈물을 흘린들 단어 하나 지우지 못하리.[27]

우리는 질투할 때 억울함과 수치심을 모두 느끼기 때문에 모순에 빠질 수 있다. 하이더가 말했듯이, "질투는 갈등으로 가득 차 있다. 이런 감정을 품어서는 안 된다는 걸 알면서도, 정당한 이유가 있을지도 모른다는 사실 때문에 갈등하는 것이다."[28] 질투는 그 논리에 따르면 정당하면서도 비난받아 마땅한, 적대적인 감정이다. 거기에는 주관적으로 지당해 보이는 공격적 충동이 따르지만, 그 충동을 행동으로 옮겨 질투심을 드러냈다간 반감만 살 뿐이다. 정의 실현의 욕구라는 강력한 동기를 갖고, 자신의 권리를 주장하고픈 마음도 들 것이다. 더욱이 자기주장을 내세우는 것이 출세에 어느 정도 도움이 되는 것처럼 보이기도 한다. 하지만 질투에 반대하는 문화적 규범 때문에 망설이게 된다. 그야말로 진퇴양난의 입장에 빠지는 것이다.

진화 심리학자인 세라 힐Sarah Hill과 데이비드 버스는 질투가 분노와 짝을 짓는다고 생각할 만한 또 다른 이유를 제시한다. 진화 심리학의 관점에서 보면 질투는 환경 적응에 도움이 된다. 생존과 번식 성공을 위한 중요한 영역에서 남들보다 뒤처져 있음을 경고해주기 때문이다. 질투의 불쾌한 성질은 오히려 우리의 적응력을 높여준다. 인생의 경쟁터에서 질투는 경쟁자에 비해 자원을 늘리고 사회적 지위와 그로 인한 이득을 더 높은 등급으로 올리는 행동을 하게끔 만들어준다. 이 논리에 따르면 질투는 경고 신호이자 행동 개시 요청이다. 힐과 버스는 자신이 경쟁자에 비해 희소 자원을 더 가질 자격이 있다는 생각이 질투라는 감정을 진화시켰다고 말한다. 또한 다른 사람이 정당하게 누리고 있는 이익까지 부당하게 보는 것이 적응에 도움이 된다고 주장한다. 이를테면 질투 대상이 도덕적으로 타락했다고 볼 만한 이유들을 찾는 것이다. 질투 대상의 우위를 부당한 것으로 인지하면서 분노, 적개심, 원망이 생겨나면, 귀중한 자원을 얻기 위한 경쟁에 치열하게 임하게 된다. 힐과 버스가 썼듯이 자연도태는 "본질적으로 경쟁적이다. 개별적 표현형(그리고 그 유전암호를 지정하는 유전자)이 건강과 관련된 영역에서 기존의 동형同形들을 능가하는 능력을 가질 수 있도록 하기 위한 선택 과정이기 때문이다."[29] 분노와 질투의 조합은 환경 적응에 도움이 된다.

　동료 독일 철학자인 프리드리히 니체의 발상에 영감을 얻은 막스 셸러Max Scheler는 질투와 그로 인한 고통스런 좌절감에서 비롯되는 만성적인 심리 상태에 대해 썼다. 니체와 마찬가지로 그는 이 현상을 설명하기 위해 '원한ressentiment'이라는 단어를 사용했다. 이 심리 상태가 나타날 수 있는 한 가지 상황은, 기나긴 질투 때문에 지독한 무력감이 생긴 나머지 질투가 가진 잠재력을 무시하고 그 감정을 억누를 때이다. 그러고 나면 인생에 대한 원한과 악의와 분노를 품게 된다. 심리적인 독으로 가득 찬 이 상태에서는 부러웠던 것들의 가치가 줄어들어버린다. 그리 기분 좋은 일은 아니지만 적어도 앞으로는 질투로 자책하지 않아도 될 것이다. 예전엔 탐냈던 것들이 이젠 별로 갖고 싶은 마음이 들지 않는다. 하지만 그것들의 실제 가치를 알면서도 질투를 억누르는, 건강하지 못한 갈등 상황에서 '원한'이 생겨난다. 그리고 질투 대상에게 불행이 닥쳤을 때 특히 추악한 감정이 샘솟는 부작용이 일어난다. 결국 그것은 공격성과 잔학한 행위로까지 이어질지도 모른다.

　니체와 셸러의 이런 생각을 경험적으로 시험하기는 어렵지만, 사회심리학자인 콜린 리치Colin Leach와 러셀 스피어스Russell Spears가 네덜란드인을 대상으로 실시한 일련의 연구가 좋은 증거가 될 수 있다. 이 연구자들의 주요 목표는, 열등감을 가지고 있으면 성공한 사람들에게 불만과 분노를 품기 쉽고, 성공한 사람들이 망하면 이 감정이 쌤통 심리로 드러난다는 사실을 증명하는 것이었다. 한 연구에서 대학생 참가자들은 자신들의 대학이 'IQ'라는 퀴즈 대회에 나갔다가 조별 대회에서 형편없는 성적을 거두었다는 이야기를 들었다. 직후에 그들의 열등감과 수치심을 측정했다. 그런 다음 그들은 다른 조의 우승 팀을 알게 되었고, 이 소식을 들으면서 느낀 감정을 보고했다. 마지막으로 다른 조의 우승 팀이 그들 조의 우승 팀에게 졌다는 사실을 알았고, 이번에도 이 결과에 대해 느낀 감정을 보고했다. 과연, 이 학생들은 다른 대학의 실패에 통쾌감을 느꼈다. 그 통쾌함은 그전에 느꼈던 열등감과 수치심뿐만 아니라 다른 대학의 성공에 대해 느꼈던 분노와도 연관되어 있었다. 구체적으로 말하자면, 자기 대학의 실패에 열등감과 수치심을 느낀 학생들은 다른 대학의 성공에 분노를 느끼는 경향이 있었다. 그리고 이 분노는 다른 대학이 패배를 경험했을 때 느낀 쌤통 심리와 밀접하게 연결되어 있었다. 리치와 스피어스는 이 결과를 효과적으로 전달하기 위해 '무기력한 자의 복수심'이라는 니체의 개념을 사용한다.[30]

질투와 쌤통 심리에서 나약한 자아도취가 어떤 역할을 하는지 연구한 즐라탄 크리잔Zlatan Krizan과 오메시 조하르Omesh Johar 역시 경험적 증거를 제공해준다.[31] 나약한 나르시시스트들은 복잡한 특징을 지니고 있다. 다른 나르시시스트들과 마찬가지로 그들 역시 보통 자기에게만 관심이 있고 대인 관계가 엉망이다. 또한 자신이 남들보다 우월하다고 생각하고, 온 세상이 여기에 동의해줄 거라고 기대하는 경향이 있다. 그 결과 자신이 특별 대우를 받아야 마땅하다고 느끼고, 그걸 받지 못하면 충격에 빠진다. 하지만 나약한 나르시시스트들은 '당당한' 나르시시스트들에 비해 자신의 우월함에 대한 자신감이 떨어지고, 다른 사람들에게 어떤 평가를 받을지 자신하지 못한다. 그들은 낮은 자존감을 나르시시즘이라는 가면으로 가리고, 자신의 우월함을 스스로에게 납득시키려는 방어적인 노력을 한다. 나약한 나르시시스트들은 낮은 자존감 때문에 질투와 쌤통 심리에 유독 쉽게 빠진다.

나르시시즘이 질투와 결합하여 쌤통 심리를 일으키는 원리를 연구하기란 여간 어려운 일이 아니다. 나르시시스트들은 질투심을 감추는 성향이 특히 더 강하기 때문이다. 사회사업가이자 심리치료사인 샌디 호치키스Sandy Hotchkiss는 저서 『나르시시즘의 심리학』에서 "질투를 인정하면 열등함을 인정하는 꼴이 된다. 진정한 나르시시스트라면 그런 짓을 할 리가 없다"라고 썼다.[32] 하지만 크리잔과 조하르는 교묘한 장치를 사용하여 참가자들이 연구의 목적을 눈치챌 가능성을 최소화했다. 대학생 참가자들은 단순히 뉴스 기사의 포맷에 대한 반응을 알아보는 실험이라고 생각했다. 그들은 서로 연관된 두 기사를 하나는 컴퓨터 화면으로, 다른 하나는 종이로 본 다음, 서로 다른 포맷에 대한 생각을 알려주기로 되어 있었다. 그들은 또 나약한 나르시시즘에 대한 성격 측정 질문지도 작성했지만, 그 검사는 학기 초에 집단적으로 이루어졌다. 연구자들의 주된 관심사가 나르시시즘이나 질투라는 사실을 참가자들이 알아챌 확률은 거의 없었다. 첫 번째 기사에는 지위가 높고 부러워할 만한 학생, 혹은 지위가 낮고 부러운 구석이 별로 없는 학생과의 인터뷰가 실려 있었다. 연구 참가자들은 다른 방으로 옮겨 가 기억 테스트를 받았다(연구의 진짜 목적을 감추기 위한 수법이었다). 마지막으로, 그들은 첫 기사의 바로 그 학생이 표절을 저질러 일 년간의 근신 처벌을 받았다는 내용의 두 번째 기사를 읽었다.

앞서 언급했던 다른 연구에서처럼, 참가자들은 낮은 지위의 학생보다 높은 지위에 있는 학생의 몰락을 더 통쾌하게 느꼈다. 그리고 첫 기사를 읽은 직후 그들이 밝힌 질투심은 그 이유를 설명해주는 중요한 요소였다. 나약한 나르시시스트들은 질투를 느낄 확률이 훨씬 더 높았고, 이 질투는 부러운 학생의 불운에 대한 더 강렬한 쌤통 심리로 이어졌다. 이러한 결과는 자신만의 은밀한 자아관이 다른 사람의 우월함에 위협을 받으면 질투를 느끼게 되고, 그 질투 대상에게 불행이 닥치면 쌤통 심리가 일어난다는 증거이다. 그리고 위태위태한 자존감이 자아도취와 결합되면 이 패턴을 따를 확률이 훨씬 더 높아진다.

::   **살리에리의 은밀한 불만과 복수**

영화 〈아마데우스〉는 종종 질투와 함께하는 부당성 인식과 질투에 대한 사회적 비난 간의 긴장감을 보여주는 좋은 예이다.[33] 명망 있는 궁정 작곡가인 살리에리는 젊고 기적적인 재능을 가진 모차르트를 시기한다. 하지만 그는 모차르트의 재능을 신의 부당한 처사로 해석하며, 질투를 완전히 시인하지 않는다. 살리에리가 보는 모차르트는 그런 음악적 재능을 누릴 자격이 없는 미숙하고 상스러운 인간이다. 그는 모차르트의 재능에 분개하고, 자신은 모차르트의 재능을 복제하기보다는 그 진가를 인정하는 능력밖에 얻지 못한 부당함에 격분한다. 그는 평범한 능력에 갇혀 좌절한 죄수다. 이런 그가 이 부당함에 큰 소리로 항의할 수 있을까? 아니다, 능력의 차이는 부당함으로 여겨지지 않는다. 그래서 살리에리는 인간에게 능력과 재능을 내려준다는 신을 비난한다. 하지만 그는 이 잘못을 바로잡으려는 시도를 공개적으로 한다면 다른 사람들로부터 아무런 공감도 얻지 못하리라는 걸 알고 있다. 게다가 사람들이 그가 질투하고 있다고 생각한다면 그것도 큰일이다. 좌절감에 공개적인 망신까지 더하게 될 테니까.

자타 공인 평범한 작곡가인 살리에리는 모차르트 때문에 수없이 굴욕을 맛본다. 기회가 있을 때마다 모차르트는 대개 사람들 앞에서 살리에리보다 뛰어난 기량을 선보이고, 그러면 사람들은 그와 함께 웃음을 터뜨린다. 한 장면에서 모차르트는 사치스러운 가장무도회에서 즉흥곡을 연주하며, 유명한 작곡가들의 스타일을 흉내 낸다. 살리에리는 가면으로 정체를 숨긴 채 사람들 속에 있다가 모차르트에게 '살리에리' 스타일로 쳐보라고 소리친다. 모차르트가 네안데르탈인 같은 표정을 지으면서 살리에리의 곡을 느릿느릿 힘겹게 연주해나갈 때, 살리에리의 가면 너머로 분한 표정이 보인다. 모차르트는 우스꽝

스러운 흉내로 살리에리를 조롱한다.

복수심에 불타오른 살리에리는 모차르트의 음악가 인생을 서서히 무너뜨리겠다고 맹세하고 그의 죽음을 계획한다. 두 목표 모두 성공을 거두면서 그는 강렬한 쌤통 심리를 경험한다. 우선 그는 모차르트를 좋아하는 척해서 가짜 친구이자 후원자가 되기로 한다. 살리에리가 실제로 느끼는 감정은 적의와 앙심이다. 그 감정을 더욱 부추기는 것은 모차르트의 재능이 부당하다는 생각이지만, 관객의 눈에는 당연히 질투로 보인다. 살리에리는 황제인 요제프 2세Joseph Ⅱ가 질색하리라는 걸 알면서도 모차르트에게 오페라 〈피가로의 결혼〉에 발레를 삽입해보라고 권한다. 그러고는 리허설에서 황제의 반응을 살피며, 불호령이 떨어지기를 즐거운 마음으로 기다린다. 그런데 웬걸, 황제는 작품을 즐겁게 관람하고 살리에리의 소망은 산산이 부서지고 만다. 하지만 나중에 오페라의 정식 초연에서 살리에리에게 '기적'이 일어난다. 그는 이 오페라가 혁신적인 작품이라는 걸 알아차리지만, 요제프 황제의 집중력이 그리 오래가지 않는다는 사실 또한 잘 알고 있다. 마지막 곡에서 황제는 하품을 한 번 하고, 이는 이 오페라의 장기 공연이 물 건너갔음을 알리는 신호이다. 살리에리에게 이 실패는 곧 승리이므로, 그는 쌤통이라는 표정으로 미소 짓는다. 나중에 모차르트의 아름다운 작품 〈돈 조반니〉 역시 단기 공연에 그치자, 살리에리는 다시 한 번 소리 없이 쾌재를 부른다.

급기야 그는 살인으로 눈을 돌린다. 질투와 복수심에 완전히 사로잡힌 그는 "내가 이 땅을 떠나기 전에 널 비웃어주겠어"라고 남몰래 맹세한다. 모차르트는 주머니 사정이 어려워 과로를 하는 바람에 이미 몸이 쇠약해져 있다. 살리에리는 가면을 쓰고 모차르트를 찾아가 오페라 작곡을 의뢰하면서, 이 작업으로 모차르트가 극도의 피로와 병으로 요절하기를 기대한다. 모차르트는 그 의뢰를 받아들이고, 그가 작업하는 동안 살리에리는 모차르트의 건강이 나빠지는 희망적이고도 행복한 조짐이 없나 살핀다. 그리고 〈마적〉의 첫 공연에서 모차르트가 거의 의식이 혼미한 상태로 지휘하는 모습을 보고는 기뻐한다. 모차르트가 건반을 치다가 쓰러질 때에는 희열을 느낀다. 살리에리는 모차르트를 집으로 데려다주고, 모차르트가 작곡하는 음을 기록해주겠다고 제안함으로써 모차르트가 일을 멈추지 못하게 만든다. 의뢰받은 곡의 최종 기한을 맞추기 위해 일하면서 기력이 점점 쇠하는 모차르트를 살리에리는 흡족한 마음으로 지켜본다. 모차르트는 정말 과로와 병으로 죽고, 이번에도 살리에리는 아주 통쾌해한다.

살리에리는 흔치 않은 사례일 것이다. 대부분의 경우 심하게 억눌린 질투는 복수심으로 이어지는데, 살리에리는 자신의 질투를 다른 사람보다 잘 인식하고 있다.[34] 또한 그가 분노한 이유는 모차르트가 고의적으로 그를 망신시켰기 때문이다. 질투 대상에게 그런 식으로 망신을 당하는 일은 일상에서는 거의 일어나지 않는다. 하지만 영화는 질투를 하면 마음속에 극심한 불안감이 생겨나면서 극단적인 지점까지 갈 수 있음을 극적으로 보여준다. 부당한 비교는 우리의 감정적 급소에 강하게 각인된다. 일반적으로 서열을 바꾸는 건 비현실적이며, 그래서 질투는 더욱 고통스러워진다. 불리한 조건은 붙박이 가구처럼 꼼짝도 하지 않기 때문에, 우리는 열등함을 극복하려는 고집스러운 욕구와 혐오스러운 적대감, 그리고 부당한 대우를 받는 데 대한 분노를 품게 된다. 바로 이런 이유 때문에 질투는 더 이상 질투라는 이름이 어울리지 않는 은밀한 불만으로 변화할 수 있다.[35] 일단 그렇게 변하기만 하면, 우리는 부러움의 대상이 불행을 겪을 때 느껴지는 통쾌함을 지당하게 생각하고, 심지어는 그 불행을 초래하는 복수심 어린 행동을 정당화하며 그 행동에서도 쾌감을 느낀다.

이렇듯 평범한 질투가 사악한 다른 감정으로 넘어갈 수도 있다. 보통의 질투도 충분히 심란한 결과를 가져오는 경우가 많지만, 살리에리의 사례는 질투가 더 추악한 무언가, 즉 악의와 공격적 의도가 가미된 쌤통 심리로 기울어질 수 있음을 보여준다.

질투에 폭력성이 잠재된 적대적이고 극단적인 성질이 있음을 잊지말아야 한다. 겉으로는 상냥하게 들리는 농담을 하며 웃는 것과, 다른 사람들이 고통당할 때 통쾌한 기분으로 방관하는 것, 심지어 피해까지 끼치는 것은 서로 엄연히 다르다. 대개 사회 규범은 적대적인 행동을 저지한다. 하지만 질투는 아주 추악하면서도 또한 정당한 감정일수 있기 때문에, 그리고 질투의 감정을 솔직히 털어놓으면 자존감이 흔들릴 수도 있기 때문에, 순전한 분노와 원망 같은 좀 더 구미에 맞는 감정으로 변화하기 쉽다. 그렇게 질투가 다른 감정으로 변하고 나면, 이젠 질투 대상에게 불행이 일어나기를 좌절감 속에서 기다릴 필요가 없어진다. 수동적인 형태의 질투는 휴가를, 어쩌면 영원한 방학을 얻을 수도 있다. 수치심은 사라지고 도덕성에 좀 더 확신이 생기면서, 좀 더 적극적인 무언가를 할 수 있는 자유를 얻는다. 이제 질투 대상에게 불행을 가져다줄 행동을 취하게 되는 것이다.

남의 불행을 즐거워하던 데서 더 나아가 그런 불행이 일어나기를 바라고, 불행을 기대하는 데서 더 나아가 그 불행을 초래하기 위한 행동을 직접 취하는 이런 변화에는 복잡한 동기가 얽혀 있기 때문에 분석하기가 어렵다. 질투를 할 때 우리는 자신과 남들을 속이고, 질투의 기회를 만들어내고, 교묘한 변명을 꾸며내고, 그 감정의 고통에 더욱 분기탱천하며, 다른 이름으로 감정을 포장한다. 이것이 바로 대부분의 문화가 아주 두려워하는 질투의 흉안凶眼이다. 이제 질투 대상은 언제든 공격받을 수 있는 저주의 인형이 된다. 살리에리가 모차르트를 무너뜨리기 위해 수를 쓰는 데 망설임이 없는 이유는 자신이 부당함에 복수하고 있다고 생각하기 때문이다.

리처드 루소Richard Russo의 소설 『탄식의 다리Bridge of Sighs』에서,[36] 현재 60대의 노인인 화자가 좀 더 현명해진 눈으로 과거를 회상하면서, 어린 시절 자신이 좋아하기도 하고 질투하기도 했던 친구 보비를 다치게 했던 사건을 이야기한다. 어느 해 여름, 토요일 아침마다 그들은 화자의 아버지가 트럭으로 우유를 배달할 때 같이 따라가곤 했다. 그리고 트럭의 짐칸에 타고 가면서 '서핑' 게임을 했다. 트럭이 거리를 요리조리 달리는 동안 우유 상자 위에서 균형을 잡는 게임이었다. 트럭이 커브를 돌 때에도 균형을 잃지 않는 것이 중요했다. 대부분의 일이 그렇듯 이 게임도 보비가 더 잘했고, 화자는 복잡한 감정과 욕구가 생겨났다. 그는 보비를 좋아했고 심지어 어떤 면에서는 사랑하기까지 했지만, 질투와 그에 따른 적대감을 막을 수가 없었다. 루소는 질투가 어떻게 공격성을 유발할 수 있는지 완벽하게 포착해냈다.

그해 여름이 흘러가는 동안, 나는 내 친구가 다치기를 기다리고 심지어는 기대까지 하고 있는 나의 마음을 알고는 괴로웠다. 물론 친구는 아무런 잘못도 없었고, 순전히 나의 소심함과 질투 때문이었다. 보비를 질투한 건, 내가 소심해서 꽁무니 빼느라 하지 못하는 것을 그 친구는 용기 있게 즐기고 있다는 걸 알았기 때문이다. 매주 나는 더 용감하게 맞서겠다고, 이번 토요일에는 넘어질까 무서워서 뭔가를 붙잡는 짓은 하지 않겠다고 속으로 중얼거렸다. 차라리 균형을 잃고 마구 흔들리면서 신나게 웃어젖혀야지. 하지만 매번 결과는 똑같았고, 그 순간이 오면 나는 뭐라도 붙잡고야 말았다. 용기를 달라고 아무리 빌어봐야 소용이 없자, 나는 점차 완전히 다른 것을 원하기 시작했다. 물론 보비가 심하게 다치기를 바란 건 아니다. 그러면 모든 게 끝나고 말 테니까. 그보다는, 딱 한 번 보비가 다쳐서 울기를, 그래서 내가 느끼는 그 친구와 나 사이의 간격이 줄어들기를 바랐다.

그렇게 우리의 우유 트럭 서핑은 예상 가능한 결말을 낳았다. 난 보비가 트럭 옆쪽에 부딪치면서 손목이 부러지는 것을 보지는 못했다. 하지만 뼈가 뚝 하고 부러지는 소리가 들렸다. 내가 그와 같은 운명을 피할 수 있었던 건 소심함 덕분이었다. 곧 커브가 다가오는 걸 보고는, 마지막 순간에 손을 뻗어 묶여 있던 우유 상자 중 하나를 붙잡은 것이다. 기습 공격을 당한 보비는 넘어지고 말았다.[37]

그 사건 후 몇 분 동안, 그들은 집으로 돌아가는 트럭의 짐칸에 나란히 앉아 아무 말도 하지 않았다. 보비가 침묵을 깨고 말했다. "커브가 있다고 안 알려줬잖아."[38] 사고의 진상과 그 이유를 명확히 밝히는 말이었다. 화자가 커브를 경고하지 못한 것은, 보비가 냉철하게 비난하지 않았으면 드러나지 않았을 숨겨진 의도 때문이었다. 그는 질투 때문에 그 사고가 일어나길 원했고, 실제로 사고가 일어났을 때 조금은 기쁜 마음이 들었다. 이것이 바로 화자가 어른이 되고 나서 분명하게 깨달은 그 사건의 진실이었다.

쌤통 심리가 질투와 연결되면, 기대감이 좌절되고 나서 남몰래 질투 대상의 불행을 비는, 일종의 공상 세계가 펼쳐지는 경우가 많다. 질투 대상에게 일어났으면 하는 불행을 머릿속에서 구체적으로 그리는 것이다. 그렇게 상상만 하고 있다가 그 일이 실제로 벌어지면 그야말로 난데없는 행운이다. 운 좋게도 그 불행에 아무런 관여도 하지 않았다면, 더할 나위 없이 좋은 일이다. 죄책감을 느끼지 않아도 되니까.

질투 대상의 불행을 지켜보는 것이 통쾌하긴 하겠지만, 애석하게도 우리가 부러워하는 대상은 웬만해서는 불행을 겪지 않는다. 그들은 더 좋은 운을 타고났다. 고통받는 쪽은 우리다. 우리의 꿈이 뭐든, '그들'이 그 꿈을 이루고 있다.[39] 하지만 질투가 수면 아래로 숨어버리면, 억울함과 분노가 명백한 형태를 띠고 나타나 질투를 앞지르면서 복수와 그 사악한 전율을 즐기는 행태를 나무랄 데 없이 지당한 행동으로 정당화시켜버린다.

이는 우습게 볼 과정이 아니다. 다음 장에서는 질투가 정의로운 복수로 변화하는 극단적인 예를 이야기할 것이다. 이것이 유대인에 대한 나치의 극단적이고 잔학한 만행을 설명해줄 수 있을까?

10

쌤통 심리의 어두운 그림자, 홀로코스트

수많은 유대인들이 자제심을 보이지 않고 사회에서 점점 더 두각을 드러냈으며 그들의 수와 그들이 장악한 직책은 독일인들과의 비교를 초래했다.

–헤르만 괴링(Hermann Göring)[1]

나치 정신에서 질투와 반(反)유대주의가 서로 연관되어 있는지 아닌지 이런저런 추측을 할 필요가 없다. 히틀러가 유대인에 대해 남긴 질투 어린 평들만 읽어봐도 확실히 증명되는 사실이니까.

–제임스 길리건(James Gilligan)[2]

유대인은 돈을 끌어모으는 사람들이다. 돈을 끌어모으는 과정에서 그들은 그들과 같은 것을 구하지만 능력이 떨어지는 자들에게 아주 심각한 방해물이 된다. 내 생각에는 그것이 문제인 것 같다.

–마크 트웨인[3]

쌤통 심리를 보여주는 대부분의 사례는 가벼운 험담 수준이므로 무해할 것이다. 설령 질투가 가미된다 해도 상대방이 틀렸다며 손가락을 경멸스럽게 흔들고 싶은 마음은 거의 들지 않는다. 질투와 쌤통 심리는 아주 자연스러운 감정이기 때문에 그 둘의 조합을 경계하는 것은 비현실적이다. 하지만 질투라는 감정 때문에 우리도 모르게 상대의 불행을 꾀하고 그로 인한 통쾌함을 기대하게 될 수도 있다는 점을 잊어서는 안 된다. 이는 골치 아픈 도덕적 영역에 속하는 문제다. 이 장에서 나는 그 어두운 사례, 일종의 도덕적 한계를 보여주는 사례를 이야기하려고 한다. 바로 나치의 유대인 박해와 살인이다. 어떻게 그리도 많은 독일인이 600만 명이 넘는 유대인에 대한 조직적이고 무자비하고 '가끔은 지켜보기에 즐거운' 학대와 최악의 살육에 가담할 수 있었을까? 물론 이 의문에 대한 답은 복잡하고 다층적이며, 그래서 이에 대한 연구도 아주 방대하게 이루어졌다.[4] 이 의문을 제기하면 훨씬 더 많은 다른 의문들이 따라와, 오히려 답을 찾기가 더욱더 어려워지는 것 같다. 홀로코스트의 공포를 아무리 설명하려 애써봐도 그 참상을 온전하고 의미 있게 담아내기는 불가능해 보인다. 마치 볼 때마다 다른 모양으로 변화하는 끔찍한 만화경을 들여다보는 것처럼 말이다. 결코 무시할 수 없는 이런 위험 부담을 안고, 이번 장에서는 이 참사에 질투가 어떤 역할을 했는지 깊이 파고들어보고자 한다.

유대인을 질투했다? 설마 그럴까? 독일에서 나치의 만행이 상상을 뛰어넘을 정도로 극에 달하기 전에도 유대인들이 편견과 피해를 당한 사례는 수없이 많다. 그들은 부러움의 대상이기보다는 동정받아야 할 집단이었던 것처럼 느껴진다. 지독하게 업신여김당하는 집단만이

그런 야만적인 대우를 받을 수 있다. 뿐만 아니라 역사적으로 열등하고 부정적인 이미지가 박혀 있는 유대인들이 어떻게 강렬한 질투심을 자극할 수 있단 말인가? 유대인에 대한 이런 고정된 이미지와는 대조적으로, 나치의 선전에 의해 아리아인은 우월한 인종이라는 믿음이 있었다. 이런 모순을 설명하려면 우선 홀로코스트에 집착한 진두지휘자 아돌프 히틀러가 유대인을 증오하게 된 이유부터 알아보는 것이 좋겠다. 히틀러는 유대인을 질투했을까? 만약 그렇다면 질투 때문에 유대인을 증오하고, 그들을 조직적으로 박해하고 제거하면서 통쾌함을 느꼈을까?

히틀러가 1920년대 초에 쓴 장황한 수기이자 정치적 성명서인 『나의 투쟁』은 유대인에 대한 히틀러의 증오에 질투가 어떻게 연관되었는가를 찾는 데 좋은 출발점이 된다.[5] 일부 내용은 그의 사상이 발전한 과정을 분명 허위로 설명하고 있지만, 그래도 이 책은 그의 생각을 이해하기에 좋은 참고 자료이다.

표면적으로 히틀러는 자신의 질투에 대해 이야기하지 않는다. 그는 유대인들이 도덕적으로 타락한 인종임을 믿게 되었고, 그래서 그들을 혐오하고 강렬하게 경멸하는 거라고 독자들을 납득시키려 애쓴다. 이런 그의 감정에 질투는 빠져 있는 것처럼 보인다. 히틀러는 자신의 의지와는 상관없이 반유대주의에 끌렸다고 주장했다. 길고도 힘든 내적 투쟁이 있었고, "내 이성과 내 감정이 몇 달 동안 전쟁을 치른 끝에 이성이 승리를 거두기 시작했다."[6] 처음에 그는 이전 몇 세기 동안 유대인이 종교적 박해를 당했던 사실에 몸서리쳤다. 빈으로 처음 이사했을 때에도 반유대주의 언론의 '신랄한' 어조를 거부했다. 그것이 "위대한 국가의 문화적 전통에 걸맞지 않다"라고 생각했고, "중세의 몇몇 사건들이 떠올라 우울해졌다."[7] 그리고 그는 '다른 사람들'의 이런 반응이 어느 정도 질투 때문일지도 모른다고 썼다.[8] 다른 사람들은 질투로 그런 짓을 했을지 몰라도, 자기 자신은 절대 아니라는 것이다. 아니, 히틀러는 우리가 그런 결론을 내리길 원했을 것이다. 이런 지나친 부정이 오히려 정반대인 본심을 드러내주는 건 아닐까?

그가 유대인에 대해 알게 된 것들을 언급한 초반 설명을 보면 질투의 증거를 찾을 수 있다. 유대인의 어떤 점 때문에 그들을 질투할까? 우선은 그들을 알아채야 할 것이다. 흥미롭게도 히틀러는 린츠에서 보낸 청년 시절 그들의 존재를 거의 알아차릴 수 없었다고 주장했다. 린츠에 있던 소수의 유대인이 너무도 "유럽화되고" "인간적"이어서, "그들을 독일인으로 착각하기까지 했다"라는 것이다.[9] 하지만 빈으로 옮아간 후 그는 유대인을 의식하기 시작했다. 어딜 가나 유대인이 눈에 띄었고 이것이 그를 심란하게 만들었다. 뿐만 아니라 그들은 강력한 영향력까지 갖고 있었다. 이 두 가지 사실이 그의 질투심을 자극했을 것이다.

칼럼니스트인 조지프 엡스타인Joseph Epstein은 그의 저서 『시기』에서 나치의 반유대주의와 질투 사이의 강력한 연관성을 주장하며, 그 예로 히틀러 시대를 앞둔 빈의 상황을 묘사했다.

> 인구의 90퍼센트가 가톨릭교도이고 9퍼센트가 유대교도였던 1936년 빈의 대략적인 통계를 보자. 도시에서 일하는 변호사의 60퍼센트, 의사의 50퍼센트 이상, 광고회사 간부의 90퍼센트 이상, 신문 편집자 174명 중에 123명이 유대인이었다. 이뿐 아니라 유대인들은 은행업, 소매업, 학계 및 예술계에서도 중요한 위치를 차지하고 있었다.[10]

오스트리아와 독일의 도시들에 관한 이런 통계를 보면, 유대인은 열등하고 아리아인은 우월하다는 주장이 무의미하게 느껴진다. 아리아인의 우월성을 믿고 싶어 하는 사람에게는 이런 사실이 불쾌했을 것이다. 과연, 히틀러는 작은 숫자에도 불구하고 사회 곳곳에서 영향력을 발휘하는 유대인들에게 촉각을 곤두세우기 시작했다.

> 이제 나는 공공 예술계에서 불결한 작품들을 만들어낸 모든 창조자들의 이름을 꼼꼼하게 조사하기 시작했다. …… 추잡한 문학, 쓰레기 같은 졸작들, 저능한 연극의 거의 전부가 인구의 100분의 1도 채 안 되는 민족에게서 나올 수 있다는 사실은 그냥 얼버무리고 넘어갈 문제가 아니었다. 그것은 있는 그대로의 진실이었다.[11]

히틀러는 유대인의 지나친 영향력을 인식하면서 그들을 종교가 다른 민족이 아닌 한 인종, 그것도 비열하고 유해한 성격을 가진 인종으로 보게 되었다. 그는 카프탄(긴 기장과 헐렁한 소매를 가진 독특한 민족 의상 – 옮긴이)을 입고 꼬불꼬불한 구레나룻을 기른 유대인과 마주치면 이질감을 느끼기 시작했다. "이 사람이 독일인이라고?" 그래도 그는 반유대주의 소책자와 거기에 담긴 지독한 비난이 걱정스러웠다고 주장했다. 그 내용이 너무도 비과학적이고 망신스러워서 그것들을 믿는 불의를 저지를까 봐 두려웠다는 것이다. 하지만 그의 인식에는 유대인의 본질적이고 타락한 개별성이 강하게 박혀버렸다.

> 어디를 가나 유대인이 눈에 띄기 시작했고, 보면 볼수록 내 눈에는 그들이 나머지 인류와는 현저히 다른 존재로 비쳤다.[12]

유대인을 다른 민족, 특히 독일인과 구분한 히틀러는 유대인이 스

243

스로를 '선택받은 민족'이라고 부르는 것에 발끈했다. 그는 유대인의 막강한 영향력을 인지하고 있었고, 열등함과는 거리가 먼 그 사실에 질투를 느낄 만했다. 하지만 그 질투를 드러내지 않으려 유대인의 경멸스러운 면모에 초점을 맞추었다. 유대인은 기생충 같은 부도덕한 시온주의자(유대인 국가 건설 운동을 지지하는 사람 - 옮긴이)였다. 유대인이 공개적으로 시온주의를 비난한다면, 그것은 독일보다는 유대인들의 이익을 위한 교묘한 연막작전이었다. "언론, 예술, 문학, 연극" 영역에서 그들의 모든 활동은 내적으로나 외적으로나 역겨웠고, 그들은 "최악의 보균자들"이었다.[13] 그리고 문화 곳곳에 유대인들의 타락한 영향력이 깃들었다.[14]

히틀러는 유대인을 마르크스주의적 성격의 정치 운동에 연결시키면서 맹렬한 반유대주의자로의 변신을 완전히 마쳤다. 여기서도 그는 유대인들의 지나친 영향력을 의식했다. 하지만 이번에도 역시 그들에게 느끼는 시샘을 감추기 위해 유대인들이 독일에 가하고 있는 선동적인 위협에 초점을 맞추었다. 이 위협은 특히 언론에서 두드러졌다. 히틀러는 불충하고 딴마음을 잘 먹는 유대인이 독일의 언론을 장악했다고 생각했다. 그의 이런 생각을 잘 보여주는 대목이 있다.

> 나는 사회민주당의 간행물을 좌지우지하는 사람들이 주로 유대인이라는 사실을 점점 깨닫게 되었다. …… 나의 지식과 사고방식으로 판단하건대 유대인이 연관된 신문 중에 진실로 애국적이라 할 만한 것은 단 하나도 없었다.
> …… 나는 사회민주당 소책자들을 손에 넣을 수 있는 대로 전부

모아서 그 저자들의 이름을 살펴보았다. 유대인들이었다. 지도부의 이름을 봤더니, 마찬가지로 '선택받은 민족'이 단연 가장 큰 비중을 차지하고 있었다. 그들은 연방 참의원, 노동조합 서기, 혹은 조직이나 거리 선동자들의 우두머리였다. 언제나 똑같은 섬뜩한 그림이었다. 아우스테를리츠, 다비드, 아들러, 엘렌보겐 등등의 이름은 평생 내 기억에서 지워지지 않을 것이다. 한 가지 사실이 내게 점점 더 명확해졌다. 몇 달 동안의 가장 격렬한 투쟁에서 내가 염두에 두었던 비열한 대표자들이 있는 당은 그 수뇌부를 외국인들이 거의 독점하다시피 했다. 유대인은 독일인이 아니라는 결론에 마침내 도달하면서 나는 깊고도 즐거운 만족감을 느꼈다.[15]

히틀러는 사회민주당의 유대인 당원들에게 "그들 신조의 광기"를 납득시키려 했다가 실패한 일을 자세히 기록했다.[16] 하지만 결국 그가 내린 결론은 유대인은 자신의 신념이 독일의 미래에 유익한지 어떤지 전혀 관심이 없다는 것이었다. 그들은 히틀러의 말을 납득했나 싶다가도 돌아서서 "마치 아무 일도 없었던 것처럼 예전과 똑같은 헛소리를 지껄였고, 누군가가 분개해서 이의를 제기하면 깜짝 놀라는 척했다."[17] 히틀러는 유대인들과 대화를 나누면서 깊이 좌절했고, 사람을 구슬리는 그들의 '기민한' 말솜씨와 남을 잘 속이는 '기교'에 감탄했다.[18] 유대인들에게 허를 찔린 불쾌한 앙금도 남았겠다, 히틀러는 유대인을 지독히 증오하게 되었다.

수십 년 후 히틀러의 수석 건축가인 알베르트 슈페어Albert Speer는 왜 히틀러가 반유대주의자가 되었느냐는 질문에 세 가지 이유를 제시했다. 첫째, 히틀러는 병적인 파괴 욕구를 갖고 있었다. 둘째, 히틀러는 독일이 제1차 세계대전에서 패하는 바람에 그가 건축가의 꿈을 이루지 못한 것이 유대인들 탓이라고 생각했다. 파괴 욕구나 좌절된 꿈과도 연관된 듯한 세 번째 이유는 그가 "내심 유대인을 동경하고 질투했다"라는 것이다.[19]

히틀러를 잘 아는 슈페어는 정곡을 찌르는 답변을 했다. 히틀러의 '투쟁'에는 질투와의 투쟁도 포함되어 있던 것 같다. 처음에 그는 유대인이 수백 년 동안 학대당한 사실이 섬뜩하다고 주장하면서, 유대인을 증오하는 것은 부당한 행동일 거라고 염려했다. 또한 반유대주의적인 소책자들이 나오는 이유는 질투 때문이라며, '다른 사람들'의 질투를 간파했다. 하지만 유대인에 대한 자신의 질투가 커져가면서 그의 다음 '투쟁'은 질투라는 추악하고 치욕스러운 감정을 들키지 않고 유대인을 증오할 수 있는 방법을 찾는 것이 아니었을까? 히틀러의 십 대 후반 시절 친구였던 아우구스트 쿠비체크August Kubizek의 생각대로, 히틀러는 자신의 주장보다 더 빨리 유대인을 질투하고 증오했을지도 모른다. 어느 날 린츠에서 유대교 회당을 지나가다가 히틀러는 쿠비체크에게 "이게 여기 있으면 안 되는데"라고 말했다.[20] 하지만 쿠비체크는 빈에서 겪은 일들 때문에 히틀러의 반유대주의가 "더욱 깊어졌을" 거라고 인정했다.[21] 아마도 질투가 혐오로, 그다음엔 합당한 이유가 있는 정의롭고 '응당한' 증오로 변해갔을 것이다. 소위 선택받은 민족인 그들은 영리했지만 도덕적으로 타락하고 반역적인 동기를 품고 있었다. 어쩌면 더 이른 어느 시점에 그들의 선민사상이 유대인들의 지나친 영향력에 대한 히틀러의 불쾌감에 불을 지폈을지도 모른다.[22] 그러나 이제 그는 선민사상을 유대인들의 오만함에 대한 증거로 포착했고, 이는 그의 혐오감과 증오를 더욱 정당화해주었다.

역사가 존 톨런드John Toland는 히틀러 전기에서 히틀러가 1941년에 나치당의 초기 당원이자 그의 몇 안 되는 친구 중 한 명인 발터 헤벨Walther Hewel에게 했던 의미심장한 말을 전한다. 소련 침공을 몇 주 앞둔 날이었고, 히틀러가 유대인 근절 준비에 한창 시동을 걸던 시기였다. 헤벨의 설명에 따르면 히틀러는 자신을 "병균을 발견하여" 유대인 문제 해결법을 찾은 의학자에 비유했다. 그리고 그의 증오가 부당한 이유에서 비롯되었음을 암시하는 말을 했다. "나는 유대인들 없이도 국가가 잘 굴러갈 수 있다는 걸 증명해냈어. 경제든 예술이든 문화든, 유대인이 없으면 더 잘될 수 있다는 것도. 이게 내가 유대인에게 날릴 수 있는 최악의 한 방이야."[23] 물론 히틀러는 인정하지 않겠지만 이 발언은 질투 심리에 딱 들어맞는다. 그는 회고록을 쓰기 오래전부터 유대인 근절이 신을 위한 복수라고 확신하고, 자신의 증오가 정당하다고 믿고 있었다.[24] 히틀러는 아마 유대인을 질투했을 테지만, 그 질투심은 그가 알아채지 못하도록 꽁꽁 숨어 있었다.

::   **부러운 유대인을 희생양으로 삼다**

유대인을 미워한 다른 독일인도 히틀러와 같은 과정을 거쳤을까? 홀로코스트뿐만 아니라 몇 세기 전으로 거슬러 올라가는 반유대주의도 질투가 그 원인이었을까? 마크 트웨인부터 프리드리히 니체에 이르기까지 수많은 유명 사상가들이 그렇게 주장했다.[25] 좀 더 최근에는 데니스 프레이저Denis Prager와 조지프 텔루슈킨Joseph Telushkin이 반유대주의를 분석한『왜 유대인인가? 반유대주의의 이유들Why the Jews? The Reasons for Antisemitism』에서 좀 더 일반적인 관점을 보여주었다.

> 지난 2,000년 동안 유대인들이 살았던 거의 모든 사회에서 그들은 비유대인 이웃보다 교육 수준이 더 높고, 더 착실하고, 더 자비롭고, 범죄를 거의 저지르지 않았으며, 더 안정된 가정을 꾸렸다. 유대인들의 이런 삶은 그들의 유복함이나 가난과는 아무런 관계도 없었다. …… 물론 유대인들의 우월한 삶이 어느 정도까지 반유대주의의 큰 원인이 되었는지는 정확히 측정할 수 없다. 반유대주의자들 중에 유대인의 우수성 때문에 그들을 공격했다고 이야기하는 사람은 거의 없다. 하지만 어떤 개인과 집단이 더 잘 사는 것처럼 보일 때, 그 이유를 납득한다 해도 그들에게 질투와 분노를 느끼는 것이 인간의 본성이다.[26]

프레이저와 텔루슈킨의 분석이 특히 유익한 이유는 질투를 일으키는 요인이 부유함, 권력, 영향력만은 아니라는 사실을 알려주기 때문이다. 유대인 공동체에 일반적으로 존재하는 좀 더 미묘하지만 명백한 문화적 힘도 질투를 유발하는 계기가 되었을 것이다.[27]

사회심리학자 피터 글릭Peter Glick은 동료 심리학자들인 수전 피스크, 에이미 커디Amy Cuddy와 함께 제안한 혁신적인 편견 이론인 고정관념 내용 모델Stereotype Content Model을 이용하여 나치의 반유대주의와 질투의 문제를 이야기했다.[28] 전통적인 이론은 편견을 다른 집단에 대한 포괄적인 부정적 감정으로 해석했다. 글릭, 피스크, 커디는 이런 식의 해석이 개략적이라서 집단들의 서로 다른 지위나 능력을 간과한다고 주장했다. 가난한 히스패닉에 대한 편견은 성공한 유대인(혹은 아시아인 등등)에 대한 편견과 아주 다르다. 두 감정 모두 '부정적'일 수 있지만 후자의 감정에만 질투, 즉 일반적으로 높은 지위와 능력을 가진 것으로 여겨지는 집단에 대한 질투가 포함되는 것 같다. 편견에 대한 전통적인 관점은 집단들 간의 또 다른 중요한 차이점을 무시하는 경향이 있다. 바로 그들이 위협으로 느껴지는가 아닌가 하는 점이다. 이는 고정관념 내용 모델에서 '따뜻함warmth'에 해당하는 요소이다. 아주 유능한 집단의 일원을 볼 때 그들이 우리의 직업을 빼앗을 염려가 없다면 우리는 그들에게 질투(별로 따뜻하지 않은 감정)보다는 존경(아주 따뜻한 감정)을 느낀다. 다른 집단을 평가하는 기준이 되는 이 두 가지 기본적 측면(따뜻함과 능력)은 꼭 고려해야 할 중요한 사항이다. 우리가 다른 집단에 대해 물어야 할 두 가지 적절한 질문을 알려주기 때문이다. 첫째, 그들은 친구인가 적인가? 그리고 둘째, 그들은 약한가 강한가? 그들은 우리를 좋아할까? 그리고 할 수 있다면 우리에게 해코지를 할까? 당연한 말이지만 더 우월한 위치(예를 들면 경제적 특권)에 있는 것으로 여겨지는 집단은 더 유능해 보이고, 만약 그들이 우리와 경쟁 관계에 있다고 느껴지면 덜 따뜻한, 그래서 위협적인 존재로 보인다. 그리고 경험적 연구가 증명해주듯 이렇게 지위가 높고 덜 따뜻한 집단을 보면 우리는 질투 어린 편견을 느끼게 된다.[29]

글릭의 주장에 따르면 유대인들을 싫어하는 사람이라도 유대인들의 놀라운 성공을 심리적으로 그리 개의치 않았을 것이다. 유대인들이 위협적인 경쟁자로 느껴지지 않았다면 말이다. 『시온 장로 의정서 The Protocols of the Elders of Zion』 같은 반유대주의적 허위 문서로 사람들을 구슬리려 애쓰던 나치는 유대인들이 자신의 이익만 챙기고 권력을 축적하기 위해 음모를 꾸미고 있다고 주장했다.[30] 다른 나치 지도자들이 떠들어댄 선전과 마찬가지로 히틀러의 성명서에는 유대인들이 공산주의 운동과 그 확장을 주도하고 있어 위협이 된다는 이야기가 항상 등장했다. 그리고 히틀러의 글에서도 느낄 수 있듯이 많은 독일인(그리고 대부분의 나치)은 독일이 제1차 세계대전에서 치욕스러운 패배를 맛보고 전쟁 후 경제적 문제를 겪은 것이 유대인 탓이라고 생각하고, 유대인이 공산주의자와 한패라고 믿었다.

글릭은 고정관념과 편견에 대한 자신의 이론을 반유대주의에 연결하면서, 희생양 만들기scapegoating라는 개념을 적용한다. 희생양 만들기란 내집단 일원들이 경제 상황 등으로 위협을 느끼면 공격하기 쉬운 외집단, 대개는 열등하게 느껴지는 다른 집단에 비난의 화살을 돌리는 현상을 말한다.[31] 글릭은 이것이 반유대주의 역사에 어느 정도 들어맞는다고 말한다. 맞는 말이다. 유대인에 대한 고정관념에는 히틀러가 자신의 글에서 고집스레 주장한 '열등함(예를 들면 불결하고 탐욕스럽다)'을 연상시키는 부정적인 특징이 오래전부터 포함되어 있었다. 나치는 유대인에 대한 이런 부정적인 믿음을 널리 퍼뜨리는 데 전력을 다했다.[32] 하지만 그 외의 고정관념에 따르면 유대인은 막강한 권력을 지녔고 우월한 민족이다(예를 들면 영리하고 약삭빠르다). 글릭은 유대인을 유력할 뿐만 아니라 '열등한' 민족으로 보는 관점이 아주 악의적인 형태의 '희생양 만들기'로 이어져, 독일인이 자국의 경제적 어려움을 유대인 탓으로 돌리며 질투 어린 비난을 맹렬히 쏟아부었다고 주장한다.[33]

유대인들이 독일 문화에 폭넓게 동화되면서 독일인과 유대인 간의 구분이 흐려졌을지도 모른다. 하지만 글릭은 이 뒤섞임이 탐탁지 않게 여겨졌다는 점에 주목한다. 인종이라는 개념에 도취된 나치는 신념보다는 혈통이 집단의 정체성을 결정한다고 믿었다. 게다가 유대인들의 적응 노력은 그들이 음모를 꾸미고 있다는 히틀러의 주장을 뒷받침하는 증거로 보일 수도 있었다. 또다시 유대인은 강력하면서도 위험한 별개의 인종 집단으로 여겨졌다. 자신들이 거둔 성공 때문에 도리어 피해자가 된 그들은 교묘하게 사람을 조종하는 막강한 위협으로 간주되었다. 그 대가로 유난히 악의적이고 무자비한 형태의 질투 어린 편견에 시달려야 했다.

나치 독일이 유대인에 대한 질투 어린 편견을 그토록 집요하게 고수한 데에는 여러 가지 원인이 있다. 엡스타인 같은 학자와 마찬가지로 글릭 역시 유대인들이 직업적·문화적 영역의 많은 중요한 측면에서 지나치게 두각을 드러냈고, 그런 성공이 증명해주는 그들의 재능과 투지를 무시하기 힘들었을 거라는 점을 강조한다. 나치는 많은 유대인들이 유력한 요직을 차지하고 있음을 과장하고 왜곡하면서, 영향력 있는 이 유대인들이 지배 야욕으로 똘똘 뭉친 하나의 독립체라고 주장했다. 그러나 유대인들의 권력과 위협을 증명하는 것은 피상적인 증거뿐이었다. 경제 상황이 좋지 않으면 집단적인 좌절감에 빠진 사람들은 자신들이 시련을 겪게 된 그럴싸한 원인을 찾아 나선다.

이 시련을 다른 집단(그들과 다를 뿐 아니라 능력 있고 약삭빠르고 자기들밖에 모르는 집단)의 탓으로 돌리는 것은 그럴듯해 보이는 해결책이다. 더욱이 불황기에 돈을 빌려줄 능력이 있던 유대인은 독일인의 불행을 이용해 돈벌이를 하는 것처럼 비칠 수도 있었다.[34] 글릭은 독일의 경제적·정치적 상황이 달랐다면 유대인을 너그럽게 묵인해주고, 심지어는 유용하게 여겼을지도 모른다고 주장한다. 나치당이 지지한 국가사회주의 같은 이념 운동은 유대인을 비난하는 데 사용할 수 있을 만한, 그럴싸하게 잘 포장한 신조를 선전했다. 질투 어린 편견으로 만들어진 해석은 확고하게 자리를 잡았다.

글릭은 유대인을 향한 나치의 증오가 단순히 위협적인 외집단에 대한 감정 이상이라고 지적한다. 이것만으로는 유대인을 겨냥한 적대감의 본질을 설명할 수 없기 때문이다. 위협감이 문제였다면 기본적인 위협이 처리되었을 때 적대적인 행동도 멈추었을 것이다. 하지만 유대인에 대한 증오는 달랐다. 나치는 유대인을 아예 제거하고 싶어 했고, 그 이유는 아마 그들의 존재 자체가 가슴 아픈 질투심을 불러일으켰기 때문일 것이다. 질투 어린 적의를 품고 있는 사람은 질투 대상을 무력하게 만들거나 파멸시킬 수만 있다면 다른 고생쯤은 감내할 각오가 되어 있다. 질투 대상의 제거라는 목적 앞에서는 다른 걱정거리도 눈에 들어오지 않는다.

나치가 알베르트 아인슈타인Albert Einstein을 어떻게 대우했는지 생각해보자. 만약 아인슈타인이 유대인이 아니었다면? 그는 아리아인의 우월성을 증명해주는 최고의 사례로 환영받았을 것이다. 하지만 난처하게도 그는 유대인이었고, 질투로 증오에 찬 나치는 유대인의 잠재력이 꽃을 피우지 못하도록 그 토대를 허물려 했다. 나치가 아인슈타인을 비롯한 유대인 과학자들의 재능을 이용했다면 독일의 전투력은 크게 상승했을 것이다. 독일이 최초의 원자폭탄 개발 국가가 되었을지도 모르는 일이다. 하지만 아인슈타인 같은 뛰어난 유대인 과학자들은 탄압을 받아 독일을 떠나거나, 죽음의 수용소로 끌려가 이해할 수 없는 공포를 경험했다.[35] 질투를 느끼는 사람은 질투 대상의 성과와 뛰어난 능력이 설령 자신에게 이득을 가져다준다 해도 별로 기쁨을 얻지 못한다. 나치가 유대인에게 느낀 질투심을 생각하면 그들이 왜 그렇게 역효과만 나는 영문 모를 행동을 했는지 이해할 수 있다.

:: **박해의 즐거움**

고정관념 하나만으로도 질투와 편견 어린 행동을 할 수 있고, 그 결과 중의 하나가 바로 쌤통 심리이다. 미나 시카라와 수전 피스크는 프린스턴 대학 학생을 대상으로 한 연구에서, 네 종류의 정형화된 집단에 부정적인 사건이 일어났을 때 그들이 보이는 반응을 평가했다.[36] 각 집단은 고정관념 내용 모델의 네 범주 가운데 하나에 속했다. 시카라와 피스크는 연구 참가자들이 전형적인 부러움의 대상(예를 들면 능력이 좋고 큰 위협이 되는 집단)에게 불행이 닥쳤을 때 가장 긍정적인 반응을 보일 거라고 예상했다. 참가자들이 직접 보고한 내용과 생리적 측정 결과에 따르면 이 예상은 정확히 들어맞았다. 다른 세 집단에 비해 부러움의 대상이 되는 집단의 불행은 더 적은 동정과 더 통쾌한 미소를 자아냈다.

유대인에 대해 극단적인 고정관념을 갖고 있던 나치를 이해하는데 이 연구 결과가 도움이 될까? 나치가 권력을 잡으면서 유대인에 대한 모욕과 폭력과 파괴는 점점 제재를 받지 않게 되었고 급기야 정부 방침이 되었다. 많은 유대인들이 누리는 부와 재산, 직업적 위치를 예민하게 의식한 나치는 폭력을 써서라도 그것을 빼앗는 작업에 주력했다. 수많은 유대인들의 가게를 망가뜨리고 유대교 회당에 불을 지른 크리스탈나흐트Kristallnacht('수정水晶의 밤'이라는 의미로, 1938년 11월 9일 나치 대원들이 수만 개에 이르는 유대인 가게를 약탈하고 250여 개의 유대교 회당에 방화했던 날을 말한다 - 옮긴이) 사건에서처럼 유대인들의 재산을 간단히 없애버리기도 했다. 대부분의 보통 독일인들은 이런 극단적인 조치에 충격과 불안감을 느꼈을 것이다. 더군다나 그 과정에서 수많은 유대인이 목숨을 잃었으니 상황이 전혀 내키지 않을 법했다. 디트리히 본회퍼Dietrich Bonhoeffer 목사처럼 처음부터 나치에 반대한 사람도 있었다. 그는 "기차를 잘못 타면 반대 방향으로 뛰어봐야 아무 소용없다"라고 말했다.[37] 그러나 점점 더 잔혹한 만행이 일어난 것은 반대하는 사람이 그리 많지 않았고, 많은 이들이 모르쇠를 잡은 데다, 인정하고 즐거워하는 사람들까지 있었기 때문이다.

히틀러야 물론 즐거웠을 것이다. 히틀러 자신은 숨겼지만, 그가 크리스탈나흐트에 모종의 역할을 하고 열의를 보였다는 증거가 있다. 역사가 존 톨런드는 히틀러의 홍보 담당자였던 프리츠 헤세Fritz Hesse에게서 들은 신뢰할 만한 이야기를 전한다. 크리스탈나흐트가 일어난 바로 그날 밤, 히틀러와 선전장관 파울 요제프 괴벨스Paul Joseph

Goebbels를 비롯한 나치당 지도자들이 저녁 식사를 함께 하고 있었다. 역시 그 자리에 있던 헤세는 괴벨스가 히틀러에게 유대인의 가게들과 회당에 대한 공격이 곧 개시될 거라고 말하는 소리를 귓결에 들었다. 이 정보를 들은 히틀러의 얼굴에 희색이 돌았다. 헤세는 "히틀러가 기뻐서 소리를 꽥꽥 지르며 허벅지를 신나게 찰싹 때리던" 모습을 기억했다.[38]

히틀러는 많은 독일인들이 자신만큼 열성적이지 않다는 사실을 알고 있었기 때문에 이런 폭력적인 책략과 거리를 두었다. 대신 일련의 법을 통과시키고 정책을 이행함으로써, 일반 독일인의 감성에 맞춰 '법적으로' 일을 처리했다. 폭력적인 접근법보다는 이런 조치가 살짝 질투를 느끼고 있던 이들을 만족시켰을 것이다. 어쨌든 많은 독일인들이 직간접적으로 이득을 얻었다. 상인들은 경쟁자를 없앨 수 있었고, 학생들은 유대인에게 돌아갔을지도 모를 대학원 자리를 꿰찰 수 있게 되었다.

일부 독일인이 유대인의 고통을 즐겼다는 사실을 보여주는 증거는 아주 많다. 그들은 유대인이 칫솔로 거리를 닦거나 군인들이 유대인 노인의 수염을 잡아당기고 있으면 우르르 몰려가 구경했다. 그야말로 쌤통 심리가 넘쳐났다.[39] 역사가 도널드 매케일Donald McKale은 (주로 폴란드에서) 많은 유대인들이 강제 거주 구역으로 끌려가면서 조성된 공포 분위기에 나치 지도부가 어떻게 대응했는지 알려준다. 나치의 국민 여가 프로그램인 '크라프트 두르흐 프로이데Kraft durch Freude(말 그대로 기쁨을 통한 힘이라는 뜻이다!)'에는 버스 관광도 포함되어 있었다. 독일군들은 버스를 유대인 거주 구역으로 몰고 가서, 마치 "동물원에서 동물을 구경하듯"고통당하는 유대인들을 보며 웃었다.[40] 장례식이 열리고 있으면 군인들이 끼어들어 랍비나 유가족과 사진을 찍었다.

　물론 실제로 그들이 어떤 감정으로 이런저런 행동을 했는지 추론하기는 어렵다. 하지만 몇몇 행동과 그 행동으로 인해 가해자와 목격자가 느낀 즐거움의 원인을 질투에서 찾는 것은 타당한 해석으로 보인다.

::　　　　　　　　　**질투가 쌤통 심리로, 그리고 행동으로**

한 집단이 학대받는 모습에 고소해하는 반응이 규범처럼 되어버리고 나면 질투를 느끼는 사람은 더 나쁜 행동, 심지어는 대량 학살까지 상상할지도 모른다. 러셀 스피어스와 콜린 리치가 주장하듯이 이런 의미에서 쌤통 심리는 다른 사람들에게 극단적인 학대를 더욱더 많이 저지르도록 부추기는, 일종의 의도적인 무저항일 수도 있다.[41]

　쌤통 심리는 관찰자의 행동도 유도할 수 있다. 쌤통 심리의 근원에 질투가 있으면 수동과 능동의 경계가 흐려진다. 남의 불행을 지켜보며 즐기다가 남의 불행을 바라게 되고, 그다음엔 그 불행을 직접 유발하려는 의지가 생긴다. 미나 시카라와 수전 피스크는 고정관념 내용 모델을 시험하는 또 다른 연구를 했다. 질투 어린 편견과 연관된 행동을 평가하는 연구였다. 이 연구는 전형적인 부러움의 대상이 다른 집단에 비해 더 많은 피해를 당할 수 있음을 증명해 보였다.[42] 연구 참가자들은 〈피어 팩터Fear Factor(엽기적인 종목으로 승부를 겨뤄서 이기는 사람이 상금을 받는 미국의 리얼리티 쇼-옮긴이))와 유사한 게임 프로그램에 참가하는 중이라고 상상했다. 그리고 벌칙으로 고통스러운 (하지만 치명적이지는 않은) 충격을 받을 집단을 선택할 수 있는 권한이 주어졌다. 그 결과 부러움의 대상이 가장 많이 선택되었다.

이미 말했듯 질투는 스스로 변신하는 습성이 있다. 우선 질투가 분노처럼 '느껴지기' 시작하고, 그래서 만약 부러운 사람이나 집단에 불행이 일어나면 자업자득인 것처럼 '느껴진다'. 또한 쌤통 심리의 원인이 질투라면, 질투하는 사람은 자신의 동기를 들키지 않기 위한 행동을 하게 된다. 질투심을 시인하면 열등함과 정당하지 않은 적의를 인정하는 꼴이 된다. 사람들이 질투를 부인하는 데에는 그럴 만한 이유가 있다. 그 누가 자신의 열등함을 인정하고 싶을 것이며, 그 누가 자신의 열등함 때문에 남들이 밉다고 털어놓고 싶겠는가? 수치심은 자존감에 무서운 위협이 되고, 많은 학자들이 지적했듯 그래서 우리는 내적으로든 외적으로든 질투를 인정하지 않기 위해 '거의 무의식적으로' 온갖 방어 전략을 사용한다. 사회 이론가인 고故 레슬리 파버 Leslie Farber는 질투가 변화무쌍한 '변장술'을 가지고 있어서, 남들뿐만 아니라 "자기기만을 위해 합리적인 능력을 거의 불경스럽게 발휘하는, 질투하는 자아"까지 속인다고 주장했다.[43] 그러니 부러움의 대상이 피해를 입으면 당연히 자업자득이라 생각하고, 자신의 행동에 그럴 만한 이유가 있었다며 정당화한다. 질투 대상을 비난하고 비인간화하고는 그런 대우를 마땅하다고 여긴다. 이런 패턴의 근저에 깔린 불쾌한 원인은 보통은 깊이 파묻혀 있거나 다른 모습으로 위장되어 있다. 혐오감은 동정을 이긴다.[44] 미나 시카라와 수전 피스크 같은 학자들의 말처럼 '집단 간'('우리' 대 '그들') 요소가 더해지면 이 과정이 더욱 활발해질 것이다.[45] 이젠 집단을 위해 적과 싸우는 모양새가 되는 것이다. 개인적이고 '이기적인' 원한보다는 집단적인 목표가 독일과 나치 정권의 동기인 것처럼 보인다.

히틀러의 경우 자신의 질투를 인정하지 않고도 유대인이 미움받아 마땅한 민족이라고 스스로를 납득시킬 수 있게 되자 그들을 말살하겠노라고 맹세할 수 있었고, 실제로 그렇게 맹세했다. 1939년 1월 그는 제국의회에서 연설하며 유대인의 운명을 예언했다. 히틀러의 주장에 따르면, 그가 기나긴 투쟁을 하는 동안 유대인들은 그가 권력을 잡고 '유대인 문제 해결책'을 법률로 제정할 거라는 그의 예언을 비웃었다. 하지만 히틀러는 바로 그 유대인들이 지금 그 웃음에 "질식하고" 있다고 주장했다. 그리고 최후에 웃는 자는 자신이 될 거라고 확신한 듯 "유럽에서 유대인이라는 종족이 멸종할 것"이라고 예언했다.[46]

::   **유대인 말살을 결정한 뒤 시가와 코냑을 즐기다**

1942년 1월 20일 베를린 교외인 반제에서 나치 친위대는 본격적이고 조직적인 유대인 몰살에 착수하기 위해 협조를 구해야 할 독일 고위 관료들을 모아놓고 회의를 열었다. 이 반제 회의를 주관한 사람은 보안첩보부의 수장인 라인하르트 하이드리히Reinhard Heydrich였다. 후에 유대인 살해 작전을 계획한 아돌프 아이히만도 다른 나치 친위대 장교들, 나치 관리들과 함께 회의에 참석했다. 학살 계획은 충분히 예상 가능한 일이었다. 독일군이 동유럽으로 진격하면서 이미 대량 학살이 벌어지고 있다는 사실을 많은 이들이 알고 있었다. 이 회의의 진짜 목적을 숨기기 위해 완곡한 표현으로 살짝 수정된 회의록이 남아 있다. 관련자들의 회고(예를 들면 이스라엘 첩보 요원들이 아이히만을 취조하여 얻어낸 내용)와 이 회의록에 따르면, 회의 참석자들은 그 계획에 열성적으로 협조했다.[47] 그들에게 쌤통 심리가 있었다는 걸 감안하면 그들의 열의는 우리 생각보다 더 뜨겁지 않았을까?[48] 도널드 매케일의 조사에 의하면 회의가 끝난 후 하이드리히를 비롯한 참석자들은 시가와 코냑을 함께 즐겼다. 후에 아이히만은 "제3제국(1933~1945년 히틀러 치하의 독일을 일컫는 말 - 옮긴이)의 교황들"이 그 계획을 승인함으로써 모든 이들의 의혹이 말끔히 씻겨나간 것이 정말 만족스러웠다고 회상했다. "그 순간 나는 본디오 빌라도와 같은 심정이 되었다. 죄책감에서 벗어난 기분이 들었기 때문이다."[49]

역사가 마크 로즈먼Mark Roseman은 반제 회의에 관한 저서에서 하이드리히를 비롯한 나치 지도자들이 그 회의에서 느낀 감정 중에 쌤통 심리도 일부 있었을 거라고 추측한다.[50] 거의 모든 참석자들이 유대인 근절 목표를 지지했을 테지만, 이의 제기가 일어날 만한 난제도 있었다. 한 예로 혼혈 유대인이나 비유대인과 결혼한 유대인을 어떻게 처리할 것인가 하는 문제 등이다. 하이드리히는 내무부 차관인 빌헬름 슈투카르트Wilhelm Stuckart가 이 부류의 유대인들을 보호해주자는 의견을 낼 줄 알았다. 하지만 그렇지 않았다. 거의 모든 관리들이 유대인을 신속히 완벽하게 몰살하고픈 욕구를 피력했다. 아이히만은 회의 참석자들의 열의를 과장함으로써 자신의 책임을 줄이기 위한 의도로 이렇게 진술했는지도 모른다. 어쨌든 그는 다음과 같은 의견을 밝혔다.

> 모두가 흔쾌히 동의했을 뿐만 아니라, 뜻밖에도 유대인 문제의 최
> 종 해결책을 서로 앞다투어 요구했다. 내 기억에 가장 놀라운 일
> 은 요제프 뷜러Josef Bühler뿐만 아니라 항상 조심스럽고 머뭇거리
> 던 슈투카르트까지 전에 없이 갑작스럽게 의욕을 보인 것이었다.[51]

로즈먼에 따르면 '흥분한' 하이드리히는 회의 참석자들에게 의정서
를 보냈다.[52] 그리고 이런 메시지를 동봉했다. "다행히도 유대인 문제
에 대한 최종 해결책의 실행과 관련하여 기본 방향이 정해졌습니다."[53]
그 계획은 이제 공식적인 것이 되었다. 집단 학살 계획은 그들에게 축
하할 일이었다.[54]

질투가 약간 섞였건 아니건 간에, 그들의 행태에는 가장 불온한 형
태로 가장된 쌤통 심리가 숨어 있다. 흥미롭게도 반제 회의를 충실하
게 재현하려 한 2001년 영화 〈컨스피러시Conspiracy〉를 보면, 반유대주
의적인 상스러운 농담에서부터 유대인 말살 계획을 마무리해나가는
동안 각 단계마다 열광하며 테이블을 두드려대는 모습까지 쌤통 심
리가 지배적인 주제로서 영화를 관통하고 있다. 여기에는 집단 학살
이 유대인의 당연한 운명이라는, 정의로운 신념으로 탈바꿈한 질투도
암시되어 있다. 역사 기록이 보여주듯 (배우 콜린 퍼스Colin Firth가 훌륭하
게 연기한) 슈투카르트는 처음엔 극단적인 조치에 약간 반대하는 듯한
모습을 보인다. 그는 자신이 1935년에 제정된 뉘른베르크 법Nürnberger
Gesetze의 주요 입안자였음을 모두에게 상기시킨다. 다양한 범주의 유

대인들을 법적으로 정의한 그 법은 유대인 박해의 법적 근거가 되었다. 슈투카르트는 나치 친위대에 의한 유대인들의 무차별적 강제 이송이 법적 혼란을 야기할 거라고 생각했다. 그러자 나치 친위대의 한 장교가 다른 참석자에게 슈투카르트는 유대인을 '사랑'하는 것이 틀림없다고 말한다. 이 말에 슈투카르트는 유대인을 향한 자신의 좀 더 정교한 증오를 맹렬히 피력한다.

> 당신 제복을 보아하니, 유대인에 대해서 피상적이고 무지하고 순진한 생각을 하고 있는 것 같군요. 당신은 당이 떠들어대는 소리만 하는데…… 유대인들이…… 정말…… 정말…… 열등한…… 종족이라고 말입니다. 하지만 그건 잘못된 생각입니다. 그들은 놀라울 정도로 영악한 자들이에요. 지능적이기도 하고요. 그 종족에 대한 내 비난이 더 확고하고 강력해요. 그들은 현실이니까요, 당신의 그 무지한 이념이 아니라……. 그들은 오만하고 자기밖에 모르고 계산적인 데다 예수를 거부합니다. 난 그들이 독일 혈통을 더럽히도록 놔두지 않을 겁니다……. 멋모르는 소리 그만해요……. 우리가 유대인의 현실을 상대하면 세상의 갈채를 받을 겁니다. 하지만 그들을 상상 속의 악마나 가공의 인간으로 대하면 세상은 정정당당히 우리를 경멸하겠죠. 법을 무시하고 그들을 죽여버리면 그들은 순교자가 되는 겁니다……. 그들의 승리가 되는 거죠……. 내 진의를 이해하게 되면 그때 얘기해봅시다, 누가 유대인을 사랑하고 누가 증오하는지.[55]

비록 상상으로 만들어진 대화지만 슈투카르트는 몰살 계획을 정당

261

화하기 위해 유대인들이 열등하다는 왜곡된 믿음을 이용하는 회의 참석자들의 부조리한 논리를 정확히 지적해낸다. 하지만 그러면서도 그는 그 자리에 있는 그 누구보다 열렬히 유대인 제거를 원한다. 글릭이 말한 질투 어린 편견의 관점에서 보면 쉽게 예상할 수 있듯 그는 유대인에 대한 다른 부정적인 고정관념을 이용해 이 욕구를 정당화한다. 슈투카르트마저도 유대인들의 그런 속성들을 들먹이며 이 '놀라울 정도로 영악한' 사람들에 대한 자신의 증오에 질투가 섞였을 가능성을 일축해버린다.

:: **쌤통 심리의 직접적인 피해자들**

홀로코스트 생존자들의 인터뷰와 회고록을 보면 수많은 나치와 일부 독일인들이 유대인의 고통을 즐겼다는 건 분명한 사실이다. 이 즐거움의 원인이 무엇인지 알기는 어렵다. 하지만 사건에 대한 여러 이야기와 인간의 감정과 행동에 대한 우리의 지식을 이용하면 많은 실마리를 얻을 수 있을 것이다.[56] 《뉴욕타임스》의 칼럼니스트인 로저 코언Roger Cohen은 『군인과 노예Soldiers and Slaves』에서 제2차 세계대전이 끝나갈 무렵에 일어난 일련의 사건을 설명한다.[57] 코언은 지하 연료 생산 공장을 짓기 위해 독일 동부의 작은 마을 베르가로 보내진 약 350명의 남자들이 겪은 비참한 경험을 따라간다. 현실적으로 성공할 가능성이 전혀 없는 비상식적인 계획이었지만 독일은 전쟁을 위해 휘발유가 절실히 필요한 상황이었다. 끌려간 남자들의 대부분은 히틀러가

262

최후의 반격으로 미군을 기습 공격한 벌지 전투에서 독일군에게 생포된 미군 병사들이었다.[58] 그들이 선택된 이유는 유대인 같은 이름을 가졌거나, 유대인이라고 시인했거나, 혹은 유대인 같은 외모를 가졌기 때문이었다. 그들은 가축 운반차에 실려 가면서도 자신들이 나치의 유대인 근절 계획에 말려들었다는 사실을 눈곱만큼도 눈치채지 못했다. 그들은 전쟁 포로로 생포당하고, 강제 노동을 하고, 미군이 베르가로 점점 다가오자 마지막 죽음의 행진을 떠나야 했다. 코언은 이 상황에서도 용케 살아남은 몇 안 되는 사람들의 기억을 전한다. 또한 그들과 비슷한 일을 겪은 헝가리 유대인 모르데카이 하우어Mordecai Hauer의 이야기도 들려준다. 전쟁 종반에 독일은 아무런 의심도 없었던 50만 명 이상의 헝가리 유대인을 한데 모았는데 하우어 가족도 그 무리에 끼어 있었다. 그 후 하우어는 베르가로 보내졌다.

이 이야기에서 반복적으로 등장하는 여러 주제가 있다. 몇몇 예외가 있긴 했지만 대체로 독일 병사들은 포로들에게 명백한 증오와 경멸을 드러냈다. 오만함이나 불복종의 기미만 보여도 당장에 폭력적인 앙갚음을 하고 더 큰 모욕감을 안겨주었다. 유머와 쌤통 심리(그리고 아주 가학적인 무자비함) 역시 포로수용소에 만연했다. 감시병은 불복종하는 포로가 있으면 구타하거나 한 명 이상을 처형했다. 처형당한 사람은 임시변통으로 만든 교수대에 본보기로 매달렸고, 감시병들은 조롱하는 유머로 죽은 자를 모욕했다.[59] 주변에서 벌어지는 인간의 타락을 이해하려 발버둥 쳤던 생존자, 윌리엄 샤피로William Shapiro 사병은 수많은 포로들이 그 같은 운명을 맞았던 때를 떠올렸다. 코언은 그의 이야기를 다음과 같이 전한다.

샤피로는 잔인한 행위를 거리낌 없이 하던 나치 친위대의 눈길을 끌지 않으려 조심하면서 교수대를 슬쩍 훔쳐보곤 했다. 브롱크스에서 자란 그는 미국 남부에서 사적으로 행해진 흑인 교수형을 찍은 사진들을 보면서 백인 살인자들의 미소 짓는 얼굴에 깜짝 놀랐었다. 샤피로는 그 전까지 교수형을 본 적이 없었다.[60]

교수형을 목격하고 그 의미를 깊이 생각해볼 수도 있었겠지만, 살인자들의 미소 짓는 얼굴까지 보면[61] 혼란에 빠지게 된다.

샤피로는 막막해졌다. 그는 지옥에 떨어진 것이다. 사람들이 공개적으로 교수형 당하고, 소매에 노란 삼각형이 찍힌 채 겁에 질린 청소년들이 혹한의 날씨에 차려 자세로 서서 곤봉과 라이플총 개머리로 맞으면서도 대체 이게 무슨 일인지, 어쩌다 이렇게 됐는지, 왜 이렇게 됐는지 말하지 못하는 지옥.[62]

헝가리 유대인 하우어가 겪은 일은 독일인이 헝가리뿐만 아니라 독일 및 기타 국가에 거주하는 유대인을 악랄하게 학대한 이유 중에 질투도 있었을 거라는 사실을 좀 더 직접적으로 암시한다. 헝가리의 유대인들은 독일 정부와 헝가리 정부 간에 맺어진 협정에 의해 나치가 그들을 보호해주고 있다고 생각했다. 전쟁 막바지에 이른 듯 보이면서, 대부분의 유대인들은 이 협정이 바뀔 거라는 걱정은 전혀 하지 않았다. 유대인들을 끌어모으는 작업 초반에 아이히만이 직접 나타나서 그들을 지켜줄 수용소로 데려갈 거라는 거짓말로 유대인들이 고분고분하게 따라오도록 만들었다. 하지만 상황이 악화되자 좀 더 냉철한 유대인들은 "끔찍한 결과를 예상"했다. 하우어는 많은 헝가리인이 유대인의 성공에 분노와 질투를 느끼고 있음을 직감했다.

> (많은 헝가리인이) 유대인을 증오했다. 돈을 저축하고, 술을 마시지 않고, 아이들을 교육시키고, 상류층으로 올라서는 유대인들이 미웠던 것이다. 이제 헝가리에 나치가 들어왔으니 모든 좌절감을 분출할 숨구멍이 생긴 셈이었다. 유대인들이 끈기 있게 모아온 모든 것을 빼앗을 수 있게 되었다.[63]

독일이나 다른 국가에서도 그랬듯 유대인을 몰아들일 때 재산, 특히 귀중품을 조사하는 작업도 함께 이루어졌다.[64] 하우어는 그의 아버지에게 전해들은 어떤 헝가리 공무원의 말을 떠올렸다. 그는 유대인들이 "금과 다이아몬드를 쌓아놓고" 있다면서, "유대인들은 남의 피를 빨아먹고 사는 거머리들이니까" 그 재산을 자기가 가져야겠다고 말했다.[65] 코언에 따르면 하우어는 "유대인들이 헝가리의 재산을 약탈했다고 믿은 부다페스트 출신의 이 편협한 남자는 아무리 많은 금을 빼앗아도 만족하지 못했을" 거라는 생각이 들었다.[66] 많은 독일인들처럼 많은 헝가리인들도 유대인을 질투했으며, 유대인이 사라지면서 많은 이들이 이득과 만족감을 얻었을 거라고 추측할 수 있다. 헝가리인이 유대인에게 그런 짓을 할 수 있었던 건, 혹은 나치가 살육을 저지를 때 방관할 수 있었던 건, 합리화된 분노와 원한의 탈을 쓴 질투 때문이었을지도 모른다. 하우어는 유대인을 질투한다고 말하는 사

람을 아무도 못 봤지만, 아무리 숨기고 아닌 척해도 질투의 기운이 감도는 듯했다.[67]

코언의 이야기는 한 가지 의문을 불러일으킨다. 왜 나치 친위대는 계속 포로들을 죽음으로 내몰고, 어리석은 짓이 빤한데도 미군을 피해 그들을 행진시켰을까? 그러다가 연합군에게 붙잡혔다간 자신들의 죄가 더 커지는데 말이다.[68] 앞서 강조했듯 질투를 하면 부러워하던 대상을 보는 눈이 달라진다. 증오가 생겨나고, 설령 내가 큰 손해를 본다 해도 질투 대상을 무너뜨리는 것이 가장 중요한 목표가 된다. 아마도 유대인은 질투를 비롯한 여러 요인 때문에 증오의 대상이 되었을 것이다. 하우어는 베르가 수용소에 새로 온 나치 친위대 사령관이 행진을 하기 위해 모인 포로들에게 했던 말을 기억했다.

적군이 가까이 다가오고 있다……. 하지만 당신들은 여기 남겨지지 않을 것이다. 이 전쟁은 아직 끝나지 않았다. 총통께서 우리에게 승리를 약속했고, 난 그분을 믿는다. 그분에게는 우리의 원수들이 지금껏 보지 못한 가공할 비밀 무기가 있다. 이 무기가 전세를 역전시켜줄 것이다! 그러나 설령 우리가 패배한다 해도 당신들에게 좋을 것은 하나도 없다. 내가 나치 친위대에 자원한 이유는 추잡한 당신네 유대인들을 증오하기 때문이라는 걸 알아두길 바란다. 우리는 당신들의 열 배가 되는 사람들을 없애기에 충분한 기관총과 탄약을 가지고 있다.[69]

전쟁이 끝나자 하우어는 절망적인 기분을 안고 헝가리의 고향으로 돌아가, 생존자들과 이전 삶의 흔적을 찾아보고는 너무나 많은 것을 빼앗겼다는 사실을 깨달았다. 그는 그로스만 박사가 살았던 집을 지나갔다. 괴츠에서 좋은 축에 드는 집이었지만, 물론 이제는 그로스만 박사도 그의 가족도 그곳에서 살고 있지 않았다. 그들 모두 목숨을 잃은 듯했다. 얄궂게도 그 집의 문을 연 남자는 하우어와 그의 가족이 질색하던 베레스였다. 그는 유난히 노골적인 반유대주의자였고, 그 사실을 자랑스럽게 여겼다. 그랬던 그가 이제는 그로스만이 돌아올 때까지 집을 지켜주고 있는 거라며 유쾌하게 떠들어댔다. 또 나치가 마을을 장악했을 때 하우어의 가족을 도와주려 했었다고 주장했다. 그러고는 그의 깜짝 귀향을 축하하는 의미에서 자기네 부부와 식사를 같이 하자고 했지만, 하우어는 혐오감 속에 자리를 떴다.

몇 년 후 하우어는 미국에서 가정을 꾸리고 교사로서 행복한 삶을 누리게 되었다. 그러나 아우슈비츠에서 새겨진 문신, A9092는 영원히 그의 팔에 남아 있을 것이다. 약간이나마 그는 자신이 겪었던 공포에서 한 걸음 물러나 그 상황을 거의 받아들일 수 있게 되었다. 예를 들어 누구나, 심지어는 그 자신도 쌤통 심리를 가질 수 있음을 깨달은 것이다. 코언은 하우어의 이런 생각을 강력하게 담아낸다.

　　모든 사람의 마음속에는 개가 있다, 언제든 끈에서 풀려날 수 있는 짐승이. 그것이 바로 하우어가 내린 결론이었다. 인간은 분열된 존재다. 상황만 맞으면, 그리고 충분한 격려를 받으면 그 개는 미쳐 날뛴다. 하우어는 수용소에서 화창한 날에 햇볕을 쬐며 앉아서 그의 몸을 기어 다니는 이를 뭉개 죽이며 행복을 느꼈던 순간을 기억했다. 이를 죽이는 건 자기보다 약한 생물에게 가하는 약간의 복수였다. 그 즐거움은 오래가지 않았다. 하지만 모든 사람에게는 남의 고통에서 만족을 찾을 가능성이 잠재되어 있다. 독일에서는 모든 밧줄이 풀렸고 짐승들이 사납게 날뛰었다.[70]

 하우어는 독일인이 평생 자신들의 죄를 안고 살아가야 한다는 사실에 위안을, 어쩌면 약간의 쌤통 심리를 느꼈다. 그는 무거운 짐을 짊어질 그들과 자신을 비교하며 위로를 받았다. 그리고 적어도 살아남았다는 의미에서만큼은 그는 행운아였다. 운 좋게 살아남은 몇 안 되는 미국 군인들과 마찬가지로 그도 충격을 딛고 일어나 성공적인 인생을 살았다. 미군인 윌리엄 샤피로는 고국으로 돌아가 의학 학위를 딴 뒤, 산부인과 의사로 오랫동안 일했다. 홀로코스트의 지옥에서 받던 형벌이 끝난 것은, 강제 행진을 하던 중 동료 군인들과 함께 헛간에서 쉬다가 미군이 가까이 진군해 오는 소리를 들었을 때였다. 쇠약해진 몸을 이끌고 비틀비틀 헛간에서 나간 샤피로는 그를 향해 다가오는 셔먼 탱크에 찍힌 흰 별을 보았다. 나치 친위대는 이미 뿔뿔이 흩어져버렸다. 미국 지프 한 대가 다가왔고, 샤피로는 나치가 사납게 짖어대던 명령과 너무나 대조되는 미국 병사의 친절한 말을 들었다.
 "어서 타게, 병사."
 이 세 단어와 함께 더 행복한 세상이 그를 맞았다.[71]

11

누구에게도 악의를 품지 말고,
모두를 사랑하는 마음으로

대통령을 실제로 알았던 사람들은 왜 체비 체이스가 〈새터데이 나이트 라이브〉에서 대통령을 문간에 걸려 넘어지는 순한 얼간이처럼 연기했는지 이해하지 못했다. …… 미시간 대학 시절, 전국 풋볼 선수권 대회에 두 번 출전하고 프로 팀의 제안을 거절했던 이 품위 있고 강건한 남자가 아주 작은 실수만 보여도 사람들은 그를 얼치기로 생각했다.

—제임스 A. 베이커 3세(James A. Baker III)[1]

"너희 중에 죄 없는 자가 먼저 돌로 치라" 하시고 다시 몸을 굽혀 손가락으로 땅에 쓰시니. 그들이 이 말씀을 듣고 양심에 가책을 느껴 어른으로 시작하여 젊은이까지 하나씩 하나씩 나가고 오직 예수와 그 가운데 선 여자만 남았더라.

—세례 요한[2]

기본적인 예절 감각은 날 때부터 평등하지 않게 분배된다고, 나의 아버지가 속물스럽게 넌지시 말씀하셨고 나는 속물스럽게 되뇌고 있다. 이 사실을 잊으면 뭔가를 잃어버릴까 봐 아직도 약간 두렵다.

—『위대한 개츠비』에서 닉 캐러웨이의 독백[3]

나는 영화관에서 일할 때 만났던 첫 상관을 잊을 수가 없다. 나의 임무는 그를 도와 영화관의 고등학생 직원들을 관리하는 것이었다. 그 학생들은 서로를 놀리며 장난치기를 즐겼다. 누가 실수를 하면 골려주고 가끔은 비웃기도 했다. 영화 상영 사이에, 그리고 매점에 손님들이 우르르 몰려왔다가 물러간 후에 아이들은 주로 그런 식으로 그들만의 시간을 즐겼다. 하지만 내 상관이 주위에 있을 때 아이들의 행동은 달랐다. 그가 매니저 사무실에서 나와 극장을 한 번 돌면서 현금을 거두고, 콜라 시럽을 확인하고, 아이스박스를 검사하는 동안 아이들은 장난을 자제했다. 그가 두려워서가 아니었다. 나와 마찬가지로 그를 존중한 것이다.

처음 우리가 그를 존중한 이유는 불분명했다. 그의 육체적 존재감 때문은 아니었다. 그는 체구가 왜소하고 안색도 창백해서 그리 눈에 띄는 사람이 아니었다. 하지만 압박감 속에서도 현명한 결정을 내릴 줄 알았다. 영화관은 보통 별 문제없이 잘 굴러가지만 영사기가 한번 고장 나기라도 하면 관객들이 불만을 터뜨리며 환불을 요구한다. 그리고 가끔은 막돼먹은 손님들이 말썽을 부리기도 한다. 영국 작가 러디어드 키플링Rudyard Kipling의 시를 살짝 바꾸어 인용하자면, 내 상관은 주위의 모든 이들이 자신의 손해를 그의 탓으로 돌려도 냉정을 잃지 않고, 문제만 잘 해결될 수 있다면 그 비난까지 감수했다.[4] 하지만 내가 제일 감탄한 그의 장점은 절대 남을 비난하거나 놀리지 않는다는 것이었다. 그는 농담을 들으면 재미있어하고 다른 사람들의 유머를 즐길 줄 알았지만, 비난을 삼갔고 악의적인 웃음을 싫어했다.

내가 그의 이런 점을 인정하기까지는 시간이 좀 걸렸다. 혹시 그가 다른 면모를 보여주지 않을까 싶어 그를 자세히 관찰했다. 하지만 그런 일은 한 번도 없었다. 그의 사람됨에 큰 감명을 받은 나는 어느새 그를 흉내 내려 애쓰고 있었다. 결국 그것은 불가능했다. 남을 재단하려는 본성이 내 의지를 이기고 말았다. 누군가의 작은 실수에 쓴소리를 하거나 고소해하는 반응을 자제한다 해도, 내 마음속의 재판관까지 쫓아낼 수는 없었다.

어떻게 내 상관은 그럴 수 있었을까? 어느 정도는 타고난 부분도 있을 것이다. 그는 공감 능력이 보통 사람보다 훨씬 더 뛰어났다. 하지만 나는 그를 지켜보면서 가장 큰 이유는 그가 사람들을 잘 이해하기 때문이라는 사실을 깨달았다. 그는 사람들의 행동을 보면 그 이유를 기가 막히게 이해했고, 그래서 실수한 사람을 쉽게 비난하지 못했다. 당시 겨우 30대 초반이었던 그는 어릴 때 걸린 당뇨병 때문에 벌써부터 시력을 잃어가고 있었다. 가끔 그는 초콜릿 바 하나를 집어 들고 금전등록기에 잔돈을 툭 던져 넣고는 사무실로 돌아가며 초콜릿 바를 재빨리 먹곤 했다. 한번은 빼꼼히 열린 문 사이로 자기 몸에 직접 인슐린 주사를 놓는 그를 본 적이 있다. 그는 고등학교까지만 다녔는데, 아무래도 대학에 갈 기회를 놓친 건 아닌가 싶다. 고난이 닥치면 분노하는 사람들도 있다. 하지만 그는 자신의 역경을 통해 다른 사람들의 어려운 처지를 예민하게 의식할 수 있게 되었다. 많은 이들이 주변 사람들이 실패하면 냉큼 부정적인 평가를 내려버린다(그래서 남의 실패에 아무렇지도 않게 웃는다). 하지만 내 상관은 실패한 사람들의 불가피한 사정을 찾으려 했다. 그들이 그렇게 행동할 수밖에 없었던 이유를 궁금해하는 것이 그의 타고난 기질 같았다.

옛 상관에 대한 이야기를 하는 이유는, 이 책을 마무리 짓는 시점에서 쌤통 심리라는 자연스러운 감정을 억제할 수 있는 방법을 생각해보는 것도 가치 있는 일이기 때문이다. 앞선 장에서 쭉 이야기했듯이, 쌤통 심리는 인간의 본성을 거스르기보다는 거기에 순응하는 경우가 많다. 하지만 쌤통 심리가 버릇이 되어버리는 걸 막고 싶다면, 내 상관으로부터 배울 점이 많을 것이다. 남들의 불행을 목격할 때 우리가 자주 간과하는 주된 원인인 상황적 요인에 초점을 맞추면 "쌤통이다!" 대신에 "그래서 그랬구나"라는 말을 할 수 있게 될 것이다.

:: "성격이 그 모양이니 저런 행동을 하지."

하지만 상황적 요인을 고려하기가 그리 쉬운 일은 아니다. 사회심리학자들이 말하는 '근본적 귀인 오류'라는 심리적 편견부터 극복해야한다. 이는 남들의 행동에 대한 이유를 그들의 내적 자질에서만 찾으려 하고, 상황적 원인이 있을 수도 있음을 간과하는 우리의 이중적 성향을 지칭하는 말이다. 이 편견 때문에 우리는 다른 사람들이 고통받을 때 그들을 동정하기보다는 정반대로 쌤통이라며 통쾌해한다.

예전에 한 병원 대기실에서 간호사에게 화를 내는 남자를 본 적이 있다. 나는 '뭐 저런 얼간이가 다 있어?'라고 생각했다. 그 광경을 보자마자 자동적으로 든 생각이었다. 그러다 아차 싶었다. 나 역시 몇 년 전 응급실 대기실에서 간호사에게 난리를 친 적이 있었다. 큰딸이 미끄럼틀을 타고 놀다가 머리를 부딪쳐서 당장에 치료를 받아야 했다. 치료 우선순위를 정하는 병원 시스템 때문에 한 시간을 기다린 나는 인내심이 한계에 다다라 간호사에게 고집스럽게 따지기 시작했다. 곧 의사가 내 딸을 진찰한 뒤 상처를 스무 바늘 꿰맸고, 우리는 병원을 떠났다. 이 강렬한 기억이 떠오르자, 그 남자의 행동에 대한 나의 즉각적인 반응에 의문이 생겼다. 혹시 이 남자에게도 냉정을 잃을 만한 이유가 있는 건 아닐까?

우리는 간호사에게 화내는 남자를 보면 성질이 더러운 사람일 거라는 결론을 바로 내려버린다. 그래서 그런 행동을 하는 거라고 말이다. 어쩌면 그 남자는 엄청난 감정적 스트레스를 받고 있을지도 모르는데, 우리는 그냥 '얼간이!'라고 생각해버린다. 다른 사람의 입장에서 상황을 보지 않으면 이런 귀인 편견이 자주 일어날 것이다.[5]

이런 귀인 편견은 우리가 남들의 불행에 반응하는 방식에 직접적인 영향을 미친다. 만약 남의 불행을 그 사람의 내적 성향이나 도덕적 결함의 결과로 본다면, 우리는 자업자득이라 생각하고 통쾌함을 느낄 것이다. 반면 그 불행을 상황에 의한 결과로 본다면, 그 사람이 부당한 일을 당했다는 결론을 내리고 쌤통 심리가 아닌 연민을 느낄 것이다. 나는 간호사에게 고함을 질러대는 그 남자가 공격적이고 이기적인 사람일 거라는 억측을 했다. 그 순간에는 그렇게 생각할 만한 타당한 이유가 있었고, 간호사가 경비원을 불렀다면 속으로 통쾌해했을 것이다. 하지만 만약 내가 대기실에 들어가기 전에 그 남자가 간호사에게 아내의 최근 상태를 물어봤는데, 간호사가 "솔직히 말해서 아내분은 가망이 없어요. 그러니 다른 환자들이나 보러 가야겠어요"라고 답했다면? 그렇다면 이제 상황은 달라진다. 그 남자의 행동은 용서를,

심지어는 칭찬까지 받을 만한 것이 된다. 그들의 대화를 처음부터 들었던 사람이라면 이 남자를 얼간이로 치부해버리지는 않을 것이다.

스탠리 밀그램의 '권위에 대한 복종 실험'

다른 사람들의 행동을 내적 요인으로만 판단하고 상황적 원인을 무시하는 우리의 강한 성향을 인지하고 있으면, 적절한 때에 올바른 판단을 내릴 수 있을 것이다. 하지만 인지하기 힘들다는 것이 문제다. 사회심리학자 스탠리 밀그램Stanley Milgram의 '권위에 대한 복종 실험'은 이 점을 증명해주는 좋은 예이다. 1960년대의 실험이지만 지금 봐도 놀랍기만 하다. 그 실험에 참여한 대부분의 사람들은 가학적으로 보이는 행동을 했고, 우리는 그들을 비난하면서 가학적인 성격 때문에 그런 행동을 했다고 추측하기 쉽다. 아니나 다를까, 이 실험 영상을 보여주면 많은 학생들이 참가자들을 비웃으며 자기들이 더 낫다고 생각한다. 하지만 그 실험에 대해 더 많은 사실을 알게 되면 학생들의 반응이 달라진다. 우선 실험 절차를 엄밀히 검토해볼 필요가 있다.

밀그램은 자신이 교수로 몸담고 있던 예일 대학에서 학습에 관한 실험을 한다는 명목으로 보수를 제시하며 참가자를 모집했고, 주로 중년의 평범한 남자들이 모집에 응했다. 실험자들을 한 번에 두 명씩 불러, 처벌이 학습에 미치는 영향을 실험할 거라고 말했다. 제비뽑기를 해서 한 사람은 '선생님' 역할을, 다른 한 사람은 '학생' 역할을 맡았다. 사실, 진짜 참가자들에게는 항상 선생님 역할만 돌아갔다. 학생 역할을 맡은 사람은 실험자들이 고용한 배우였다. '학생'은 한 쌍을 이루는 단어를 외우라는 지시를 받았고, 선생님이 각 쌍의 첫 번째 단어를 부르면 그 뒤의 단어를 답해야 했다. 선생님은 학생이 정답을 말하면 칭찬해주고, 오답을 말하면 점점 더 높은 강도의 전기 충격을 주기로 되어 있었다.

선생님이 지켜보는 가운데 학생은 옆방으로 옮겨 가 전극처럼 보이는 것을 몸에 연결했다. 선생님은 시험적으로 45볼트의 가벼운 충격을 직접 받아보고, 낮은 수준의 '충격'도 아프다는 사실을 알았다. 그리고 그때 학생은 나중에 중대한 영향을 미칠 한 가지 정보를 알려주었다. 검진을 받았는데 가벼운 심장 질환이 발견됐다면서, 전기 충격이 위험하냐고 물은 것이다. 실험자는 "아프긴 하겠지만 세포조직은 전혀 손상되지 않을"거라고 자신 있게 답했다. 이때부터 학생과의 모든 의사소통은 인터폰을 통해 이루어졌다. 선생님은 조종실에서 전기 충격을 주는 데 사용할 장치를 마주보고 테이블에 앉았다. 이 장치에는 서른 개의 스위치가 있었는데, 각 단계마다 전기 볼트가 점점 더 높아졌다. 10단계(150볼트)는 '강한 충격', 17단계(225볼트)는 '격심한 충격', 25단계(375볼트)는 '위험, 극도의 충격'으로 구분되었다. 마지막 단계(435, 450볼트)에는 특히 극도로 위험하다는 의미의 'XXX'가 표시되어 있었다.[6]

학생은 처음엔 (이미 정해져 있던 계획대로) 잘 맞혔지만 이내 오답을 말하기 시작했고, 선생님은 삑 하는 귀에 거슬리는 소리가 나는 스위치를 눌러 전기 충격을 줘야 했다. 75볼트에서 학생은 끙끙거렸고, 120볼트에서는 아프다고 소리를 질렀다. 135볼트가 되자 고통스러운 신음 소리를 내기 시작하다가 150볼트에서 이렇게 울부짖었다. "윽!!! 저기요! 이제 못 견디겠어요. 나가게 해주세요! 심장이 안 좋다고 말했잖아요. 심장이 아프기 시작했어요. 이제 그만할래요. 내보내 줘요."[7] 하지만 실험자는 "실험을 여기서 그만둘 순 없습니다", "선택의 여지가 없어요, 계속하십시오"라며 선생님을 부추겼다. 270볼트에서 학생은 고통스러운 비명을 지르며 실험을 그만두라고 더욱 강력하게 요구했다. 330볼트에서 학생의 비명은 더욱더 심해지고 오래 지속되었으며, 학생은 겁에 질린 목소리로 심장이 아프다고 호소하면서 내보내달라고 다시 한 번 악을 썼다. 다음 단계의 전압에서 인터폰이 조용해졌고, 이는 곧 학생이 정말 치명적인 심장마비로 쓰러졌을지도 모른다는 의미였다.

당신이 만약 이 실험의 '선생님'이라면 어떻게 하겠는가? 밀그램은 정신과 의사, 대학생, 중산층 성인, 이렇게 세 그룹에 이 질문을 던졌다. 그러면서 실험 절차의 세부 내용을 요약해주고, 전기 충격기 제어반의 그림을 나누어 주었다. 110명의 응답자들 모두 적절한 시점에 실험자에게 불복종했을 거라고 답했다. 300볼트까지 복종하겠다고 답한 사람은 네 명밖에 없었다. 세 그룹 모두 가장 많이 나온 답은 150볼트에서 멈추겠다는 것이었고, "나는 사람들이 고통받는 모습을 견딜 수가 없다. 학생이 나오고 싶어 하면, 고통에서 벗어날 수 있도록 풀어주겠다"라는 대답이 일반적이었다.[8] 밀그램은 이런 답변이 어느 정도 허영심에서 나온 건 아닐까 고민했다. 그다음엔 응답자들에게 다양한 연령대와 직업군의 미국인 100명이 어떻게 답할지 예측해 보라고 했다. 〈표 11.1〉은 39명의 정신과 의사들이 예측한 결과를 보여준다. 다른 두 그룹의 의견도 본질적으로 다르지 않았다. 모든 응답자들은 밀그램의 표현대로 하자면 '병적인 주변인들'[9]만 가장 높은 전압까지 실험을 계속할 거라고 생각했다. 사실, 정신과 의사들은 대부분의 사람들이 150볼트에서 멈출 거라고 예상했다. 학생이 실험의 중단을 처음으로 요구한 시점이었다.

이는 상황적 요인이 행동에 미치는 영향을 과소평가하기가 얼마나 쉬운가를 보여주는 가장 강력한 증거이다. 세 그룹의 예측이 모두 심하게 빗나갔기 때문이다. 실제 참가자들은 아주 다른 행동을 보였다. 밀그램의 실험에 참여한 사람들의 65퍼센트가 최고 충격 단계까지 갔을 뿐만 아니라, 실험자가 말리기 전까지 계속해서 학생에게 전기 충격을 가했다. 세 그룹의 어긋난 예상에 대한 밀그램의 분석은 근본적 귀인 오류라는 개념의 전조가 되었다. 그는 다음과 같이 결론지었다.[10]

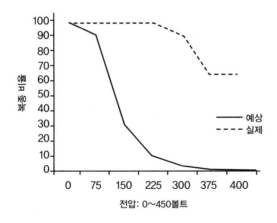

〈표 11.1〉 밀그램의 실험에 나타난 복종의 수준

육체적 폭력이나 위협으로 강요받지 않는 이상, 개인 행동의 근원은 바로 자기 자신이다. 한 사람이 어떤 특정한 행동을 보이는 이유는 그렇게 행동하기로 결정했기 때문이다. 행위는 물리적·사회적 환경 안에서 일어나지만, 그것은 행위가 발생하는 무대에 불과하다. 행동 자체는 사람의 내적 중심에서 흘러나온다. 그 중심 안에서 개인적 가치관의 무게를 재고, 욕구 충족을 평가하고, 그 결과 이루어진 결정을 행동으로 옮기는 것이다. …… 대부분의 사람들은 이런 식의 가정부터 먼저 한다. …… 그들은 한 개인이 처한 상황보다는 그의 성격에 초점을 맞춘다.[11]

여기서도 쌤통 심리의 이해가 큰 도움이 된다. 불행은 사람들의 의도적인 행위에서 비롯되는 경우가 많기 때문에 그들 자신의 탓, 즉 자업자득인 것처럼 보인다. 하지만 밀그램의 실험 결과는 우리가 이런 행위의 원인이 되었을지도 모를 상황적 요인을 잘 인지하지 못한다는 사실을 보여준다. 상황이란 행위가 벌어지는 "무대에 불과한"[12] 것이 되어버리고 만다. 결국 상황이 아닌 내적 요인이 어떤 사람의 행위를 설명해주는 것처럼 보인다. 그러고 나면 인과관계의 틈이 메워지고, 그 불행이 더욱 응당하게, 그리고 즐겁게 느껴진다.

::　　　　　**밀그램의 실험 결과로 보는 〈성범죄자를 잡아라〉**

사람들의 굴욕을 주된 흥행 요소로 사용하는 리얼리티 프로그램 〈성범죄자를 잡아라〉에 대해 다시 생각해보자. 미성년자와 성관계를 가지려는 빤한 의도를 가지고 현장에 나타나는 남자들을 보면서 대부분의 사람들은 "난 저런 짓 안 해"라고 생각한다. 그런 남자들의 행동을 불완전하고 변태적인 내면의 표출로 보는 것은 자연스러운 일이다. 그리고 이런 생각을 뒤집을 만한 상황적 요인이 없는 것처럼 느껴지기 때문에 더욱더 그런 가정을 하게 된다. 하지만 만약 정상참작을 해줄 요인이 있다면 어떨까? 이 남자들 중 일부는 유혹이 없었다면 자위로 욕구를 해소했을지도 모르고, 다른 사람들보다 더 강한 유혹을 받았을지도 모르며, 바람잡이가 미성년자인 줄 몰랐을지도 모른다. 또 어떤 남자들은 바람잡이가 사용한 영악하고 그럴싸한 전략에 유난히 약했을지도 모른다. 적어도 그들의 사연을 안다면, 성범죄자로 낙인찍힌 이 남자들에 대해 아주 다양한 평가가 나올 수도 있다. 하지만 근본적 귀인 오류에 그 행동의 변칙성과 불쾌감까지 더해져 우리는 좀 더 큰 그림을 보지 못한다. 쌤통 심리를 포장해놓은 듯한 그 프로그램에서 상황적 분석은 불가능하다. 그 남자들은 우리가 걱정해줄 가치도 없는 변태일 뿐이다. 문명사회에서 일반적으로 허가하지 않는 치욕이라는 벌을 받아도 싸다. 프로그램은 이 '범죄자들'의 몰락을 즐기도록 허락하고 심지어는 부추기기까지 한다.

우리는 아주 쉽게, 그리고 거의 반사적으로 남들의 행동을 성향과 내적 요인 탓으로 돌린다. 이런 경향이 너무 강하기 때문에, 상황적 요인이 분명할 때에도 이 반사적인 첫 추측을 바로잡으려면 집중과 노력이 필요하다. 댄 길버트와 그의 동료들은 일련의 연구를 통해 이 사실을 증명했다. 한 연구에서 참가자들은 어떤 여자가 한 남자와 신경질적이고 불안한 모습으로 대화를 나누는 영상을 보았다. 그들의 음성은 들리지 않았지만 그들이 나누는 대화의 주제가 자막으로 떴다. 한 조건에서는 민망한 주제(예를 들면 성적인 환상), 다른 한 조건에서는 일상적인 주제(예를 들면 취미)였다. 누구나 짐작할 수 있듯이 참가자들은 성적 환상 조건에서보다 취미 조건에서 더 높은 '기질적 불안감' 점수를 매겼다. 상황적 제약을 강조한 것이 참가자들의 판단에 영향을 미친 것이다. 그들은 민망한 주제에 대해 이야기해야 하는 상황에서는 누구나 불안해질 거라고 추측했다. 하지만 취미에 대해 이야기할 때 불안해한다면, 그 불안한 행동은 그 사람의 '성격' 때문인 것이다. 여기에 다른 조건이 추가되자 더 흥미로운 결과가 나왔다. 참가자들은 두 영상 중 하나를 보았지만, 이번에는 영상을 보는 동시에 일련의 단어를 연습해야 했다. 그 결과 성적 환상 조건과 취미 조건 모두에서 추가적인 과제가 없을 때의 '취미' 조건에서와 비슷한 기질적 불안감 점수가 나왔다. 추가적인 과제에 정신이 팔린 참가자들이 대화의 주제가 불안한 행동에 미치는 영향을 고려하지 못한 것이다. 불안하게 '행동'하는 여자를 보고는, 그녀가 불안한 '기질'을 타고난 사람이라는 결론을 내려버렸다.[13]

이를 비롯한 여러 실험은 타인이 행하는 행동의 원인을 추측할 때 반사적으로 그 사람의 기질을 원인으로 추론한다는 사실을 증명해준다. 간호사에게 화를 내는 남자는 성질이 더러운 사람이다. 학생에게 계속 전기 충격을 주는 남자는 가학적인 사람이다. 불안하게 행동하는 여자는 기질적으로 불안한 사람이다. 이런 추론은 직접적이고도 수월해서 인지적인 노력이 거의 필요 없다. 그러다가 첫 인상에 위배

되는 상황적 요인을 인식하게 되면, 기질을 원인으로 생각한 추론을 '수정할' 것이다. 간호사에게 화를 내는 남자는 그의 아내가 심하게 다쳤으므로 성질 더러운 사람이 아니다. 학생에게 계속 전기 충격을 주는 남자는 대부분의 사람들이 이 상황에서 할 법한 행동을 하고 있으므로 가학적인 사람이 아니다. 불안하게 행동하는 여자는 민망한 이야기를 하고 있는 상황이므로 기질적으로 불안한 사람이 아니다. 문제는 첫 인상을 수정하는 과정이 반사적으로 일어나는 경우는 거의 없다는 것이다. 그리고 이 수정을 방해하는 요소는 수없이 많다. 게다가 사람의 성격을 분류하는 명칭('얼간이', '사디스트', '신경증 환자' 등등)은 어찌나 넘쳐나는지 사용하지 않기가 힘들 정도인데, 상황을 설명하는 표현("힘든 상황이었다" 등)은 그보다 적다.[14]

우리의 이런 성향을 알고 있으면, 적어도 누군가의 행동을 보자마자 아무 죄책감 없이 '쌤통이다!'라고 외치기 전에 좀 더 복합적인 이유를 찾을 수 있게 될 것이다. 근본적 귀인 오류를 저지르는 우리의 성향으로부터 얻을 수 있는 교훈은, 다른 사람에게 불행이 닥쳤을 때 종합적인 상황을 판단하기 위해 의식적인 노력을 해야 한다는 것이다. 상황적 요인과 기질적 요인을 동등하게 놓고 고려한다면 남의 불행에 아무 생각 없이 웃음을 터뜨리거나 미소 짓는 일은 줄어들 것이다.

::   **지혜로운 사람은 근본적 귀인 오류에 빠지지 않는다**

다른 사람이 망신당하는 모습을 지켜보면서 독선적인 우월감을 맛보거나 혹은 그들의 불행이 자업자득이라는 확신이 들 때 우리는 쉽게 즐거움을 느낀다. 우리가 이런 즐거움을 흔히 느끼는 이유는 어떤 행동의 원인을 그 사람의 기질에서 찾으려는 성향이 강하기 때문이다. 하지만 이런 성향을 이겨낸 사람들도 있다. 내 상관이 바로 그런 사람이었다. 그의 지혜 덕분이라고밖에는 설명할 길이 없다. 물론 남들과 공감하는 능력을 타고나기도 했겠지만, 어떤 사람이 자신의 행동으로 인해 실패나 고통을 겪는다면 그 행동을 유발했을지도 모를 상황에 먼저 초점을 맞추어야 한다는 걸 인생살이를 통해 배웠을 것이다. 주변 사람들이 누군가의 실패를 쉽게 비난하면 내 상관은 당장에 맞장구를 치기보다는 침묵으로, 혹은 비난조가 덜한 다른 설명으로 반대 의사를 표했다. 그렇다면 그가 쌤통 심리를 한 번도 드러내지 않았을까? 물론 아니다. 그 감정은 우리 모두의 DNA 속에 존재한다. 하지만 그의 쌤통 심리에 악의는 절대 없었고, 그는 그 감정을 지혜롭게 잘 조절했다.

::   **에이브러햄 링컨: 누구에게도 악의를 품지 말고**
모두를 사랑하는 마음으로

내 상관에게는 에이브러햄 링컨 같은 면모가 조금 있었다. 링컨의 생애를 잘 아는 사람이라면 그를 존경할 수밖에 없다. 일리노이 주 의회에서 정치 인생을 시작한 초반에 그는 동료 의원인 제임스 실즈James Shields를 비꼬는 편지들을 발표하여 그를 조롱하는 실수를 저질렀다.

링컨은 가명을 사용했지만 실즈는 사실을 알아냈고, 명예를 훼손당했다고 느껴 링컨에게 결투를 신청했다. 일촉즉발의 상황에서 링컨은 양측 친구들과 함께 실즈를 설득하여 결투를 취소시켰다. 이 경험으로 링컨은 중요한 교훈을 얻었다. 그 사건이 창피했던 그는 그때부터 남들에 대한 신랄한 풍자를 발표하는 일을 피했다. 또한 가두연설에서 적들을 겨냥한 날카로운 유머를 구사하던 습관도 그즈음부터 사라졌다.[15] 그는 남을 흉내 내는 재주와 인간 조건에 대한 통찰력이 아주 뛰어났기 때문에 이런 습관을 없애기가 아주 힘들었겠지만, 실수를 저지르고는 후회하고 사과했다.[16] 그는 다툼을 멀리하고, 모욕적인 말을 웃어넘기고, 남을 조롱하거나 망신 줄 수 있는 기회를 거부했다.[17]

다른 사람들의 관점에서 생각하는 건 링컨에게 아주 쉬운 일이었던 모양이다. 그는 사람들을 효과적으로 다루는 요령, 즉 그 자신의 정의에 따르면 "다른 사람들이 생각하는 그들 자신의 모습 그대로 그들을 묘사해주는 능력"을 가지고 있었다.[18] 링컨의 생애를 말할 때 빠지지 않고 등장하는 일화가 있는데, 게티즈버그 전투 후 그가 조지 미드George Meade 장군에게 비판적인 편지를 보낸 사건이다.[19] 링컨은 장군들에게 불만이 많았다. 그들은 결단력 부족과 무능함으로 수많은 기회를 날려버렸지만, 게티즈버그 전투에서 북군이 거둔 승리는 남부연방에 치명적인 타격이 될 수 있었다. 양 진영 모두에게 끔찍한 손해를 남긴 수많은 충돌 끝에 미드 장군이 로버트 E. 리Robert E. Lee 장군의 휘하에 있던 남부군을 압도했고, 리 장군은 전열을 가다듬고 완전한 패배를 막기 위해 포토맥 강으로 후퇴했다. 강의 범람 때문에 퇴각이 더디게 진행됐지만, 그리고 전보와 특사를 통해 링컨의 재촉을 받았지만, 미드는 리의 군대를 진압할 수 있는 이 기회를 놓치고 말았다. 그 덕에 리 장군은 다리를 만들 시간을 벌어 자신의 군대를 탈출시킬 수 있었다. 미드의 실패에 분노한 링컨은 편지로 자신의 감정을 드러냈다. 그 일부분을 보자.

친애하는 장군. …… 장군은 게티즈버그에서 싸워 적을 물리쳤습니다. 그리고 물론 적군은 우리 이상으로 큰 손실을 입었지요. 적군은 퇴각했는데 내가 보기에 장군은 끈질기게 그들을 뒤쫓지 않았고, 강의 범람 때문에 묶여 있는 그들에게 굼뜨게 접근했어요. 장군은 게티즈버그에서 함께 싸웠던 병사들뿐만 아니라 적어도 2만 명의 노련한 병사들을 바로 휘하에 데리고 있었고, 그 이상의 신병들을 지원 거리에 두고 있었습니다. 반면 적군은 단 한 명의 신참병도 받지 못했겠지요. 그런데도 장군은 범람이 멈추고 다리가 지어질 때까지 그저 방관하고 있다가 적군이 아무 공격도 받지 않고 느긋하게 탈출하도록 내버려뒀어요. 장군은 리 장군의 탈출이 얼마나 큰 불행인지 잘 모르고 있는 것 같습니다. 우리는 그를 쉽게 잡을 수도 있었고, 최근에 거둔 다른 승전들에 더해 그까지 해치웠다면 전쟁을 끝낼 수도 있었단 말입니다. 지금 상황으로는 전쟁이 언제 끝날지 알 길이 없어져버렸어요. 지난 월요일에도 확실히 리 장군을 공격하지 못했는데, 장군 수중에 있는 병력의 고작 3분의 2만 데리고 강의 남쪽에서 어떻게 공격할 수 있겠습니까? 그런 기대를 한다는 것 자체가 비현실적이고, 나는 장군이 그럴 수 있을 거라는 기대도 하지 않습니다. 황금 같은 기회가 사라져버렸고, 그것 때문에 나는 말할 수 없이 괴롭습니다.[20]

비난에 민감한 미드는 다른 경로를 통해 링컨의 불만을 이미 알고 있었고, 그 비난이 부당하다고 느꼈기 때문에 사임하겠다고 위협했다. 하지만 미드는 이 편지를 읽지 못했다. 편지는 링컨의 사후 그의 자료 속에서 발견되었다. 이 편지에 링컨은 "미드 장군에게, 부치지도 서명하지도 않음"이라고 썼다. 역사가들에 따르면 링컨은 북군을 위해 힘써온 미드 장군에게 더 화를 내는 건 의미 없는 일이라고 생각했다. 그는 적극적으로 움직이지 않는 미드 때문에 괴로워하면서도 충동을 억누르고 편지를 보내지 않았다.

링컨은 생각과 자제력에 안 좋은 영향을 미치는 술, 특히 위스키를 좋아하지 않았다. 하지만 다른 사람들이 마시고 싶어 한다면 반대하지 않았다. 젊은 시절 그는 술고래들과 자주 어울렸고, 술을 마시지 않아도 친구들과 함께하는 자리를 즐겼다. 가장 주목할 만한 부분은 그가 많은 사람들과 달리 알코올중독자를 비난하지 않았다는 것이다. 오히려 동정과 연민을 느꼈다. 그는 알코올이 사람들의 가장 좋은 면모까지 지배할 수 있다는 사실을 알고 있었고, 술을 "영혼의 폭군"이라고 불렀다.[21]

링컨은 다른 사람들의 행동에 영향을 미치는 상황적 요인에 민감하면서도 유머 감각을 잃지 않았다. 그는 자신이 있는 자리에서 '넘쳐나는' 농담, 심지어는 형편없는 말장난까지 즐겼다.[22] 또, 재미있는 이야기를 아주 생생하게 들려주는 재주가 있어서, 밴 뷰런Van Buren 대통령에 따르면 링컨의 이야기를 듣는 사람들은 "옆구리가 쑤실 정도로 웃었다."[23] 하지만 그는 불쾌한 농담을 하지는 않았다.[24] 사람들을 편안하게 해주기 위해 유머를 사용했다. 만약 그가 타인의 불행을 보고 웃었다면, 그건 자기 자신도 가지고 있는 인간의 나약함을 인지한 즐거움 때문이었다.[25] 사실 그의 유머는 대부분 자기 자신, 특히 그의 '못생긴' 얼굴을 겨냥한 것이었다.[26]

링컨은 사람들의 행동 속에서 유머를 찾아내는 능력이 뛰어났지만, 조롱하기보다는 공감하는 성숙한 모습을 보였다. 그는 노예제의 폐해를 알면서도 노예를 소유한 남부 사람들을 비난하지는 않았다. 남부 사람들이 노예제를 폐지하면 곤란하다고 불평하자 링컨은 이 점을 이해했다. "나 자신도 어떻게 해야 할지 모르는 일을 그들이 하지 않는다고 비난할 수는 없다. 이 세상의 모든 힘이 내게 주어진다 해도, 현 상황에서 뭘 해야 하는지 알지 못할 것이다."[27] 그는 이 문제를 신중하게 생각하면서, 만약 북부인들이 남부에서 자랐다면 어떤

사람이 됐을까 상상해보았다. 그러자 "그들과 같은 상황이었다면 우리도 그렇게 행동했을" 거라는 생각이 들었다.[28] 하지만 그는 노예제가 잘못됐다는 걸 알고 있었고, 노예 생활이 어떨지 상상할 수 있었다. 노예제가 '아주 훌륭한 제도'라고 주장하는 사람들에게 그는 "자기 자신이 노예가 됨으로써" 그 제도를 이용하려는 사람은 단 한 번도 만난 적이 없다고 답했다.[29]

링컨은 복잡한 사람이었고, 나는 그가 성인聖人이라고 주장하고 싶지는 않다. 내가 여기서 하고 싶은 말은, 존경할 만한 인품을 지닌 그가 남들의 행동을 보고 그 원인을 이해하는 데에도 관대했다는 것이다. 내 상관과 마찬가지로 링컨 역시 사람들의 행동을 설명할 때 중요한 원인이 될 수도 있는 상황적 제약을 고려했다. 그래서 "난 그 사람이 싫어. 그러니까 그 사람에 대해 더 많이 알아야겠어" 같은 말도 했던 것이다.[30] 그는 다른 사람의 타락을 알아볼 줄도 알았지만, '근본적 귀인 오류'를 저지르지 않음으로써 우리 모두에게 좋은 본보기가 되었다.

여기서 우리가 얻을 수 있는 또 하나의 교훈은 남의 불행을 초래한 상황적 요인에 집중한다면 쌤통 심리에 쉽게 빠지지 않을 수 있다는 것이다. 링컨이 그랬듯, 남의 불행을 보고 고소해하기보다는 공감할 수 있어야 한다. 두 번째 대통령 취임식 연설에서 링컨이 이런 불후의 명언을 남긴 것도 우연이 아니다.

"누구에게도 악의를 품지 말고, 모두를 사랑하는 마음으로."[31]

결론

추문? 작은 추문 하나로 쫓겨날 필요는 없었다. 고통스럽고 끔찍하겠지만, 어쨌든 추문은 공동체에 일종의 도움을 주었다.

— 솔 벨로, 『허조그』[1]

이 신문에 실린 칼럼의 맨 위에 '충격적인 만행'이라는 단어가 큼지막하게 인쇄되어 있는 걸 보면 평화의 사도는 사악한 전율이 그의 온몸에 흐르는 걸 느끼고, 그 잔인함을 간접적으로 즐길 것이다.

— 윌리엄 제임스[2]

2009년 늦가을까지만 해도 타이거 우즈Tiger Woods의 인생은 완벽에 가까워 보였다. 스탠퍼드 대학을 일찍 떠나 프로로 전향한 그는 곧장 떠오르는 골프 선수가 되었다. 그 후 10년 넘게 제왕의 자리를 지키는 동안 그는 경기를 완전히 농락했다. 그는 한낱 인간에게는 불가능한 샷을 치고 놀라운 수준의 집중력을 유지했으며 남다른 자신감과 침착함을 보였다. 다른 많은 골프 선수와 달리 그는 정말 운동선수처럼 보였다. '타이거'는 다른 부류의 골프 선수, 심지어는 다른 부류의 사람이었고, 서른네 살의 나이에 '황금곰' 잭 니클라우스Jack Nicklaus가 오랫동안 지켜온 메이저 대회 18승의 기록을 위협했다. 우즈는 골프계를 넘어 전 세계적으로 최고의 광고 모델이 되었고, 고액의 광고료로 억만장자에 가까운 재산을 모았다.[3] 유명 인사가 된 그가 참가하는 경기는 텔레비전 시청률이 두 배로 뛰었다.[4] 밖으로 잘 드러나지 않은 사생활도 그를 더욱 빛나게 해주었다. 그는 눈부시게 아름다운 전직 패션모델인 스웨덴 여인과 결혼했다. 그리고 아이들의 교육을 돕는 자선단체인 타이거 우즈 재단도 가지고 있다. 그의 아버지인 얼 우즈 Earl Woods는 자신의 아들이 "인류의 앞날을 바꾸는 데 역사상 그 어떤 인물보다 더 큰 일을 할 것이다"라고 자신만만하게 말했다.[5]

하지만 그의 몰락은 순식간이었고 또 무시무시했다. 2009년 11월 27일, 우즈는 새벽에 자신의 집 앞에서 캐딜락 에스컬레이드를 몰다가 가로수를 들이받고 부상을 당해 병원에서 치료받았다.[6] 이 사건의 경위와 이유는 자세히 알 수 없지만, 우즈의 못 말리는 불륜 행각을 아내가 알게 되어 부부간에 다툼이 있었음을 암시하는 수많은 증거가 있었다. 며칠 만에 다수의 여성들이 우즈와 불륜 관계를 맺었다고 주장했고,[7] 증거가 속속 드러나기 시작하자 압박감을 이기지 못한 우즈는 혼인 서약을 어겼음을 시인한 뒤[8] 사생활을 바로잡기 위해 자발적으로 골프 휴식기에 들어갔다. 기자회견에서 그는 이기적인 행동으로 아내와 가족, 친구, 그리고 팬들에게 상처를 준 것에 대해 사과했다.[9]

이는 평범한 몰락이 아니었고, 타블로이드 신문들은 이 기삿거리에 달려들었다. 쌤통 심리의 역사에 한 획을 그은 사건인 타이거 우즈의 불운은 마사 스튜어트의 곤경을 능가했다. 처음으로 우즈의 불륜을 폭로한 것은 《내셔널 인콰이어러》였지만,[10] 거의 모든 명망 있는 언론 매체와 인터넷 언론이 그 사건을 좋은 먹잇감으로 여겼다.[11] 많은 사람들이 이 사건에 노골적이고도 가차 없는 관심을 보였고, 대중의 반응에는 쌤통 심리가 스며들어 있었다. 곧 우스갯소리들이 떠돌았다.[12] '타이거(호랑이)'가 이제 '치타'가 됐다.[13] 심야 토크쇼 작가들은 그 사건을 소재로 실컷 이용해먹었고, 블로그들은 모든 제약을 던져버렸다.[14]

텔레비전 스포츠·오락 프로그램의 혁신을 오랫동안 이끌어온 돈 올마이어Don Almeyer는 당시 대형 스포츠 네트워크 채널인 ESPN의 옴부즈맨으로 일하고 있었다. ESPN의 스포츠 프로그램 제작을 독립적으로 분석하는 일을 맡았던 그는 방송국이 운동선수의 과오를 다루는 방식을 이야기하면서, 타이거 우즈를 제일 먼저 언급했다. 시청자들이 운동선수의 무분별한 행동에 대해 모든 것을 알고 싶어 하는 것은 분명한 사실이었다. 올마이어는 높은 저널리즘 수준과 시청자들의 구미 사이에서 균형을 잡아야 하는 어려움에 대해 고민했다. 타블로이드 신문과 토크쇼는 유명하고 유력한 부자들의 곤경을 즐기는 대중의 눈을 사로잡는 데 혈안이 되었고, ESPN 같은 "주류 매체들도 그 뒤를 따랐다."[15] 올마이어는 절대 만족을 모르는 대중의 욕구를 채워주기 위해 ESPN도 거의 대부분의 다른 매체와 마찬가지로 그 사건에 달려들 수밖에 없다는 점을 지적했다. 우즈의 비행에 대한 집중 보도가 시청자들이 원하는 것이었다. ESPN.com에 올라온 우즈에 대한 많은 기사는 평균보다 훨씬 더 높은 조회 수를 기록했다. 사정이 이러하니 우즈 사건을 시시콜콜하게 보도하는 것을 자제하기란 불가능해 보였다. 노련한 옴부즈맨으로서 상당한 신뢰를 받고 있는 올마이어는 "수많은 언론 매체와 그 소비자들 사이에 쌤통 심리가 전염병처럼 돌고 있는 것 같다"라고 결론지었다.[16]

내가 이 책에서 일관되게 이야기하고 있는 주제 중 하나는, 우리가 남들의 불행을 즐거워하는 이유가 그 불행으로부터 이득을 얻을 때도 있기 때문이라는 것이다. 정작 우리 자신은 잘 인식하지 못하거나 아예 인정하지 않으려 하지만 말이다. 3장에서 말했듯이 남의 불행을 통한 이득은 경쟁 상황에서 라이벌이 곤경에 처할 때 가장 명백하게 드러난다. 다른 많은 프로 골프 선수들이 우즈의 스캔들에 남몰래 통쾌함을 느꼈을 거라는 사실은 누구나 쉽게 추측할 수 있을 것이다. 누구나 노리는 메이저 대회에서 우승하기란 원래 어려운 일이지만, 우즈가 참가하기만 하면 우승 확률이 확 떨어져버렸다. 타이거 우즈와 같은 시대에 선수 생활을 해야 하는 운명을 저주하는 선수들도 있었을 것이다. 그의 추락은 그들에게 절호의 기회가 되었다.

쌤통 심리가 자연스러운 감정이긴 하지만 대부분의 사람들은 그런 감정을 느껴도 될지, 혹은 밖으로 드러내도 될지 확신하지 못한다. 우리는 다른 선수들이 우즈의 불행한 사건에 기뻐했을 거라고 짐작만 할 수 있을 뿐이다. 적어도 언론과의 인터뷰에서 쌤통 심리를 공개적으로 드러내는 골프 선수는 아무도 없었다. 대부분의 사람들은 쌤통 심리를 인정하기를 껄끄러워하는데, 특히 그 동기가 이기적인 것처럼 보일 때 더욱더 그렇다. 그건 금기시되는 일이다. 몇몇 프로 선수들은 우즈 스캔들의 결과로 자신들의 순위가 올라갈 것이라는 빤한 사실을 인정했다. 영국 골프 선수 리 웨스트우드Lee Westwood는 우즈의 상황 덕분에 자신의 순위를 높이기가 더 쉬워졌다고 말했다.[17] 이 발언을 했을 당시 그의 순위는 세계 3위였고, 우즈가 1위, 필 미켈슨Phil Mickelson이 2위였다.

계속 강조했듯이 남들과의 비교는 우리의 자존감과 감정에 중요한 역할을 한다. 경쟁 자체가 일종의 사회적 비교 과정이라 할 수 있다. 우리에게 사회적 비교를 할 수 있는 능력이 없다면, 경쟁의식이라는 개념도 이해하지 못할 것이다. 우리는 주로 사회적 비교를 통해 승자와 패자를 이해하고, 우리의 능력과 재능의 수준을 가늠한다. 사회적 비교는 자기평가와 이 평가에 얽힌 감정을 구성하는 중요한 요소이다.

골프 선수로서 눈부신 성공을 거두었을 뿐만 아니라 거의 모든 면에서 완벽해 보인 우즈는 골프에 관심이 없는 사람들의 눈에도 아주 다른 차원의 인간처럼 보였다. 이런 우즈를 보고 용기를 얻은 사람도 있겠지만, 초라해지는 기분을 느낀 사람이 더 많을 것이다. 그를 질투한 사람들은 그의 몰락에 분명 어느 정도 희열을 느꼈다. 그가 우리에게 감동을 주는 사람이었을지 몰라도, 우리는 그에게 경외심을 느끼기보다는 우즈 같은 사람이 되는 쪽을 원했다. 특히 골프 선수들은 자신을 평가할 때 우즈를 잣대로 삼았을 것이다. 이렇듯 사회적 비교는 우리가 자신의 능력과 재능을 평가하는 데 중요한 역할을 한다. 우즈의 체격 하나만으로도 기가 죽은 다른 선수들은 골프채를 휘두르기도 전에 거울을 보면서 자기는 우즈를 따라갈 수 없다고 결론지어버렸을 것이다. 실제로 우즈가 참가한 경기에서는 다른 선수들이 2위 자리를 두고 경쟁하는 것처럼 보일 때가 많았다. 아일랜드 선수 파드리그 해링턴Padraig Harrington은 우즈가 15타 차로 우승을 거머쥔 2000년 U.S. 오픈을 회상하며, "나도 거기 있었지만…… 다른 대회에서 경기를 하고 있었다"라고 말했다.[18] 당시 U.S. 오픈에서 두 번 우승한 경험을 가진 어니 엘스Ernie Els는 우즈와 함께 최종 라운드를 돌았다. "마치 서로 다른 경기장에서 뛰고 있는 듯한 기분이 든다. …… 그가 참가하면 다른 사람에게는 승산이 별로 없다."[19]

불륜 스캔들이 터지면서 우즈와 다른 선수들의 격차는 줄어들었다. 한때 거성이었던 우즈는 기자회견에서 사과하며, 좀 더 초라한 인간으로 내려왔다. 개인적으로나 직업적으로나 크게 콧대가 꺾인 그의 모습은 골프 선수들과 대중에게 확실히 깊은 인상을 남겼다. 그에게 동정과 실망을 느낀 이도 있겠지만,[20] 그 사건으로 어느 정도 사기가 올라간 사람도 있을 것이다.

나는 또 질투가 쌤통 심리의 원인이 될 수 있음을 강조했다. 우리는 같은 직종에 있는 사람들이나 비슷한 포부를 가진 사람들이 우리보다 더 뛰어난 실력을 보일 때 그들에게 질투를 느낀다.

타이거 우즈에 대한 질투 때문에 그의 불행을 고소하게 느낀 사람들도 분명 있을 것이다. 많은 프로 골프 선수들이 우즈에게 그저 평범한 열등감을 느낀 것은 아니다. 그는 반감 어린 강렬한 질투를 살 만한 모든 면모를 갖고 있었다. 우즈는 대개 압도적인 점수 차로 우승을 차곡차곡 쌓아나가고 가끔은 경쟁자들을 중압감에 가슴 졸이게 만들어 망신을 주면서, 골프 선수들에게 좌절감과 질투심을 안겨주었다. 프로 골프 선수가 되는 길은 결코 만만치 않다. 골프는 극도로 어려운 경기인 데다 대회의 커트라인을 통과하고 그 자리를 지키려는 경쟁이 아주 살벌하다. 하지만 대부분의 선수들은 자신이 우즈라는 모차르트에게 도전하는 살리에리처럼 느껴졌을 것이다.

9장과 10장에서는 질투, 특히 악의적인 질투를 잘 인정하지 않으려 하는 사람들의 성향에 대해 이야기했다. 겉으로는 훌륭해 보이는 그의 도덕성 때문에, 우즈에 대한 적대적인 질투를 밖으로 표출하는 건 절대 용납되지 않는 일이었다. 그랬다간 치사하고 악의적인 사람으로 비칠 것이 뻔하다. 다른 프로 골프 선수들은 우즈의 몰락으로 인해 이득을 얻을 수 있고 고통스러운 질투와 열등감에서 해방될 수 있기 때문에 쌤통 심리에 빠질 가능성이 가장 높았지만, 아이러니하게도 바로 그런 이유 때문에 자신들의 감정을 공개적으로 드러내기가 곤란했을 것이다. 그래서 타블로이드 신문, 심야 토크쇼, 블로그 등이 그 일을 대신 맡았다.

우즈의 몰락에 대한 대중의 반응을 이해하는 데 있어서 당위성의 문제 또한 중요한 요인이 된다. 자업자득의 불행은 그렇지 않은 불행보다 더 큰 쌤통 심리를 불러일으킨다. 어떤 사람이 응분의 대가를 치르면, 설령 그가 크나큰 고통을 겪어야 한다 해도 우리는 통쾌함을 느낀다. 많은 논평이 우즈가 자신의 몰락을 자초했다는 사실을 강조했다. 흥미롭게도 외도가 들통나기 1년 전에 우즈는 무릎 부상과 수술 때문에 휴식기를 가졌다. 내심 이를 반기는 사람도 있었겠지만 대부분의 선수들과 팬들은 표면상으로 동정을 표했다. 하지만 그의 불륜이 발각되고, 특히 외도의 횟수와 성격이 금세 밝혀지면서 반응은 극적으로 뒤집혔다.[21] 그는 겉과 속이 극단적으로 다른 인간처럼 보였다. 아들이 태어난 후 그는 아기와 아내와 함께 찍은 사진을 웹사이트에 올려 완벽한 결혼 생활을 암시했다. 우즈는 잇달아 불륜을 저지르는 동안 완벽한 인생의 이미지를 주도면밀하게 만들었다. 만들어진 그 이미지는 분명 거짓이었다. 우즈는 "인류의 앞날을 바꾸는 데 역사상 그 어떤 인물보다 더 큰 일을 할 것이다"[22]라는 아버지의 예언을 믿기 시작했던 걸까? 그의 외도 소식이 처음 알려졌을 때 대부분의 사람들은 그런 부정적인 결과가 마땅하다고 생각하면서 통쾌해했다.

 더 심각한 상황으로 치달을 수도 있었다. 우즈는 남들의 실수를 비난하는 사람이 아니었다. 그보다는 자기 자신을 높이 치켜세운 것이 그의 잘못이었다. 하지만 그는 완벽한 인생을 살고 있다는 거짓된 환상을 사람들에게 계속 심어주고 사람들의 믿음을 저버렸다는 이유로 비난받았다. 다른 골프 선수들은 우즈에 대한 대중의 부정적인 평가가 당연하다고 말했다. 2000년 U.S. 오픈에서 우즈와 같은 조에서 붙었다가 맥없이 지고 말았던 남아프리카공화국 선수 어니 엘스는 우즈가 사과 기자회견을 연 타이밍을 비난했다. 우즈가 참가할 수 없어 후원사들이 곤란에 빠진 한 대회가 시작되는 시점과 맞물렸던 것이다. 엘스는 《골프위크 매거진Golfweek Magazine》과의 인터뷰에서 "그건 이기적인 짓입니다. 그렇게 써요"라고 말했다.[23] 6장에서 주장했듯이 우리는 개인적으로 부당한 대우를 받았다고 생각하면, 남의 불행을 더 마땅한 것으로 여긴다. 엘스는 그 나름대로 기량이 뛰어난 선수로서 골프장 안팎에서 존경받고 있었지만,[24] U.S. 오픈에서의 패배로 치욕을 느꼈을 것이다. 그러나 또 다른 이유가 있을지도 모른다. 우즈는 좀처럼 다른 선수들을 비난하는 일이 없었는데, 적어도 한 번은 예외가 있었다. 2009년 9월, 엘스의 십자인대 재건 수술에 대한 질문을 받았을 때 우즈는 엘스를 칭찬하면서도 이런 말을 덧붙였다. "어니는 몸을 많이 움직이지 않아요. 십자인대에 부상을 당하면 운동을 열심히 해야 돼요. 난 그렇게 해서 많이 좋아졌는데, 어니도 조금 더 열심히 훈련했어야 한다고 생각합니다."[25] 우즈는 어니가 조금 게으른 사람이라는 사실을 은근히 알렸을 뿐만 아니라, 엘스의 행동과 자신의 행동을 비교하기까지 했다. 엘스에게 이 비교는 뼈아프게 느껴졌을 것이다. 그러니 엘스에게 우즈의 스캔들에 조금의 고소함도 느끼지 말라고 하는 건 무리한 부탁일지도 모른다. 여기서 엘스의 훌륭한 면모를 알려야겠다. 그는 2012년 브리티시 오프닝에서 우승했을 때 트로피를 받으면서, (이제 막 94세가 된) 남아프리카공화국 전직 대통령 넬슨 만델라Nelson Mandela가 남아프리카공화국에 남긴 업적에 고마움을 표했다.[26] 참으로 감동적인 순간이었다.

또 다른 프로 골프 선수 예스퍼 파네빅Jesper Parnevik의 발언 또한 눈에 띈다. 보도에 따르면 우즈가 자신의 SUV를 가로수에 들이받았을 때, 당시 우즈의 아내였던 엘린 노르데그렌Elin Nordegren은 그를 차 밖으로 끌어내기 위해 골프채로 창문을 부쉈다. 파네빅은 노르데그렌이 "다음번엔 3번 아이언 대신 드라이버를 사용해야 한다"라고 말했다. 왜 이런 말을 했을까? 2000년에 파네빅과 그의 아내는 노르데그렌을 유모로 고용했고 2001년에 그녀를 우즈에게 소개해주었다. 그리고 3년 후 두 사람은 결혼했다. 그들의 결혼에 조금이나마 책임이 있었던 파네빅은 그녀에게 미안함을 느꼈다. 우즈의 배신에 심기가 불편해진 그는 "우즈가 이런 인간인 줄 몰랐다"라고 말했다.[27]

::   **잠시 한 걸음 물러나 생각하기**

타이거 우즈의 스캔들 같은 남의 불행에 우리가 왜 통쾌함과 고소함을 느끼는지 그 이유를 캐는 것이 이 책의 목적이다. 물론 우리 인간이 느끼는 자연스럽고 일반적인 감정이긴 하지만, 다른 사람의 불행에 대한 이런 반응을 지나치게 과장하고 싶은 생각은 없다.

네드 플랜더스의 실패에 명백한 쌤통 심리를 드러낸 호머 심슨부터 이야기해보자. 네드의 '왼손잡이 용품점'에 손님이 별로 없는 것을 보고 호머가 고소해하자 리사는 호머의 감정을 정의한다. 하지만 그 에피소드가 끝날 무렵 통쾌함을 이미 충분히 만끽한 호머는 네드가 "무턱대고 시작한"[28] 사업 때문에 모든 재산과 저금을 잃어버리기 직전까지 이르자 갑자기 그를 딱하게 느끼기 시작한다. 호머는 눈물을 흘리면서 일전에 네드의 실패를 빌고 실제로 그렇게 되었을 때 기뻐했던 자신의 행동에 죄책감을 느낀다. 그러고는 네드의 사업을 구하기 위한 행동에 들어간다. 그는 자기가 아는 모든 왼손잡이에게 전화해서 네드의 가게에 가서 뭐라도 사라고 재촉한다. 곧 스프링필드

의 모든 주민들이 그 가게로 향하는 것처럼 보인다. 프랭크 카프라 Frank Capra 감독의 영화 〈멋진 인생〉에서 베드퍼드 폴스의 주민들이 조지 베일리를 도와주는 마지막 장면을 흉내 낸 결말 부분에서, 스프링필드 주민들은 깡통 따개에서부터 회계장부에 이르기까지 온갖 왼손잡이 용품을 사들인다. 호머와 네드는 이제 절친한 친구가 된다.

> 네드: 호머, 적당한 가격의 주택 개발 단지가 우리를 이웃으로 만들었지······. 그리고 자네가 우리를 친구로 만들었어.
> 호머: 우리 마을에서 제일 잘사는 왼손잡이 남자 네드 플랜더스를 위하여.[29]

마지막에 네드의 아들이 주도하여 모두가 〈행복한 표정을 지어요 Put on a Happy Face〉라는 노래를 함께 부르면서 에피소드는 끝이 난다.

질투나 쌤통 심리의 기색은 전혀 느껴지지 않는 훈훈한 결말이다. 이 인기 많은 장수 프로그램의 훌륭한 작가들은 쌤통 심리가 이야기의 전부가 되거나 결말이 되어서는 안 된다는 걸 확실히 알고 있었다.

2장의 끝에서 소설 『우스터 가문의 예법』에 대해 이야기했다. 소설 속에서 버티 우스터는 오츠 순경이 차가운 비를 맞으며 창문 밖을 지키고 서 있어야 한다는 사실을 알고는 미묘한 즐거움을 느낀다. 버티가 소 모양의 크림 단지를 훔친 범인이 아니고 그래서 감시할 필요가 없다는 걸 아무도 오츠에게 알려주지 않은 것이다. 버티는 흡족하게 한숨을 내쉬며 "이상하리만치 감미로운 행복"을 맛본다. 하지만 버티를 두고 사디스트라고 욕하는 독자는 거의 없을 것이다. 오츠는 버티에게 밉살스러운 짓을 많이 했고, 이 소설의 희극적인 분위기를 감안하면 오츠가 몇 시간 불편을 겪는 건 아주 마땅한 일이다. 이 시점까지 버티는 친구들과 원수들에게 똑같이 이용당하고 모진 대우를 받으며, 가족과 친구들의 요구를 들어주느라 굴욕을 당하기도 하고 다치기까지 한다. 더구나 그가 완전한 만족감을 느끼는 건 자기가 그들에게 실제로 도움이 되었다는 걸 알았을 때뿐이다. 그는 달리아 고모가 아끼는 요리사를 계속 데리고 있을 수 있게 해주고, 삼촌에게 귀중한 소 모양의 크림 단지를 얻어주었으며 한 친구가 꿈에 그리던 여자와 결혼할 수 있게 도와준다. 소설의 제목인 '우스터 가문의 예법'은 "절대 친구를 실망시키지 않는다"라는 우스터의 신조를 가리키는데 바로 이 신조 때문에 그는 불쾌한 상황에 말려든다. 친구들과 가족이 원하는 바를 모두 이룬 완벽한 하루의 끝에 쌤통 심리가 약간의 흥취를 더해준다.

하지만 쌤통 심리는 남의 불행에서 비롯되기 때문에 거의 항상 삐딱한 쾌감처럼 느껴진다. 쌤통 심리는 대부분의 사람들이 거북하게 생각하는 인간 본성의 어두운 일면을 드러낸다. 텔레비전으로 다른 사람의 망신을 보고 즐거워하는 시청자들과 질투가 반유대주의로, 집단학살의 쾌감으로 이어지는 음험한 과정을 생각하면 쉽게 알 수 있다.

나는 이 책을 쓰는 와중에, '쌤통schadefreude'이라는 단어가 사용된 글이 전자 매체에 게시될 때마다 알려주는 구글 일일 알리미 서비스를 신청했다. 평균적으로 하루에 두세 개의 글에 '쌤통'이 등장했고, 아무런 핑계 없이 그 감정을 인정하는 사람은 거의 없었다. 사람들은 "이런 생각을 하면 안 되겠지만⋯⋯" 혹은 "그런 느낌이 드는 건 나도 어쩔 수가 없었다"라는 식으로 말하곤 했다. 영어에 '쌤통'을 뜻하는 단어가 없는 것도 이 때문일 것이다. 그것은 선뜻 이름 붙이기 망설여지는 감정이다.[30]

하지만 나는 그 감정을 악마의 감정으로 생각해서는 안 된다는 철학자 존 포트먼과 에런 벤제브Aaron Ben-Ze'ev의 의견에 동의한다.[31] 어느 영어 교수가 '앨리스 펜턴Alice Fenton'이라는 가명으로 고등교육 전문지《크로니클 오브 하이어 에듀케이션Chronicle of Higher Education》의 웹사이트에 게재한 유쾌한 칼럼에 사람들은 놀라운 반응을 보였다.「자업자득의 실패를 보는 즐거움The Pleasures of Seeing the Deserving Fail」이라는 제목의 칼럼에서 펜턴은 성공적인 가르침의 기쁨을 서술하는 것으로 운을 뗀 다음 "부정적인 승리라고 부를 만한 일련의 성과는 사람들이 입에 잘 올리지 않지만" 똑같이 즐겁다고 썼다.[32] 그러고는 중도에 학교를 그만두는 넌더리 나는 학생에서부터 낙제하는 학생까지 여러 별종들을 설명하면서, 그런 일을 당해도 싸다고 말한다. 말인즉 슨 좋아하기가 참 힘든 학생들이 있다는 뜻이다.

펜턴이 실명을 쓰지 않은 것은 현명한 선택이었다. 금세 수많은 독자가 뜨거운 반응을 보였다. 101개의 댓글 가운데 반 이상(52개)은 명백한 비난조였고, 그중 32개는 신랄하기 그지없었다.

- 이 글을 읽으니 샤워하고 싶다. 옹졸함과 쌤통 심리가 넘쳐나는 형편없는 글이다.
- 불쾌하기 짝이 없는 시시한 글.
- 어린 사람이 무지하고, 인생을 망치고, 기회를 날려버리는 게 즐겁다고? 악질이네.
- 남의 부족함을 즐기다니, 사디스트잖아. 부끄러운 줄 알아요, 앨리스……!
- 단세포적이고 징글징글한 생각을 하고 있구나.
- 통탄할 만큼 독살스럽고 잔인한 여자.
- 이 글은 비틀린 정신의 결과물이다.

펜턴의 솔직함 때문에 수많은 비난이 빗발쳤다. 칼럼에는 그녀가 학생들을 가르치면서 얻는 수많은 기쁨을 강조하는 부분도 있었다. 예를 들면 마음을 잡지 못하는 학생을 도와 그 결실을 본 일화도 소개되어 있었다. 쌤통 심리가 그녀의 교수 생활에서 큰 부분을 차지하는 것 같지는 않았다. 그리고 그녀가 그 감정을 키워야 한다고 주장한 것도 아니었다. 그보다는, 점점 더 과소평가되는 듯한 대학교수라는 직업을 가지고 살아가며 느끼는 모든 감정을 아무런 변명 없이 솔직하게 전하고 있었다. 하지만 이런 노력의 보람도 없이, 독자들은 인터넷의 익명성 속에 숨어 아주 신랄한 미사여구를 사용하면서 그녀가 혐오스러운 정신장애자거나, 아니면 악감정을 품고 있는 탈진증후군 환자거나, 아니면 무능한 교수거나, 아니면 전부 다일 거라고 결론 내렸다.

하지만 그녀를 든든하게 지지하는 댓글도 있었다. 그중 내 마음에 들었던 내용을 여기에 소개해보겠다.

> 대체 다들 왜 이렇게 신경질적인 반응을 보이는 거죠? 난 학기 중에 스트레스를 많이 받던 시기에 이 칼럼을 재미있게 읽었어요. 나는 학생들의 성공을 자랑스럽게 생각하고, 학생들의 실패를 즐거워하거나 바라지 않아요. 하지만 난 '앨리스'가 이야기한 몇몇 상황을 확실히 이해할 수 있어요. 그녀가 하려는 말은 부정적인 감정을 매일 표출하라는 게 아니라, 우리가 가끔은 옹졸한 감정을 느낄 수도 있고 그건 아주 자연스러운 일이라는 걸 부끄럽지만 잠시나마 서로 인정하자는 거예요.[33]

펜턴 자신은 이런 반응, 특히 심한 비난을 전혀 예상하지 못했다. 어쨌든 그녀의 쌤통 심리가 발동되는 건 아주 드문 일이었고, 가르침의 즐거움을 강조하는 것으로 글을 시작하는 신중함까지 더했는데 말이다. 내가 보기엔 그녀의 진실성을 의심할 이유는 전혀 없다. 오히려 가끔 쌤통 심리가 생긴다는 걸 인정하는 모습이 그녀를 훨씬 더 신뢰할 만한 사람으로 보이게 만들었다. 비판에 대한 응답으로 쓴 칼럼에서 펜턴은 멋진 항변을 했다.

> 인간이란 기쁨도 느끼고 불쾌감도 느끼는 존재다. …… 분노, 반
> 감, 피로함, 쌤통 심리. 내겐 이 모두가 인간 경험의 일부이다. 그
> 감정이 사람을 지배한다는 뜻이 아니라, 가끔 그 모습을 드러낸
> 다는 뜻이다.[34]

그렇다, 쌤통 심리는 가끔 그 모습을 드러내며 짙은 검은색보다는
회색을 띠고 있다. 사실 인터넷 서핑을 하면서 글을 읽거나 우연히 안
좋은 소문을 들을 때 순간적으로 느끼는 형태의 쌤통 심리가 가장 많
을 것이다. 골프 경기를 보면 특정 선수의 성공을 바라느냐 실패를 바
라느냐에 따라 쌤통 심리가 밀려왔다 밀려갔다 한다. 타이거 우즈가
공을 물에 빠뜨리고 만다. 만약 그를 좋아하지 않는다면, 쌤통이다. 선
거 결과가 곧 나올 텐데 다른 정당의 한 정치인이 민망한 망언을 한
다. 쌤통이다. 내가 싫어하는 라이벌 야구팀의 한 선수가 부상을 당한
다. 그 팀의 전력에 문제가 생길 테니 약간은 쌤통이지만, 그 선수는
안됐다. 직장에서 질투하는 사람이 휴가를 다녀오더니 허리에 살이
붙었다, 혹은 라이벌의 머리가 빠른 속도로 휑해지고 있다. 쌤통이다.
대부분의 사람들은 버티 우스터처럼 기본적으로 선량하고 다른 사람
에게 심각한 문제가 생기기를 바라지 않지만, 남들이 자업자득으로
가벼운 불행을 당하면 기꺼이 통쾌함을 느낀다. 하지만 이런 환상을
행동에 옮기는 사람은 드물다. 우리는 운명이나 하늘의 섭리를 믿는
다. 바라던 불행이 일어나지 않으면 내심 혼자 실망하고 그냥 넘어갈

뿐이다. 이런 감정에 대해 '글뤽슈메르츠glückschmerz(남들의 행운을 고통스러워한다는 뜻)'라는 신조어가 최근에 만들어졌지만 그것은 완전히 다른 이야기이다.[35]

감사의 글

　로리 핸들먼은 옥스퍼드 대학 출판부에서 내 책을 처음으로 담당한 편집자였다. 그녀의 판단력은 너무도 예리해서 나는 그녀의 한 마디 한 마디에 귀를 기울인다. 내가 어떤 견해를 가지고 있든, 그녀의 조언을 거쳐야 완성된다. 로리는 이 책의 초고를 받아주었고 원고의 질을 높이는 작업을 도와주느라 많은 고생을 했다. 애비 그로스가 프로젝트를 인계받은 것도 내게는 행운이었다. 핸들먼과 그로스, 이 든든한 두 사람만 있으면 출판사를 차려도 될 것 같다. 내가 초고의 문제점을 해결하지 못하고 있을 때 애비는 소매를 걷어붙이고 교정 단계까지 일을 착착 진행시켰다. 로리와 마찬가지로 그녀 역시 아주 지혜로운 사람이다. 그래서 로리와 작업할 때 그랬듯이, 어떤 문제에서든 그녀의 의견을 듣지 않고는 자신 있게 판단을 내릴 수가 없었다. 만약 이 최종 결과물이 목표 달성에 실패한다면, 그건 내가 애비의 제안을 제대로 따르지 못한 탓이다. 그녀뿐만 아니라 옥스퍼드 대학 출판부의 모두가 훌륭했다. 애비와 함께 책 표지를 담당한 직원들은 뛰어난 실력을 증명해주었다. 나도 표지 디자인을 몇 개 생각했지만, 옥스퍼드 팀이 만들어낸 결과물의 근처도 따라가지 못했다. 정말이지 완벽했다. 수전 워커, 캐런 곽, 콜린 해트릭, 팸 핸리는 최종 원고가 한 권의 책으로 완성되도록 능숙하게 작업을 이끌었다.

이 책은 나와 일단의 심리학자들이 함께한 실증적 연구의 이야기이기도 하다. 노먼 페더, 슐로모 하렐리, 빌코 반 데이크, 야프 아우르커르크, 사와다 마사토, 다카하시 히데히코, 즐라탄 크리잔, 오메시 조하르, 콜린 리치, 러셀 스피어스, 닐스 반 데 번, 세헤르 브뢰헬만스, 질 선디, 테리 터너, 미나 시카라, 수전 피스크 등의 심리학자들이 참여해주었다. 그들뿐만 아니라 론 개런직, 데이비드 컴스, 케이틀린 파월, 라이언 슐츠, 찰스 후글랜드, 마크 잭슨, 매트 웹스터, 낸시 브리검, 첼시 쿠퍼 등의 현재 혹은 이전 제자들의 도움도 받았다. 연구의 많은 부분이 이 책에 요약되어 있고, 쌤통 심리를 이해하는 개념적이고 실증적인 방식에 있어서 이 학자들에게 큰 빚을 졌다.

여러 친구와 동료가 내 생각에 직접적으로 도움을 주거나, 우정 어린 응원을 통해 간접적으로 이 책의 탄생에 기여해주었다. 내가 대학원 과정을 밟았던 노스캐롤라이나 대학의 존 티보와 체트 인스코, 박사 과정을 끝낸 후 적을 두었던 일리노이 대학의 에드 디너는 나의 첫 학문적 멘토들이었다. 그들은 나를 더 나은 연구자이자 사상가로 만들어주었다. 처음으로 참여한 쌤통 심리 연구는 나의 첫 학문적 고향인 보스턴 대학에서 이루어졌다. 그곳에 있는 4년 동안 변함없는 친절을 베풀어준 에드 크루팻, 렌 색스, 파비오 이드로보, 진 베코 글리손, 헨리 마르쿠셀라, 힐다 펄리치, 메리 페리, 존 헵든, 그리고 "아들들이여, 아버지들이 가졌던 것을 가져라, 그러면 신이 여왕을 지켜주실 것이다"라는 하우스먼A. E. Housman의 말을 비롯해 내게 현명한 조언을 많이 해주신 멋진 분, 고故 필 쿠브잔스키에게 감사드린다.

현재 나는 좋은 연구를 할 수 있도록 도와주는 친숙하고 정중하며 지적으로 활기가 넘치는 환경을 제공하는 켄터키 대학의 심리학과에서 연구하는 행운을 누리고 있다. 특히 밥 로치, 베티 로치, 조너선 골딩, 론 테일러, 아트 비먼, 필 버거, 모니카 컨, 래리 고틀롭, 찰리 칼슨, 루스 베어, 리치 밀리치, 톰 젠톨, 마이크 바도, 필 크레머, 메리 수 존슨, 제니 케이시, 에린 노튼, 멜러니 켈리, 제러미 팝킨, 리처드 그라이스먼, 스티브 보스, 마크 피플리에게 고마운 마음을 전하고 싶다.

하나 또는 그 이상의 챕터를 읽고 감상을 전해준 사람들이 많다. 마크 앨리크, 필 버거, 즐라탄 크리잔, 리치 밀리치, 제러미 팝킨, 피터 글릭, 스티븐 실크는 9장이나 10장의 초기 원고를 읽어주었고, 그들의 의견이 원고의 질을 크게 높여주었다. 마크 앨리크, 필 버거, 스티븐 실크는 5장과 6장도 읽어주었고, 역시 그들의 평가가 아주 큰 도움이 되었다. 스티븐은 쌤통 심리와 여타 사회적 감정에 대한 예리한 소견을 끊임없이 들려주었다. 필은 적절한 신문·잡지 기사를 모아주었다. 클레어 렌제티는 7장을 읽고 유용한 사회학 참고문헌을 알려주었다. 하이디 브라이거는 범죄 행동에 대한 감정적 반응을 판사의 관점에서 평가해주었다. 제리 패럿은 질투에 대한 내 생각을 명쾌하게 정리하는 데 도움을 주었다. 작업 후반에 찰리 칼슨은 최종 확정이 나기 직전의 원고를 처음부터 끝까지 읽어주었다. 이는 요점을 미세하게 조정하는 데 엄청난 도움이 되었다. 최종 원고를 제출하기 전에, 당시 내 연구실의 학부생이었던 존 마틴, 세라 브론, 앨릭스 비안치, 앨리 마틴이 원고의 일부나 전체를 읽어주었다. 그들은 또한 유익한 제안을 하고, 글쓰기와 관련된 문제를 지적해주기도 했다. 우등생이었던 에드워드 브라운은 책 전체를 읽고 아주 유용한 평가를 해주었다.

내 여자 형제인 질리언 머렐과 헬렌 스미스는 책의 초고를 읽어주었다. 그들의 평가는 어떤 부분이 효과적이고 어떤 부분이 그렇지 않은지 냉철하게 평가하는 데 아주 큰 도움이 되었다. 내가 달성하려고 하는 목표에 그토록 열정을 보여주는 그들이 참으로 고마웠다. 상식이 아주 풍부한 매형 아치 존슨은 언제나 내 이야기를 들어주었다. 그리고 현명하고 공정한 조카 줄리아 스미스는 5장, 6장, 10장의 초기 원고를 읽어주었다. 조카의 의견은 이 부분을 명확히 정리하는 데 큰 도움이 되었다.

몇몇 사람들에게는 특별한 고마움을 전하고 싶다. 좋은 친구 마크 앨리크는 대학원을 함께 다닐 때부터 든든한 내 편이었다. 처음부터 이 프로젝트를 쭉 지켜본 그는 가끔 원고를 읽으면서 항상 독특한 유머로 솔직하고 건설적인 제안을 해주었다. 고마워, 마크.

형제인 에릭 스미스는 여러 개의 초안을 읽어주었고, 먼저 내게 책을 쓰라고 권유하고 자진해서 회계까지 맡아주는 등 모든 단계에서 도움을 주었다. 그는 직업적으로나 개인적으로나 남들에게 아주 실속 있는 도움을 주는 사람이다.

내가 책을 쓰는 와중에도 우리 가족은 사랑과 인내심과 낙관주의를 잃지 않았다. 나처럼 말장난을 좋아하는 작은딸 캐럴라인 스미스는 내가 지칠 때마다 말장난 대결로 내 기운을 북돋아주었다. 큰딸 로재나 스미스는 다른 활동으로 바쁜데도 이 책의 삽화를 그려주었다. 이 프로젝트를 진행하는 동안, 삽화에 관한 아이디어를 딸아이와 주고받는 시간이 가장 즐거웠다. 아내 김성희는 중요한 단계에 책을 다섯 번 이상 수고스럽게 읽어주었다. 또 무척이나 관대한 아내는 내가 집에서 죄책감 없이 작업할 수 있는 환경을 만들어주었다. 내가 이 책을 완성할 수 있었던 데에는 아내의 공로가 가장 컸다. 마지막으로 부모님께 감사드린다. 내가 독서를 사랑하고 이런 학구열을 갖게 된 것은 두 분 덕분이다. 어머니 힐러리 스미스는 듀크 대학의 영어학과에서 출판 편집 보조로 수년간 일하셨고, 그동안 토머스와 제인 칼라일의 서간집을 편집하셨다. 지금도 어떤 상황이든 거기에 걸맞은 시구를 금방 개작해내신다. 손가락에 반지를 끼고 발가락에 종을 달면 어머니가 가시는 곳 어디서나 음악 소리가 들릴 것이다. 지금은 이 세상에 안 계신 아버지 피터 스미스는 수십 년간 듀크 대학의 화학 교수로 교편을 잡으셨고, 잉글랜드 맨체스터에서 꽃 가게 아들로 태어나셨다. 그분은 셰익스피어를 높이 평가하셨는데, 이 점도 내게 큰 영향을 미쳤다. "덤벼, 맥더프! '잠깐! 이제 그만!'이라고 먼저 우는소리를 하는 놈이 지옥에 떨어진다!"

주

들어가는 글

1 http://www.snpp.com/episodes/7F23.html(2010년 4월 5일 접속). R. H. Smith(Ed.), 『Envy: Theory and research』(pp. 148~164), Powell, C. A., Smith, R. H., & Schurtz, D. R.(2008), Pleasure in an envied person's gain, New York: Oxford University Press에 서 이 예를 따왔다.

2 http://oxforddictionaries.com/definition/schadenfreude(2012년 5월 24일 접속).

3 Howard, R.(감독)(1995), ⟨Apollo 13⟩[영화], Los Angeles: Image Entertainment. 이 영화는 실화를 각색한 것이다. 나로서는 짐 러벌이나 앨런 셰퍼드의 실제 행동과 감정을 알 수 없다.

4 http://www.miaminewtimes.com/2010-05-05/news/christian-right-leader-george-rekers-takes-vacation-with-rent-boy/(2010년 5월 16일 접속).

5 http://www.nytimes.com/2010/05/16/opinion/16rich.html(2010년 5월 16일 접속).

6 Ibid.

7 http://blogs.miaminewtimes.com/riptide/2010/05/rekers_on_the_record. php(2010년 5월 16일 접속); http://www.miaminewtimes.com/2010-05-06/news/cchristian-right-leader-george-rekers-takes-vacation-with-rent-boy/1(2010년 5월 28일 접속); http://miaminewtimes.com/riptide/2010/05/george_rekers_is_a_homosexual_says_escort.php(2010년 5월 28일 접속); http://blogs.villagevoice.com/runninscared/archives/2010/05/more_on_george.php(2010년 5월 28일 접속).

8 http://topics.blog.nytimes.com/2009/01/13/the-age-of-schadenfreude/(2011년 12월 17일 접속).

9 http://www.psychologicalscience.org/index.php/publications/observer/2005/march-05/reality-check.html(2011년 1월 12일 접속).

10 Steinbeck, J.(2008), 『The grapes of wrath』, New York: Penguin, p. 349. 이 소설은 1939년에 처음 출간되었다.

11 de Wall, F. B. M.(2009), 『The age of empaty: Nature's lessons for a kinder society』, New York: Harmony books; Keltner, D.(2009), 『Born to be good: The science of a meaningful life』, New York: W. W. Norton; McCullough, M. E.(2008), 『Beyond revenge: The revolution of the forgiveness instinct』, San Francisco, CA: Jossey-Bass.

12 Baer, R. A.(Ed.)(2005), 『Mindfulness-based treatment approaches: Clinician's guide to evidence base and applications』, New York: Academic; Diener, E., & Biswas-Diener, R.(2008), 『Happiness: Unlocking the mysteries of psychological wealth』, New York: Wiley-Blackwell; Emmons, R.,(2007), 『Thanks! How the new science of gratitude can make you happier』, New York: Houghton Mifflin Harcourt; Seligman, M. E. P.(2011), 『Flourish: A visionary new understanding of happiness and well-being』, New York: Free Press.

1장

1 Heider, F.(1958), 『The psychology of interpersonal relations』, New York: John Wiley & Sons, p. 285에 인용됨.

2 Snyder, D. J.(1997), 『The cliff walk』, New York: Little, Brown.

3 http://www.nbc.com/saturday-night-live/(2010년 5월 14일 접속).

4 Brikman, P., & Bulman, R.(1977), Pleasure and pain in social comparison, in J. M. Suls & R. L. Miller(Eds.), 『Social comparison processes: Theoretical and empirical perspectives』(pp. 149~186), Washington, DC: Hemisphere; de Botton, A.(2004), 『Status anxiety』, New York: Pantheon; Festinger, L.(1954), A theory of social comparison processes, 『Human Relations』, 7, 117~140; Fiske, S. T.(2011), 『Envy up, scorn down: How status divides us』, New York: Russell Sage Foundation; Frank, R. H.(1999), Luxury fever, New York: Free Press; Marmot, M.(2004), 『The status syndrome』, New York: Times Books; Mussweiler, T.(2003), Comparison processes in social judgment: Mechanisms and consequences, 《Psychological Review, 110》, 472~489; Smith, R. H.(2000), Assimilative and contrastive emotional reactions to upward and downward social comparisons, in L. Wheeler & J. Suls(Eds.), 『Handbook of social comparison: Theory and research』(pp. 173~200), New York: Kluwer Academic Publishers; Stapel, D., & Blanton, H.(Eds.)(2006), 『Social comparison: Essential readings』, Brighton, NY: Psychology Press; Tesser, A.(1991), Emotion in social comparison and reflection processes, in J. M. Suls & T. A. Wills(Eds.), 『Social comparison: Contemporary theory and research』(pp. 115~145), Hillsdale,

NJ: Erlbaum; Suls, J. M. & Wheeler, L.(Eds.)(2000), 『Handbook of social comparison: Theory and research』, New York: Plenum Press.

5 http://www.frasieronline.co.uk/episodeguide/season5/ep17.htm ; http://www.kacl780.net/frasier/transcripts/season_5/episode_17/the_perfect_guy.html(2013년 4월 8일 접속).

6 Baumol, W. J., & Blinder, A. S.(2010), 『Economics: Principles and policy』, Mason, OH: Cengage Learning에 인용됨.

7 Summers, A., & Swan, R.(2006), 『Sinatra: The life』, New York: Vintage Books, p. 81.

8 http://www.youtube.com/watch?v=5QvSoRQrVJg(2010년 6월 15일 접속).

9 Rousseau, J.(1984), 『A discourse on inequality』, New York: Viking Penguin(초판은 1754년에 출간; Maurice Cranston 번역).

10 Ibid., p. 114.

11 이 분석의 대부분은 Smith(2000)에서 따온 것이다.

12 Festinger(1954).

13 Fiske(2011).

14 Morse, S., & Gergen, K. J.(1970), Social comparison, self-consistency, and the concept of the self, 《Journal of Personality and Social Psychology, 16》, 148~156.

15 Baumeister, R. F., & Bushman, B.(2008), 『Social psychology and human nature』 (1st ed.), Belmont, CA: Wadsworth; Kernis, M. H.(Ed.)(2006), 『Self-esteem issues and answer: A sourcebook of current perspective』, New York: Psychology Press; Tesser, A.(1988), Toward a self-evaluation maintenance model of social behavior, in L. Berkowitz(Ed.), 《Advances in experimental social psychology》, vol. 21(pp. 181~227), New York: Academic Press.

16 van Dijk, W., van Koningsbruggen, G. M., Ouwerkerk, J. W., & Wesseling, Y. M.(2011), Self-esteem, self-affirmation, and schadenfreude, 《Emotion, 11》, 1445~1449.

17 van Dijk, W., Ouwerkerk, J. W., Wesseling, Y. M., & Koningsbruggen, G. M.(2011), Toward understanding pleasure at the misfortunes of others: The impact of self-evaluation threat on schadenfreude, 《Cognition and Emotion, 25》, 360~368.

18 http://www.quotationspage.com/quotes/François_de_La_Rochefoucauld(2012년 5월 3일 접속).

19 Buss, D.(2012), 『Evolutionary psychology: The new science of the mind』(4th ed.), New York: Allyn & Bacon. Smith(2000)와 Smith, R. H., & Kim, S. H.(2007), Comprehending envy, 《Psychological Bulletin, 33》(1), 46~64에 실린 비슷한 분석도 참고하라.

20 진화적 관점은 특히 동족에 대한 이타주의적인 경향이 적응에 도움이 된다는 점을 강조하기도 한다. 개인의 생존이 아니라 후손의 생존이 중요하기 때문이다. 후손은 개인의 유전 형질을 전달하고, 따라서 동족의 생존을 높이려는 경향이 있으면 진화적으로 유리해질 것이다.

21 Fletcher, G. J. O.(2002), 『The new science of intimate relationships』, Cambridge: Blackwell Publishers.

22 Frank(1999), pp. 135~136.

23 Smith(2000); Smith & Kim(2007).

24 de Botton(2004); Fiske(2011); Marmot(2004)

25 Buss(2012).

26 Brosnan, S. F., & de Waal, F. B. M.(2003), Monkeys reject unequal pay, 《Nature, 425》, 297~299.

27 http://www.msnbc.msn.com/id/21773403/ns/technology_and_science-science/(2009년 11월 28일 접속).

28 Boswell, J.(1904), 『Life of Johnson』, Oxford: Oxford University Press(초판은 1781년에 출간).

29 Range, F., Horn, L., Viranyi, Z., & Hube, L.(2008), The absence of reward induces inequity aversion in dogs, 《Proceedings of the National Academy of Science》, doi: 10.1073/pnas.0810957105(2010년 4월 10일 접속).

30 Lindhom, C.(2008), Culture and envy, in R. H. Smith(Ed.), 『Envy: Theory and research』(pp. 227~244), New York: Oxford University Press.

31 Alicke, M. D., & Govorun, O.(2005), The better-than-average effect, in M. D. Alicke, D. A. Dunning, & J. I. Krueger(Eds.), 『The self in social judgment』(pp. 85~106), New York: Psychology Press. 이 효과는 개리슨 케일러(Garrison Keiller)가 전국 공영 라디오 방송 프로그램인 〈프레리 홈 컴패니언(The Prairie Home Companion)〉에서 만든 가상

의 공동체를 따와 '워비곤 호수 효과(Lake Wobegon effect)'로 지칭되기도 한다. 그 공간에서는 "모든 여성들이 강하고, 모든 남성들은 미남이며, 모든 아이들이 평균 이상이다." http://prairiehome.publicradio.org/(2012년 5월 5일 접속).

32 http://www.digitaldreamdoor.com/pages/quotes/george_carlin.html(2012년 9월 1일 접속).

33 Dunning, D.(2005), 『Self-insight: Roadblocks and detours on the path to knowing thyself』, New York: Psychology Press; Taylor, S. E., & Brown, J.(1988), Illusion and well-being: A social psychological perspective on mental health, 《Psychological Bulletin》, 103, 193~210.

34 Baumeister, R. F.(1989), The optimal margin of illusion, 《Journal of Social and Clinical Psychology, 8》, 176~189.

35 크레인의 소설을 좀 더 광범위하게 다룬 Smith(2000)에서 이 예들을 가져왔다.

36 Crane, S.(1952/1895), 『The red badge of courage』, New York: Signet, p. 21.

37 Ibid., p. 47.

38 Ibid., p. 92.

39 Ibid., p. 68.

40 Ibid.

41 『붉은 무공훈장』은 허구의 이야기지만 재미있는 다큐멘터리 같은 느낌이 난다. 크레인은 20대 초반에 이 소설을 썼고 참전한 적도 없지만, 군인이 어떤 감정을 왜 가졌을지 상상할 수 있었다. 그것이 이 작품을 쓴 주된 목표 중 하나였을 것이다. 그는 이 소설을 집필하던 시기에 화가 친구인 코윈 린슨(Corwin Linson)의 뉴욕 화실에서 많은 시간을 보내며 남북전쟁에 관한 수많은 이야기를 꼼꼼히 조사했다. Linson, C. K.(1958), 『My Stephen Crane』, Syracuse, NY: Syracuse University Press.

42 McCall, N.(1995), 『Makes me wanna holler: A young black man in America』, New York: Vintage.

43 Ibid., p. 12.

44 Ibid., p. 13.

45 Ibid., p. 14.

46 Ibid., p. 17.

47 Ibid., p. 215.

48 Ibid., p. 263.

49 Ibid., p. 300.

50 Ibid., p. 351.

51 Ibid.

2장

1 Jones, G.(1996), 『I lived to tell it all』, New York: Bantam Doubleday, p. 5.

2 Sandage, S. A.(2005), 『Born losers: A history of failure in America』, Cambridge: Harvard University Press, pp. 277~278에 인용됨.

3 http://condenaststore.com/-sp/A-businessman-on-a-plane-thinks-it-s-not-eough-that-I-fly-first-class-New-Yorker-Cartoon-Prints_i8545335_.htm. Leo Cullum(2013년 3월 30일 접속).

4 http://www.brainyquote.com/quotes/authors/g/george_carlin_2.htm#CjVhwQkdRa8G3eEB.99(2012년 4월 22일 접속).

5 http://proof.blogs.nytimes.com/2008/12/15/drunkenfreude/(2009년 12월 5일 접속).

6 또한 치버는 주정뱅이들의 추태를 보면서 교훈을 얻는 기쁨에 대해서도 표현했다. 파티에서 점잖게 행동하는 사람들은 그녀의 기억에 남지 않았다. 그녀가 큰 교훈을 얻은 사람들은 난폭한 행동을 보인 주정뱅이들이었다. 그녀는 말짱한 정신으로 예의 바르게 행동하는 사람들을 지켜보면서 모범적인 행동을 배우기보다는, 추태를 보이는 사람들을 지켜보면서 '하지 말아야 할 일'에 대해 배웠다.

7 http://proof.blogs.nytimes.com/2008/12/15/drunkenfreude/(2009년 12월 5일 접속).

8 이에 대한 흥미로운 실증적 비교를 보려면 다음을 참고하라. Pyszczynski, T., Greenberg, J., & LaPrelle, J.(1985), Social comparison after success and failure: Biased search for information consistent with a self-serving conclusion, 《Journal of Experimental Social Psychology, 21》, 195~211; Will, T. A.(1981), Downward comparison principles in social psychology, 《Psychological Bulletin, 90》, 24~271.

9 http://kenlevine.blogspot.com/2007_12_01_archive.html(2011년 3월 21일 접속).

10 http://www.nj.com/entertainment/celebrities/index.ssf/2007/08/beauty_

queens_map_quest.html, http://www.theage.com.au/news/people/beauty-queen-left-searching-for-answers/2007/08/29/1188067160206.html(2011년 3월 21일 접속).

11 http://www.zimbio.com/Lauren+Caitlin+Upton/articles/IifvXCVcaBc/Caitlin+Upton+Miss+Teen+South+Carolina+Learns(2011년 3월 21일 접속).

12 http://www.nickburcher.com/2007/12/2007s-most-watched-best-youtube-clips.html(2011년 3월 21일 접속).

13 http://www.stupidityawards.com/Stupidest_Statement_of_the_Year.html(2011년 3월 21일 접속).

14 http://www.urbanmoms.ca/juice/2007/12/top-ten-quotes-of-2007.html(2011년 3월 21일 접속); http://poplicks.com/2007/12/best-quotes-of-2007.html(2011년 3월 21일 접속); http://deathby1000papercuts.com/2007/12/the-27-most-outrageous-qoutes-of-2007/(2011년 3월 21일 접속).

15 http://www.boston.com/news/nation/gallery/121907_top10quotes?pg=3, http://www.reuters.com/article/idUSN1959512020071219?loc=interstitialskip(2011년 3월 21일 접속).

16 http://www.youtube.com/watch?v=lj3iNxZ8Dww(2011년 3월 21일 접속).

17 http://www.cincihomeless.org/content/downloads/Bumfights.pdf.(2009년 12월 5일 접속).

18 http://vyuz.com/022706_Bumfights.htm(2009년 12월 5일 접속).

19 Wills(1981).

20 Wert, S. R., & Salovey, P.(2004), A social comparison account of gossip, 《Review of General Psychology, 8》, 122~137.

21 Wills(1981), p. 246.

22 Ibid.

23 Diener, E., Fraser, S. C., Beaman, A. L., & Kelem, R. T.(1976), Effects of deindividuation variables on stealing among Halloween trick-or-treaters, 《Journal of Personality and Social Psychology, 33》, 178~183; Festinger, L., Pepitone, A., & Newcomb T.(1952), Some consequences of deindividuation in a group, 《Journal of Abnormal and Social Psychology, 47》, 382~389; Postmes, T., & Spears, R.(1998), Deindividuation and anti-normative behavior: A meta-analysis, 《Psychological

Bullentin, 123》, 238~259; Zimbardo, P. G.(2007), 『The Lucifer effect: Understanding how good people turn evil』, New York: Random House.

24 Wills(1981), p. 246.

25 Hobbes, T.(1968), 『Leviathan』, Harmondsworth: Penguin, p. 35(초판은 1651년에 출간).

26 Ibid.

27 Wills(1981), p. 260.

28 Ibid.

29 http://www.guy-sports.com/humor/comedians/comedian_groucho_marx. htm(2012년 5월 17일 접속).

30 http://www.corsinet.com/braincandy/ins-fmen.html(2012년 5월 17일 접속).

31 http://www.thewrap.com/tv/column-post/jom-stewart-accept-it-gop-mitt-romneys-your-man-video-32710(2011년 11월 13일 접속); 또 다른 안전한 표적은 바로 자기 자신이다. 농담을 하는 자신을 겨냥하면서 관객을 모욕할 수는 없으니 말이다.

32 Gruner, C. R.(1997), 『The game of humor: A comprehensive theory of why we laugh』, New Brunswick, NJ: Transaction Publishers, p. 8; Ferguson, M. A., & Ford. T. E.(2008), Disparagement humor: A theoretical and empirical review of psychoanalytic, superiority, and social identity theories, 《Humor: International Journal of Humor Research, 21》, 283~312; La Fave, L., Haddad, J., Maesen, W. A.(1996/1976), Superiority, enhanced self-esteem, and perceived incongruity humor theory, in A. J. Chapman & H. C. Foot(Eds.), 『Humor and laughter: Theory, research and applications』(pp. 63~91), New York: John Wiley & Sons; Zillman, D., & Cantor, J. R.(1976), A disposition theory of humor and mirth, in A. J. Chapman & H. C. Foot(Eds.), 『Humor and laughter: Theory, research and applications』(pp. 93~116), London: Wiley.

33 홉스와 마찬가지로 그루너도 유머의 웃음이라는 요소가 승리의 갑작스러움과 관련 있다고 강조한다.

34 최근의 진화적 분석을 보려면 다음을 참고하라. Martens, P., Tracy, J. L., & Shariff, A. F.(2012), Status signals: Adaptive benefit of displaying and observing the nonverbal expressions of pride and shame, 《Cognition and Emotion, 26》, 390~406.

35 http://www.brainyquote.com/quotes/quotes/m/melbrooks161275. html#J3q3MoD2rU1HwY8u.99(2012년 4월 22일 접속).

36 그 연구를 검토하려면 Ferguson, & Ford(2008)를 참고하라.

37 Martin, R. A.(2007), 『The psychology of humor: An integrative approach』, London: Elsevier.

38 Wills(1981), p. 260.

39 http://www.harrypotterspage.com/category/j-k-rowling/(2012년 1월 5일 접속). 《타임》에서 레프 골드먼(Lev Goldman)은 우드하우스에게 다음과 같은 찬사를 바쳤다. "그는 전쟁 전 영국 귀족의 결함을 소재로 삼았다. 그 폭이 좁은 것 같지만, 미켈란젤로(Michelangelo Buonarroti)가 대리석을 소재로 한 것과 같은 이치였다. 그는 그 소재로 무엇이든 할 수 있었다." http://entertainment.time.com/2011/11/23/in-praise-of-p-g-wodehouse/ (2012년 1월 5일 접속).

40 http://www.booktv.org/Watch/8532/In+Depth+Christopher+Hitchens.aspx (2012년 1월 5일 접속).

41 그는 여자 속옷을 디자인한다.

42 Wodehouse, P. G.(1938), 『The Code of the Woosters』, New York: Vintage Books, p. 166.

43 Ibid.

44 Ibid, p. 182.

45 Ibid, pp. 220~221.

3장

1 Orwell, G.(1950), 『Shooting an elephant and other essays』, New York: Penguin.

2 http://www.goodreads.com/author/quotes/370054.George_S_Patton_Jr.(2012년 5월 26일 접속).

3 http://www.condenaststore.com/-sp/It-s-not-enough-that-we-succeed-Cats-must-also-fail-New-Yorker-Cartoon-Prints_i8542217_.htm(2012년 2월 접속).

4 http://thinkexist.com/quotes/billy_crystal/(2012년 4월 22일 접속).

5 Von Neumann, J., & Morgensten, O.(1944), 『Theory of games and economic behavior』, Princeton, NJ: Princeton University Press.

6 http://boston.com/community/moms/blogs/parent_buzz/2012/07/aly_raismans_ parents_are_animated_in_the_stands_does_it_make_you_nervous_to_watch_your_ child_compete.html; http://www.boston.com/sports/other_sports/olympics/ articles/2012/08/02/parents_of_olympians_arent_the_only_who_feel_stress_ when+their_children_perform/; http://www.nbcolympics.com/video/gymastics/ chevy-top-moment-1-aly-raisman-s-mom-s-reaction.html(2012년 8월 4일 접속).

7 Tajfel, H.(Ed.)(1978), 『Differentiation between social groups: Studies in the social psychology of intergroup relations』, London: Academic Press.

8 Tajfel, H.(1970), Experiments in intergroup discrimination, 《Scientific American, 223》, 96~102.

9 Tajfel, H., & Turner, J. C.(1979), An integrative theory of intergroup conflict, in W. G. Austin & S. Worchel(Eds.), 『The social psychology of intergroup relations』 (pp. 94~109), Monterey, CA: Brooks-Cole; Tajfel, H., & Turner, J. C.(1986), The social identity theory of inter-group behavior, in S. Worchel & L. W. Austin(Eds.), 『Psychology of intergroup relations』(pp. 2~24), Chicago: Nelson-Hall.

10 St. John, W.(2004), 『Rammer jammer yellow hammer: A journey in the heart of fan mania』, New York: Crown.

11 Ibid., p. 125.

12 Ibid., pp. 98~99.

13 http://www.wral.com/news/local/story/1245389/(2010년 6월 21일 접속); Taylor, S., & Johnson, K. C.(2008), 『Until proven innocent: Political correctness and the shameful injustices of the Duke lacrosse rape case』, New York: St. Martin's Griffin.

14 Leach, C. W., Spears, R., Branscombe, N. R., & Doosje, B.(2003), Malicious pleasure: Schadenfreude at the suffering of another group, 《Journal of Personality and Social Psychology, 84》, 932~943.

15 다트머스 대학과 프린스턴 대학의 학생들에게 두 학교 간의 거친 풋볼 경기 화면을 보여주고 그들의 편향적인 시각을 검사한 고전적 연구는 내집단에 충성하고 외집단을 싫어하는 인간의 본성(그리고 편향적 인식의 가능성)에 대한 경험적 증거를 제시해주었다. Hastorf, A. H., & Cantril, H.(1954), They saw a game: A case study, 《Journal of Abnormal and Social Psychology, 49》, 129~134. A qualitative analysis of another football game from two perspectives is a documentary. 〈Harvard Beats Yale, 29-29〉, http://www.thedailybeast.com/newsweek/2009/01/23/when-harvard-beat-yale. html(2013년 4월 19일 접속).

16 St. John(2004), p. 93.

17 Ibid., p. 94.

18 http://www.fannation.com/si_blogs/for_the_record/posts/3541(2010년 8월 10일 접속).

19 http://sports.espn.go.com/espn/columns/story?columnist=ohlmeyer_don&id=4764245(2012년 5월 26일 접속).

20 Wann D. L., Peterson R. R., Cothran C., & Dykes, M.(1999), Sport fan aggression and anonymity: The importance of team identification, 《Social Behavior and Personality, 27》, 597~602; Wann, D. L., Haynes, G., McLean, B., & Pullen, P.(2003), Sport team identification and willingness to consider anonymous acts of hostile aggression, 《Aggressive Behavior, 29》, 406~413.

21 Hoogland, C., Schurtz, R. D., Combs, D. J. Y., Cooper, C., Brown, E. G., & Smith, R. H.(2013), How does the severity of the misfortune affect schadenfreude in sports?(미발표 원고)

22 Cikara, M., Botvinick, M., & Fiske, S. T.(2010), Us versus them: Social identity shapes neural responses to intergroup competition and harm, 《Psychological Science, 22》, 306~313.

23 Wildschut, T., Pinter, B., Vevea, J. L., Insko, C. A., & Schopler, J.(2003), Beyond the group mind: A quantitative review of the interindividual intergroup discontinuity effect, 《Psychological Bulletin, 129》, 698~722.

24 http://www.nbcsandiego.com/news/sports/James-Hahn-Gangnam-Style-Golf-Dance-Putt-PGA-189662021.html(2013년 3월 8일 접속).

25 http://news.bbc.co.uk/2/hi/programmes/letter_from_america/464752.stm(2012년 5월 15일 접속).

26 http://news.bbc.co.uk/sport2/hi/golf/3913453.stm(2012년 5월 15일 접속); http://sportillustrated.cnn.com/vault/article/magazine/MAG1017184/index.htm(2012년 5월 15일 접속); http://www.youtube.com/watch?v=CxTbNTyWIvc(2012년 5월 15일 접속); http://news.bbc.co.uk/2/hi/programmes/letter_from_america/464752.stm(2012년 5월 15일 접속).

27 http://news.bbc.co.uk/2/hi/programmes/letter_from_america/464752.stm(2012년 5월 15일 접속).

28 수많은 공화당 후보자들의 선거 사무장을 지냈고 극도로 공격적인 전략을 구상하는 것으로 유명한 리 앳워터(Lee Atwater)의 이력은 정치가 유혈 스포츠임을 증명해준다. http://www.boogiemanfilm.com/; Brady, J.(1996), 『Bad boy: The life and politics of Lee Atwater』, Cambridge, MA: Da Capo Press.

29 Combs, D. J. Y, Powell C. A. J., Schurtz, D. R., & Smith, R. H.(2009), Politics, schadenfreude, and ingroup identification: The sometimes funny thing about a poor economy and death, 《Journal of Experimental Social Psychology, 45》, 635~646에 나온 정치와 쌤통 심리에 대한 수많은 예를 참고했다.

30 http://www.realclearpolitics.com/video/2012/02/23/obama_gop_licking_their_chops_over_rising_gas_prices_they_root_for_bad_news.html(2012년 3월 3일 접속).

31 Combs, Powell, Schurtz, & Smith(2009).

32 http://www.rawstory.com/rs/2012/06/26/colbert-only-bad-economic-news-is-good-news-for-romney/(2012년 8월 4일 접속).

33 Gay, p.(1998), 『My German question』, New Haven: Yale University Press. 게이의 아버지는 원래 다른 배를 타고 가려고 준비했었지만, 최대한 빨리 가족을 독일 밖으로 데리고 나가기 위해 직접 문서를 위조해서, 2주 더 빨리 출발하는 다른 배에 자리를 구했다. 그들이 원래 타려고 했던 배는 불운하게도 항구를 전전하며 그들을 받아줄 나라를 찾아야 했다. 그 승객들 중에 나치의 올가미에 걸리지 않고 살아남은 사람은 4분의 1도 되지 않았다. Portmann, J.(2000), 『When bad things happen to other people』, New York: Routledge, pp. 54~55도 참고하라.

34 Gay(1998), p. 70.

35 Ibid., p. 83.

4장

1 James(1950), 『Principles of psychology』, vol. 1, New York, Diver, p. 318(초판은 1890년에 출간).

2 Swift, J.(1731), 『Verses on the death of Dr. Swift, D. S. P. D.』, http://www.online-literature.com/swift/3514/(2010년 6월 21일 접속).

3 Orwell(1950).

4 Nietzsche, F.(1967), 『On the genealogy of morals』(trans. W. Kaufmann & R. J. Hollingdale), New York: Random House, p. 16(초판은 1887년에 출간).

5 James(1950), 『Principles of psychology』, vol. 2, New York: Dover, p. 409(초판은 1890년에 출간).

6 http://www.slate.com/id/2208430/(2010년 12월 4일 접속).

7 Baumeister, R. F., & Bushman, B. J.(2010), 『Social psychology and human nature』, New York: Wadsworth Publishing.

8 James(1918), vol. 1, p. 318.

9 Swift(1731).

10 Jomini, A. H.(1827), 『Vie politique et militaire de Napoléon』, vol. 2(1827), p. 180; http://books.google.com/books?id+AJUTAAAAQAAJ&pg=PA180(2012년 5월 24일 접속).

11 http://www.theatlanticwire.com/politics/2012/10/jon-stewart-how-obama-allowed-romney-proceed-wall/58082/(2012년 12월 3일 접속).

12 http://www.dailykos.com/story/2012/11/30/1165769/-My-favorite-moment-of-2012-Please-proceed-governor(2012년 12월 3일 접속).

13 http://www.iep.utm.edu/psychego/(2012년 5월 23일 접속); Batson, C. D.(2011), 『Altruism in humans』, New York: Oxford University Press; Brown, S. L, Brown, R. M., & Penner, L. A.(Eds.)(2012), 『Moving beyond self-interest: Perspectives from evolutionary biology, neuroscience, and the social sciences』, New York: Oxford University Press.

14 Hobbes(1968).

15 Freud, S.(1930), 『Civilization and its discontents』, London: Hogarth.

16 Turchet, J.(Ed.)(1992), 『La Rochefoucauld: Maximes』, Paris: Bordas.

17 Ibid.; http://www.quotationspage.com/quotes/Francois_de_La_Rochefoucauld.

18 Carnegie, D.(1964), 『How to win friends and influence people』, New York: Simon & Schuster.

19 Ibid., p. 4.

20 Ibid., p. 50.

21 Ibid., p. 14.

22 Stengel, R.(2000), 『You're too kind: A brief history of flattery』, New York: Touchstone.

23 Ibid.

24 http://economictimes.indiatimes.com/opinion/interviews/today-corporate-traning-means-serious-business-growth-pallavi-jha-dale-carnegie-training-india/articleshow/13637502.cms(2012년 5월 28일 접속).

25 http://www.facebook.com/note.php?note_id=204703126222217(2012년 6월 2일 접속).

26 Cialdini, R. B.(2009), 『Influence: Science and practice』(5th ed.), Boston: Allyn & Bacon, p. xii.

27 Ibid.

28 Capote, T.(1966), 『In cold blood』, New York: Random House.

29 Haas, A.(1984), 『The doctor and the damned』, New York: St. Martin's Press, p. 232.

30 Brecht, B.(1973/1928), 『Threepenny opera』, London, Eyre Methuen(trans. Hugh MacDiarmid), p. 46.

31 Becker, E.(1973), 『The denial of death』, New York: Simon & Schuster. p. 3.

32 Ibid., pp. 3~4.

33 Smith, R. H., Eyre, H. L., Powell, C. A. J. & Kim, S. H.(2006), Relativistic origins of emotional reactions to events happening to others and ourselves, 《British Journal of Social Psychology, 45》, 357~371.

34 Smith, A.(2000), 『The theory of moral sentiments』, Amherst, NY: Prometheus Books, p. 1(초판은 1759년에 출간).

35 de Waal(2009); Keltner(2009); McCullough(2008).

36 Brown, Brown, & Penner(2012).

37 Brosnan & de Waal(2003).

38 http://www.livescience.com/2044-monkeys-fuss-inequality.html(2012년 9월 2일 접속).

39 Van den Bos, K., Peter, S. L., Bobocel, D. R., & Ybema, J. F.(2006), On Preferences and doing the right thing: Satisfaction with advantageous inequity when cognitive processing is limited, 《Journal of Experimental Social Psychology, 42》, 273~289.

40 Baumeister & Bushman(2010), p. 60.

41 Aristotle(1991), 『The art of rhetoric』, London: Penguin books(기원전 367~322년 경 저술; trans. H. C. Lawson-Tancred, part I, chapter 5, p. 90.

42 Baumeister & Bushman(2010), pp. 60~61.

43 Bergson, H.(1911), 『Laughter: An essay on the meaning of the comic』, London: Macmillan(Billig, M. [2005]에 인용됨), 『Laughter and ridicule: Towards a social critique of humour』, London: Sage, p. 120.

5장

1 Portmann(2000), p. xii에 인용됨.

2 Rosten, L.(1968), 『The joys of Yiddish』, New York: McGraw-Hill, p. 201.

3 Marable, M.(2011), 『Malcolm X: A life of reinvention』, New York: Penguin Books.

4 Watts, A. E.(2008), 『Laughing at the world: Schadenfreude』, social identity, and American media culture, unpublished dissertation, Northwestern University; Raney, A. A, & Bryant, J.(2002), Moral judgment and crime drama: An integrated theory of enjoyment, 《Journal of Communication, 52》, 402~415.

5 De Palma, B.(Director)(1978), 〈The fury〉[영화], Chicago: Frank Yablans Presentations.

6 Portmann(2000); Ben-Ze'ev, A.(2000), 『The subtlety of emotions』, Cambridge, MA: MIT Press.

7 Feather, N. T., & Sherman, R.(2002), Envy, resentment, schadenfreude, and sympathy: Reactions to deserved and undeserved achievement and subsequent failure, 《Personality and Social Psychology Bulletin, 28》, 953~961; van Dijk, W. W., Ouwerkerk, J. W.. Goslinga, S., & Nieweg, M.(2005), Deservingness and schadenfreude, 《Cognition and Emotion, 19》, 933~939; van Dijk, W. W., Goslinga, S., & Ouwerkerk, J. W.(2008), The impact of responsibility for a misfortune on schadenfreude and sympathy, Further evidence, 《Journal of Social Psychology, 148》, 631~636.

8 Feather, N. R.(2006), Deservingness and emotions: Applying the structural model of deservingness to the analysis of affective reactions to outcomes, 《European Review of Social Psychology, 17》, 38~73; Feather, N. T.(1992), An attributional and value analysis of deservingness in success and failure situations, 《British Journal of Social Psychology, 31》, 125~145; Hafer, C. L., Olson, J. M., & Peterson, A. A.(2008), Extreme harmdoing: A view from the social psychology of justice, in V. M. Esses & R. A. Vernon(Eds.), 『Explaining the breakdown of ethnic relations: Why neighbors kill』(pp. 17~40), Malden, MA: Blackwell Publishing; Jeuer, L., Blumenthal, E., Douglas, A., & Weinblatt, T.(1999), A deservingness approach to respect as a relationally based fairness judgment, 《Personality and Social Psychology Bulletin, 25》, 1279~1292; van Dijk, Goslinga, & Ouwerkerk(2008).

9 http://www.cbsnews.com/stories/2009/09/24/60minutes/main5339719.shtml?tag=currentVideoInfo;segmentUtilities(2010년 2월 9일 접속).

10 http://www.reuters.com/article/ousiv/idUSTRE55P6O520090629(2009년 6월 26일 접속).

11 Ibid.

12 Feather(1992); Darley, J. M., Carlsmith, K. M., & Robinson, P. H.(2000), Incapacitation and just deserts as motives for punishment, 《Law and Human Behavior, 24》, 659~683; Hafer, Olson, & Peterson(2008); Heuer, Blumenthal, Douglas, & Weinblatt(1999).

13 http://www.vanityfair.com/politics/features/2009/06/madoff200906(2009년 7월 6일 접속).

14 http://www.reuters.com/article/ousiv/idUSTRE55P6O520090629(2009년 7월 30일 접속).

15 http://www.nytimes.com/2009/06/30/business/30scene.html(2009년 7월 12일 접속).

16 http://www.nytimes.com/2009/02/27/business/27madoff.html(2009년 6월 15일 접속).

17 http://www.cnn.com/2009/CRIME/02/27/wiesel.madoff/index.html(2009년 5월 15일 접속).

18 http://www.businessinsider.com/bernies-cell-2009-3(2009년 5월 20일 접속).

19 어떤 학자들은 누군가의 불행이 자업자득인 것처럼 보일수록 우리의 감정이 쌤통 심리

와는 다른 범주의 감정, 즉 정의 실현에 대한 일종의 객관적이고 일반적인 만족감으로 변화한다고 주장한다. 누가 봐도 벌을 받아야 할 사람이 그 대가를 치렀을 때 통쾌해한다고 해서 비난할 사람은 아무도 없다. 그런 감정은 쌤통 심리라기보다는 '분노의 해소'에 가깝다. 이 두 가지는 분명 차이가 있지만, 서문에서 밝혔듯이 나는 쌤통 심리를 좀 더 넓고 포괄적인 관점에서 보고 싶다. 그렇지 않으면, 쌤통 심리와 관련된 모든 사례에서 '응당함'의 의미를 제거하고 싶어질 것이기 때문이다. 이 문제에 대한 예리한 통찰을 보고 싶다면 다음을 참고하라. Kristjansson, K.(2005), 『Justice and desert-based emotions』, Farnham, Surrey, UK: Ashgate Publishing; McNamee, M.(2003), Schadenfreude in sport: Envy, justice and self-esteem, 《Journal of the Philosophy of Sport, 30》, 1~16; Portmann(2000).

20 http://www.abc.net.au/rn/science/mind/s680880.htm(2010년 4월 5일 접속).

21 Portmann(2000), p. 114.

22 http://www.ccel.org/ccel/edwards/works2.vi.ix.iii.html(2012년 5월 23일 접속).

23 Seaman, A. R.(1999), 『Swaggart: The unauthorized biography of an American evangelist』, New York: Continuum.

24 Ibid.

25 http://www.time.com/magazine/article/0,9171,974120,00.html(2010년 5월 13일 접속).

26 찰리 칼슨(Charley Carlson)의 의견.

27 Baur, S. W.(2008), 『The art of the public grovel: Sexual sin and public confession in America』, Princeton, NJ: Princeton University Press.

28 http://www.miamiherald.com/2010/05/12/1624904_physician-heal-thyself.html(2010년 5월 16일 접속).

29 Powell, C. A. J., & Smith, R. H.(출판 예정), The inherent joy in seeing hypocrites hoisted with their own petards, 『Self and Identity』에서도 이 예를 광범위하게 사용했다.

30 http://www.cnn.com/2009/US/01/29/lkl.ted.haggard/(2009년 3월 13일 접속); http://www.imdb.com/title/tt0486358/quotes(2009년 8월 29일 접속).

31 Haggard, T., & Haggard, G(2006), 『From this day forward: Making your vows last a lifetime』, Colorado Springs, CO: Waterbook Press.

32 Jones, M.(2007), 『I had to say something: The art of Ted Haggard's fall』, New York: Seven Stories Press, p. 145.

33 Ibid., p. 160.

34 http://abcnews.go.com/GMA/story?id=2626067&page=1(2009년 4월 2일 접속).

35 Amann, J. M., & Breuer, T.(2007), 『The brotherhood of the disappearing pants: A field guide to conservative sex scandals』, New York: Nation books.

36 http://dorothysurrenders.blogspot.com/2006/11/fun-with-hypocrisy.html (2009년 1월 15일 접속).

37 Jones(2007), p. 232.

38 Ibid., p. 9.

39 Wilde, O.(1891), 『The picture of Dorian Gray』, Richmond: University of Virginia Library Electronic Text Center, p. 35.

40 Seaman(1999), p. 14.

41 Ibid.

42 http://www.waynebrownministries.com/b2evolution/blogs/index. php/2010/05/06/ted-hagard-on-the-rekers-sex-scandal-we-are-all-sinners?blog=23(2010년 5월 28일 접속).

43 http://www.nytimes.com/2010/05/19/us/19rekers.html(2010년 5월 28일 접속).

44 http://www.washingtonmonthly.com/features/2003/0306.green.html(2008년 4월 22일 접속); http://www.slate.com/id/2082526/(2008년 5월 12일 접속).

45 http://www.nationalreview.com/goldberg/goldberg050503.asp(2008년 4월 22일 접속).

46 http://www.slate.com/id/2082526/(2008년 5월 12일 접속).

47 『마태복음』 23장 25절, 27절.

48 Cialdini(2009), p. 53.

49 Monin, B., Sawyer, P., & Marquez, M.(2008), The rejection of moral rebels: Resenting those who do the right thing, 《Journal of Personality and social Psychology, 95》, 76~93; Monin, B.(2007), Holier than me? Threatening social comparison in the moral domain, 《International Review of Social Psychology, 20》, 53~68.

50 Monin(2007).

51 Heider(1958), Tripp, T. T., Bies, R. J., & Aquino, K.(2002), Poetic justice or petty jealousy? The Aesthetics of revenge, 《Organizational Behavior and Human Decision Processes, 89》, 966~987.

52 Powell & Smith(출판 예정).

6장

1 French, R. A.(2001), 『The virtues of vengeance』, Lawrence: University of Kansas Press; Agamemnon, The Oresteria(trans. Robert Fagles), London: Penguin Books, 1975, p. 3.

2 http://blog.al.com/live/2011/05/osama_bin_laden_death_brings_j.html(2012년 3월 25일 접속).

3 http://www.condenaststore.com/-sp/I-am-not-a-vengeful-man-but-I-do-enjoy-a-touch-of-retribution-now-and-then-New-Yorker-Cartoon-Prints_i8474436_htm(2012년 6월 2일 접속).

4 5장에서 지적했듯이, 어떤 불행이 객관적인 기준에 비추어 응당해 보일수록 그에 반응하는 감정은 쌤통 심리와는 다른, 정의 실현에서 비롯된 공정한 만족감으로 보일 수도 있다. 둘 사이의 차이도 중요하지만 여기서는 나의 목적에 맞게 쌤통 심리에 대해 좀 더 폭넓은 관점을 취할 것이다.

5 Hafer, C. L., & Begue, L.(2005), Experimental research on just-world theory: Problems, developments, and future challenges, 《Psychological Bulletin, 131》, 128~167; Lerner, M. J.(1980), 『The belief in a just world: A fundamental delusion』, New York: Plenum Press; Lodewijkx, H. F. M., Wildschut, T., Nijstad, B. A., Savenije, W., Smit, M., & Nijstad, B.(2001), In a violent world, a just world makes sense: The case of "senseless violence" in the Netherlands, 《Social Justice Research, 14》, 79~94.

6 Lerner, M. J., & Simmons, C. H.(1966), observer's reaction to the "innocent victim": Compassion or rejection? 《Journal of Personality and social Psychology, 4》, 203~210.

7 http://www.scu.edu/ethics/publications/iie/v3n2/justworld.html(2008년 5월 20일 접속); http://www.nytimes.com/1990/06/03/us/nature-of-clothing-isn-t-evidence-in-rape-cases-florida-law-says.html(2012년 8월 15일 접속).

8 Lerner(1980).

9 Alicke, M. D.(2000), Culpable control and the psychology of blame,《Psychological Bulletin, 126》, 556~574; Alicke, M. D., & Davis, T. L.(1989), The role of a posteriori victim information in judgments of blame and sanction,《Journal of Experimental Social Psychology, 25》, 362~377.

10 http://blog.al.com/live/2011/05/osama_bin_laden_death_brings_ j.html(2012년 3월 23일 접속).

11 http://www.nytimes.com/2010/03/14/books/14dover.html(2010년 3월 18일 접속); http://www.guardian.co.uk/theguardian/2010/mar/08/sir-kenneth-dover-obituary(2010년 3월 접속).

12 Dover, K.(1994), 『Marginal comment: A memoir』, London: Duckworth.

13 도버는 자신이 쓴 많은 사실이 다른 사람들에게 시시해 보일지라도 신경 쓰지 않기로 했다. "사람들이 자기 의견을 말하면 허영심 많은 것처럼 보일까 봐, 혹은 불명예스러운 이야기를 하면 과시욕이 강한 사람으로 보일까 봐, 혹은 작은 일에 영향을 받고 큰일에는 영향을 받지 않는다는 사실을 드러내면 '정신적으로 문제가 있는' 사람처럼 보일까 봐 입을 다문다면 우리가 무엇을 알 수 있겠는가." Dover(1994), p. 2.

14 Dover(1994), p. 228.

15 http://www.nytimes.com/1994/11/28/world/a-scholar-s-memoirs-raise-some-ghosts-at-oxford.html?pagewanted=all(2010년 5월 2일 접속).

16 Dover(1994), p. 230.

17 《뉴욕타임스》의 설명에 따르면, 도버의 "도의적 책임이 영국 학계에 대대적인 논란을 불러일으켰고" 몇 년 후 그의 회고록이 출간되면서 논쟁은 학계를 넘어 사회 전반으로 뜨겁게 확산되었다. http://www.nytimes.com/2010/03/14/books/14dover.html(2010년 3월 18일 접속).

18 http://www.nytimes.com/1994/11/28/world/a-scholar-s-memoirs-raise-some-ghosts-at-oxford.html?pagewanted=all(2010년 5월 접속).

19 Ibid.

20 Dover(1994), p. 230.

21 http://www.guardian.co.uk/theguardian/2010/mar/08/sir-kenneth-dover-obituary(2010년 3월 18일 접속).

22 Hareli, S., & Weiner, B.(2002), Dislike and envy as antecedents of pleasure at another's misfortune,《Motivation and Emotion, 26》, 257~277; Ortony, A., Clore, G.,

& Collins, A.(1988). 『The cognition structure of emotions』, Cambridge: Cambridge University Press.

23 이 독일어 단어는 1990년에 폭스바겐의 광고에 사용되었다. '운전하는 즐거움'이라는 뜻이다. http://www.urbandictionary.com/define.php?term=farfegnugen(2012년 5월 26일 접속).

24 하스의 회고록 『의사와 지옥의 망령들』은 나의 애독서 중 하나이다. 내게 자금만 충분히 있다면 이 책의 모든 내용을 담은 30부작 드라마를 만들고 싶다. 그는 이 회고록에 자신의 감정을 솔직하게 담아냈다.

25 Haas(1984), p. 284.

26 Ibid. 하스의 회고록을 읽어보면 그가 복수심이 강한 사람은 아니라는 사실을 알 수 있다. 오히려 정반대였다. 그는 공정하고 정이 많으며 슬기로운 생존자였다.

27 Manning, M.(2011), 『Malcolm X: A life of reinvention』, New York: Penguin Books, p. 229.

28 http://www.washingtonpost.com/wp-dyn/content/article/2005/09/20/AR2005092000201_pf.html(2008년 4월 13일 접속).

29 http://jewishfederations.org/page.aspx?id=108589(2009년 4월 12일 접속).

30 "나는 해야 할 일을 하고 있을 뿐이다. …… 복수심 때문이 아니다. 처음에 잠깐 동안은 그랬을지도 모른다. …… 상세한 계획을 짜기도 전에 가장 먼저 든 생각은 그 일을 잊어서는 안 된다는 것이었다. 우리 모두 잊는다면 20년이나 50년, 혹은 100년 후에 똑같은 일이 다시 벌어질지도 모른다." http://www.boston.com/news/world/europe/articles/2005/09/21/nazi_hunter_simon_wiesenthal_dies/(2009년 4월 12일 접속).

31 http://www.nytimes.com/2005/09/21/international/europe/21wiesenthal.html?pagewanted=all(2012년 3월 26일 접속).

32 http://www.boston.com/news/world/europe/articles/2005/09/21/nazi_hunter_simon_wiesenthal_dies/?page=full(2012년 3월 23일 접속).

33 Carlsmith, K. M., & Darley, J. M.(2008), Psychological aspects of retributive justice, in M. P. Zanna(Ed.), 《Advances in experimental social psychology》(vol. 40, pp. 193~236), San Diego, CA: Elsevier; Kim, S. H., & Smith, R. H.(1993), Revenge and conflict escalation, 《Negotiation Journal, 9》, 37~43; McCullough(2008); Miller, W. I.(2007), 『Eye for an eye』, New York: Cambridge University Press; Tripp, T. M., & Bies, R. J.(2009), 『Getting even: The truth about workplace revenge-and how to stop it』, New York: Jossey-Bass.

34 Haas(1984), p. 291.

35 Ibid.

36 Ibid.

37 McCullough(2008).

38 Murphy, J. G.(2003), 『Getting me, forgiveness and its limits』, New York: Oxford University Press.

39 Murphy, J. G.(2002), Vengeance, justice and forgiveness, 『Canyon Institute for Advanced Studies』, 2(1), 1.

40 Kleist, M.(2007), 『Michael Kohlhaas: A tale from an old chronicle』(trans. Frances H. King), New York: Mondial(초판은 1811년에 출간).

41 Murphy(2002), p. 1.

42 Lester, M. L.(Director)(1985), 〈Commando〉[영화]. http://www.script-o-rama.com/movie_scripts/c/commando-script-transcript-arnold-schwarzenegger.html(2013년 3월 12일 접속).

43 Auden, W. H.(1976), 『Collected poems』, New York: Random House.

44 Kim & Smith(1993).

45 Kim, S. H.(2005), The role of vengeance in conflict escalation, in I. W. Zartman & G. O. Faure(Eds.), 『Escalation and negotiation in international conflicts』(pp. 141~162), Cambridge: Cambridge University Press에 인용됨.

46 예를 들어 Lotto, D.(2006), The psychohistory of vengeance, 《Journal of Psychohistory, 34》, 43~59를 참고하라.

47 『로마서』 12장 19절.

48 Carlsmith, K. M., Wilson, T. D., & Gilbert, D. T.(2008), The paradoxical consequences of revenge, 《Journal of Personality and Social Psychology, 95》, 1316~1324.

49 Ibid., p. 1324.

50 이는 이전에 남에게 받은 홀대를 곱씹으면 부정적인 감정이 오래가고 악화된다는 사실을 증명해주는 다른 실험 결과와도 일치한다. 홀대받은 일을 되새기면 분노가 더 커지고 더 오래 지속된다. Mor, N., & Winquist, J.(2002), Self-focused attention and negative affect: A meta-analysis, 《Psychological Bulletin, 128》, 638~662. 사람들은 자기에게 해를 끼친 누군가에 대해 곱씹을 때, 딴생각을 할 때보다 더 공격적인 성향을 띠게 된다. Rusting, C. L., & Nolen-Hoeksema, S.(1998), Regulating responses to anger: Effects of rumination and distraction on angry mood, 《Journal of Personality and Social Psychology, 74》, 790~803. 게다가 용서하고 싶은 마음도 줄어든다. Bushman, B. J.(2002), Does venting anger feed or extinguish the flame? Catharsis, rumination, distraction, anger and aggressive responding, 《Personality and Social Psychology Bulletin, 28》, 724~731.

51 Kim(2005).

52 Ben-Ze'ev(2000). 나는 진정한 의미의 쌤통 심리는 수동적이라는 에런 벤제브 같은 학자들의 의견에 대체적으로 동의한다. 다른 누군가의 불행에 적극적인 역할을 하면, 쌤통 심리보다 더 복잡한 무언가가 일어나고 있는 것이다. 하지만 나는 그렇게 엄격하게 구분 짓지는 않을 것이다. 남의 불행을 초래하려는 행위가 상황을 복잡하게 만들긴 하지만 그렇다고 해서 쌤통 심리의 흔적이 전부 다 지워지는 것은 아니다.

53 Sides, H.(2002), 『Ghost soldiers: The epic account of World War Ⅱ's greatest rescue mission』, New York: Anchor.

54 Baumeister, R. F.(1997), 『Evil: Inside human cruelty and violence』, New York: W. H. Freeman. 사디즘은 잔학함, 특히 과도한 잔혹함에서 희열을 찾는 심리 상태를 말한다. 잔학한 행위로 쾌락을 느끼는 것 외에 다른 동기는 없다. 또한 일반적으로 수동적이기보다는 적극적이다. 사디스트들은 남들을 해치고, 해를 끼치는 것을 즐긴다. 극단적인 형태의 쌤통 심리와 사디즘 사이의 경계는 애매모호하다. 우리는 어떤 사람이 고통당할 때 그 고통이 응당하다고 느끼기 때문에 쌤통 심리를 가질 수 있다. 이런 쾌감을 목격하는 사람은 그 고통이 자업자득이라고 생각하지 않기 때문에 우리의 감정을 사디즘이라고 생각할 것이다. 적극적인 쌤통 심리는 사디즘과 구분하기가 가장 어렵다. 왜냐하면 남의 고통이 마땅한가 아닌가를 따지기보다는 잔인한 행위를 노골적으로 즐기게 되기 쉽기 때문이다.

55 Shakespeare, W.(1963), 『Hamlet: An authoritative text, intellectual backgrounds, extracts from the sources, and essays in criticism』, New York: W. W. Norton(1599년경 집필), ActⅢ, sc.4, lns 210~211.

7장

1 http://archive.dailycal.org/article/13978/berkeley_junior_shot_down_in_american_idol_tryout(2012년 4월 19일 접속).

2 Gandhi, M. K.(1983/1948), 『Autobiography: The story of my experiments with truth』, New York: Dover, p. 99.

3 James(1918), vol. 2, p. 414.

4 http://www.asianweek.com/2008/08/27/breakfast-is-out-to-lunch/(2010년 12월 12일 접속).

5 http://yellow-face.com/(2010년 12월 12일 접속).

6 이는 왜 수많은 사람들이 남들 앞에서 말하는 것을 두려워하는지 설명해준다. Gibson, J. W., Gruner, C. R., Hanna, M. S., Smythe, M. J., & Hayes, M. T.(1980), The basic course in speech at U.S. colleges and universities: Ⅲ, 《Communication Education, 29》, 1~9.

7 Goffman, E.(1952), On cooling the mark out: Some aspects of adaptation to failure, 《Psychiatry, 15》, 451~463, p. 463.

8 http://www.youtube.com/watch?v=vqmy5qrvaVQ(2012년 5월 21일 접속).

9 Ibid.

10 Watts(2008).

11 Booker, S., & Waite, B. M.(2005, May), 『Humilitainment? Lessons from 'The Apprentice': A reality television content analysis』, presented at the 17th Annual Convention of the American Psychological Society, Los Angeles; Waite, B. M., Bendezu, J., & Booker, S.(2004, May), 『Why do we like reality television? A personality analysis』, presented at the 16th Annual Convention of the American Psychological Society, Chicago.

12 http://www.nbc.com/howie-do-it/(2011년 3월 10일 접속).

13 http://www.nbc.com/howie-do-it/about/(2011년 3월 10일 접속).

14 http://www.nbc.com/howie-do-it/(2011년 3월 10일 접속).

15 http://orwell.ru/library/essays/joys/english/e_joys(2012년 8월 15일 접속); Orwell, G.(1953), 『Such, such were the joys』, New York: Harcourt, Brace and Company.

16 http://www.democraticunderground.com/disuss/duboard.php?az=view_all&address=389x276680(2013년 3월 3일 접속).

17 http://www.msnbc.msn.com/id/10912603/ns/dateline_nbc-to-catch_a_predator/(2012년 8월 15일 접속).

18 Shakespeare, 『Othello, the Moor of Venice』, Act Ⅱ, Scene Ⅲ, 242~244.

<u>19</u> http://www.mediabistro.com/tvnewser/nbcs-chris-hansen-busts-homer-simpson_b33598(2011년 3월 10일 접속); http://www.imdb.com/title/tt0905647/(2011년 3월 10일 접속).

<u>20</u> http://www.sfgate.com/cgi-bin/article.cgi?f=/c/a/2007/08/08/DDEGREAI3I.DTL&ao=all; http://articles.sfgate.com/2007-08-08/entertainment/17255578_1_sexual-solicitations-nbc-s-predator-reality(2012년 5월 17일 접속).

<u>21</u> Adler, A. M.(2010), "To catch a predator," New York University Public Law and Legal Theory Working Papers, Paper 229(2011년 3월 10일 접속); http://1sr.nellco.org/nyu_plltwp/229(2011년 3월 10일 접속).

<u>22</u> http://www.tvrage.com/Jimmy_Kimmel_Live/episodes/582351(2001년 3월 11일 접속).

<u>23</u> Terry, K. T.(2005), 『Sexual offense and offenders: Theory, practice, and policy』, New York: Wadsworth Publishing.

<u>24</u> Trammell, R., & Chenault, S.(2011), "We have to take these guys out": Motivations for assaulting incarcerated child molesters, 《Symbolic Interaction, 32》, 334~350; http://abcnews.go.com/US/story?id=90004#.T3d4nHi4L0c(2012년 3월 31일 접속); http://www.slate.com/articles/news_and_politics/explainer/2011/11/jerry_sandusky_out_on_bail_are_child_molesters_tormented_in_american_prisons_.html(2012년 3월 31일 접속); http://www.nytimes.com/2003/08/28/opinion/prisoners-of-hate.html(2012년 3월 31일 접속).

<u>25</u> http://www.cjr.org/feature/the_shame_game.php?page=all(2013년 4월 21일 접속).

<u>26</u> http://www.pollyklaas.org/(2012년 5월 28일).

<u>27</u> Book, A. S.(1999), Shame on you: An analysis of modern shame punishment as an alternative to incarceration, 《William & Mary Law Review, 40》, 653~686; Ziel, P.(2004~2005), Eighteenth century public humiliation penalties in twenty-first century America: The shameful return of scarlet letter punishments in U.S. v. Gementera, 《BYU Journal of Public Law, 19》, 499~522. 다음과 같은 예외도 있다. http://www.thedailyaztec.com/2011/01/public-shaming-is-an-effective-alternative-to-prison(2012년 8월 15일 접속); http://www.publicengines.com/blog/2009/11/09/creative-sentencing-public-humliation/(2012년 8월 15일 접속); http://lawvibe.com/get-caught-stealing-and-face-public-humiliation/(2012년 8월 15일 접속).

<u>28</u> http://www.cjr.org/feature/the_shame_game.php?page=all(2013년 4월 21일 접속).

29 http://www.youtube.com/watch?v=TgwOu1IIWuY(2013년 3월 4일 접속).

30 Ibid.

31 Hansen, C.(2007), 『To catch a predator: Protecting your kids from online enemies already in your home』, New York: Dutton Adult, p. 5.

32 한 육군 병장은 핸슨에게 동정을 구했다. "선생님, 제 인생을 망치고 싶지 않아요." 그러고 는 마치 적군에게 잡힌 포로처럼 무릎을 꿇고 머리 뒤로 두 손을 깍지 꼈다. 이 애원도 핸슨 의 동정심을 깨우는 데는 실패했다. 핸슨은 다음과 같이 썼다. "무릎을 꿇고 있는 그를 보면 가여운 마음이 들 법도 하다. 하지만 그가 열네 살짜리 소녀와 노골적인 채팅을 50페이지 넘 게 나눈 바로 그 남자라는 사실을 잊어서는 안 된다." Ibid., p. 211.

33 Reiss, S. & Wiltz, J.(2004), Why people watch reality TV, 《Media Psychology, 6》, 363~378.

34 http://www.ew.com/ew/article/0,,399467,00.html(2011년 3월 10일 접속).

35 Whitman, J. Q.(1998), What is wrong with inflicting shame sanctions? 『Faculty Scholarship Series』, Paper 655, http://digitalcommons.law.yale.edu/fss_papers/665(2011년 3월 11일 접속).

36 http://en.allexperts.com/q/U-S-History_672/2008/8/Puritan-Women-punishment.htm(2011년 3월 12일 접속).

37 Ibid.

38 McTiernan, J.(Director)(1988), 〈Die Hard〉[영화]. Los Angeles: 20th Century Fox.

39 Ibid.

40 광범위한 통계와 분석을 보려면 Crimes Against Children Research Center(http://www.unh.edu/ccrc/, 2012년 6월 12일 접속)의 정보를 참고하라; Finkelhor, D(2008), 『Childhood victimization: violence, crime, and abuse in the lives of young people』, New York: Oxford University Press.

41 Snyder, Howard N.(2000, July), 『Sexual assault of young children as reported to law enforcement: Victim, incident, and offender characteristics』(http://bjs.ojp.usdoj.gov/content/pub/pdf/saycrle.pdf, 2012년 6월 12일 접속); Crimes Against Children Research Center, http://www.unh.edu/ccrc/(2012년 6월 12일 접속).

42 http://www.huffingtonpost.com/jesse-wegman/dateline-to-kill-a-predat_b_41911.html(2012년 6월 2일 접속).

8장

1 Griffin, A. K.(1931), 『Aristotle's psychology of conduct』, London: Williams and Norgate, p. 78.

2 Spinoza, B(2008), 『The ethics』, New York:: Bibliolife, p. 138(초판은 1677년에 출간).

3 http://www.snpp.com/episodes/7F23.html(2010년 4월 5일 접속).

4 Smith & Kim(2007).

5 Forman, M.(Director)(1984), 〈Amadeus〉(Peter Shaffer[2001], 『Amadeus: A play by Peter Shaffer』, New York: Harper Perennial을 원작으로 한 영화). 살리에리가 연극이나 영화에서 묘사된 것처럼 실제로 모차르트를 질투했다거나, 그가 교묘하게 모차르트를 죽음으로 내몰았다는 증거는 거의 없다. Borowitz, A. I.(1973), Salieri and the "murder" of Mozart, 《The Musical Quarterly, 59》, 268~279.

6 Fiske(2011).

7 Harris, L. T., & Fiske, S. T.(2006), Dehumanizing the lowest of the low: Neuro-imaging responses to extreme outgroups, 《Psychological Science, 17》, 847~853; Harris, L. T. & Fiske, S. T.(2008), Envy as predicted by the stereotype content model: A volatile ambivalence, in R. H. Smith(Ed.), 『Envy, Theory and research』(pp. 133~147), New York: Oxford University Press.

8 Fiske(2011), p. 32; Botvinick, M. M., Cohen, J. D., & Carter, C. S.(2004), Conflict monitoring and anterior cingulate cortex: An update, 《Trends in Cognitive Sciences, 8》, 539~546.

9 Mitchell, J. P.(2008), Contributions of functional neuroimaging to the study of social cognition, 《Current Directions in Psychological Science, 17》, 142~146.

10 Harris, Cikara, & Fiske(2008); Harris, L. T., McClure, S. M., van den Bos, W., Cohen, J. D., & Fiske, S. T.(2007), Regions of the MPFC differentially tuned to social and non-social affective evaluation, 《Cognitive and Behavioral Neuroscience, 7》, 309~316; van den Bos, W., McClure, S. M., Harris, L. T., Fiske, S. T., & Cohen, J. D.(2007), Dissociating affective evaluation and social cognitive processes in ventral medial prefrontal cortex, 《Cognitive and Behavioral Neuroscience, 7》, 337~346.

11 Smith, R. H., Turner, T. J., Garonzik, R., Leach, C. W., Urch-Druskat, V., & Weston, C. M.(1996), Envy and schadenfreude, 《Personality and Social Psychology Bulletin, 25》, 158~168.

12 http://thetenbest.net/gorevidalquotes/(2010년 3월 10일 접속).

13 Twain, M.(2000), 『Life on the Mississippi』, Toronto: Dover, p. 22(초판은 1883년에 출간); Powell, C. A. J., Smith, R. H., & Schurtz, D. R.(2008), Schadenfreude caused by an envied persons's gain, in R. H. Smith(Ed.), 『Envy: Theory and research』(pp. 148~164), New York: Oxford University Press에도 비슷한 방식으로 이 예가 사용되었다.

14 Percy, W.(2000), 『Lost in the cosmos』, New York: Picador, p. 65. Powell, smith, & Schurtz(2008)에도 이 예가 광범위하고 비슷한 방식으로 사용되었다.

15 Percy(2000), p. 65.

16 Ibid.

17 Smith, Turner, Garonzik, Leach, Urch-Druskat, & Weston(1996).

18 Takahashi, H, Kato, M., Matsuura, M., Mobbs, D., Suhara, T., & Okubo, Y.(2009), When your gain is my pain and your pain is my gain: Neural correlates of envy and schadenfreude,《Science, 13》, 937~939.

19 http://www.nytimes.com/2009/02/17/science/17angi.html?_r=1(2010년 5월 15일 접속).

20 Cuddy, A. J. C., Fiske, S. T., & Glick, P.(2007), The BIAS map: Behavior from intergroup affect and stereotypes,《Journal of Personality and Social Psychology, 92》, 631~648; Fehr, E., & Fischbacher, U.(2005), The economics of strong reciprocity, in H. Gintis, S. Bowles, R. Boyd, & E. Fehr(Eds.), 『Moral sentiments and material interests: The foundations of cooperation in economic life』(pp. 151~191), Cambridge: MIT Press; Kirchsteiger, G.(1994), The role of envy in ultimatum games,《Journal of Economic Behavior and Organization, 25》, 373~389; Smith & Kim(2007). 최근의 증거에 따르면, 질투에는 두 가지 유형, 즉 온건한 질투와 악의적인 질투가 있다. 쌤통 심리는 악의적인 질투와 가장 밀접하게 연관되어 있다. van de Ven, N., Zeelenberg, M., & Pieters, R.(2009), Leveling up and down: The experience of malicious and benign envy,《Emotion, 9》, 419~429.

21 다행히도 그 소년은 폭발 사고에서 살아남았다. 그렇지 않았다면 트웨인이 그 사건을 그렇게 열성적으로 들려주지 않았을 것이다. 하지만 소년의 생존마저 복잡한 감정을 불러일으켰다. 트웨인은 다음과 같이 썼다. "다음 주에 그 아이가 살아서 유명 인사가 되어 고향으로 돌아온 후, 크게 다쳐서 붕대를 감은 몸으로 빛나는 영웅처럼 교회에 나타나 모든 사람들의 시선을 받고 경탄의 대상이 되었을 때 우리는 자격 없는 비열한 인간에 대한 신의 편애가 비난을 부를 정도로 심해졌다는 생각이 들었다." Twain(2000), p. 22.

22 Beckman, S. R., Formby, J. P., Smith, W. J., & Zheng, B. H.(2002), Envy, malice and

Pareto efficiency: An experimental examination, 《Social Choice and Welfare, 19》, 349~367; Zizzo, D. J.(2003), Money burning and rank egalitarianism with random dictators, Economics Letters, 81, 263~266; Zizzo, D. J., & Oswald, A. J.(2001), Are people willing to pay to reduce others' incomes? 《Annales d'Economie et de Statistique, 63~64》, 39~62.

23 Smith, R. H.(1991), Envy and the sense of injustice, in P. Salovey(Ed.), 『The psychology of jealousy and envy』(pp. 79~99), New York: Guilford Press; Smith, R. H., Parrott, W. G., Ozer, D., & Moniz, A.(1994), Subjective injustice and inferiority as predictors of hostile and depressive feelings in envy, 《Personality and Social Psychology Bulletin, 20》, 705~711.

24 van de Ven, Zeelenbert, & Pieters(2009).

25 Portmann(2000), p. 139에 인용됨.

26 Burke, E.(1987), 『A philosophical enquiry into the origin of our ideas of the sublime』, Oxford: Basil blackwell, p. 46(초판은 1756년에 출간); 터무니없는 소설을 써대는 타블로이드 신문들 때문에 《내셔널 인콰이어러》를 신뢰하지 않는 사람들이 많을지도 모른다. 종종 기사의 주인공들은 악의적인 거짓 기사라고 일축해버리기도 하지만, 《내셔널 인콰이어러》의 기사들은 결국엔 사실로 판명되는 경우가 많다. http://www.slate.com/id/2102303/(2010년 5월 15일 접속).

27 Chang, J., & Halliday, J.(2005), 『Mao: The unknown story』, New York: Fist Anchor Books, p. 14.

28 Ibid.

29 Boucher, K., & Smith, R. H.,(2010), 미발표 자료.

30 http://www.salte.com/id/2067667(2010년 5월 15일 접속).

31 Byron, C.(2002), 『Martha Inc.: The incredible story of Martha Stewart Living Omnimedia』, New York: Wiley.

32 http://www.slate.com/id/2067667(2010년 5월 15일 접속).

33 http://www.newyorker.com/archive/2003/02/03/030203fa_fact?currentPage=all(2010년 3월 3일 접속).

34 Ibid.

35 Ibid.

36 Ibid.

37 Aronson, E., Willerman, B., & Floyd, J.(1966), The effect of a pratfall on increasing interpersonal attractiveness, 《Psychonomic Science, 4》, 227~228.

38 http://www.chevychasecentral.com/trivia.htm(2012년 9월 4일 접속).

39 http://www.parade.com/celebrity/sunday-with/2012/05/20-jay-leno-comic-highs-lows-cars-secrets-successful-marriage.html(2012년 5월 20일 접속).

40 Sundie, J. M., Ward, J., Beal, D. J., Chin, W. W., & Oneto, S.(2009), Schadenfreude as a consumption-related emotion: Feeling happiness about the downfall of another's product, 《Journal of Consumer Psychology, 19》, 356~373; Sundie, J. M., Kenrick, D. T., Griskevicius, V., Tybur, J. M., Vohs, K. D., & Beal, D. J.(2011), Peacocks, Porsches, and Thorstein Veblen: Conspicuous consumption as a sexual signaling system, 《Journal of Personality and Social Psychology, 100》, 664~680; Veblen, T.(1989), 『The theory of the leisure class』, New York: Macmillan.

41 http://www.dailydot.com/video/lamborghini-crash/(2012년 5월 25일 접속); http://www.reddit.com/r/videos/comments/tn1y4/lamborghini_tries_to_show_off_ends_up_crashing/(2012년 5월 25일 접속).

42 http://www.dailydot.com/video/lamborghini-crash/(2012년 5월 24일 접속); http://www.imdb.com/title/tt0145487/quotes(2012년 5월 24일 접속).

43 http://youtube.com/all_comments?v=1pgm8I0B8bY(2012년 5월 24일 접속).

44 Hareli & Weiner(2002).

45 Swift(1731).

46 http://www.newyorker.com/archive/2003/02/03/030203fa_fact?currentPage=all(2010년 3월 3일 접속); Byron(2002).

47 http://www.newyorker.com/archive/2003/02/03/030203fa_fact?currentPage=all(2010년 3월 3일 접속).

48 http://www.snpp.com/episodes/7F08.html(2010년 4월 5일 접속).

49 Ibid.

9장

1 Pushkin, A.(1964), 『The poems prose, and plays of Alexander Pushkin』, New York: Modern Library, p. 430.

2 Shakespeare, W.(1963), 『Julius Caesar』, New York: The New American Library, p. 40(초판은 1599년에 출간).

3 Goethe, J. W.(1906), 『The maxims and reflections of Goethe』, New York: Macmillan.

4 Farber, L.(1996), 『The ways of the will』, Mew York: Basic Books; Foster, G.(1972), The anatomy of envy, 《Current Anthropology, 13》, 165~202; Smith & Kim(2007); Vidaillet, B.(2009), Psychoanalytic contributions to understanding envy: Classic and contemporary perspectives, in R. H. Smith(Ed.), 『Envy: Theory and research』(pp. 267~289), New York: Oxford University Press.

5 이 장에 소개되는 사례들은 다음의 자료를 참고했다. Powell, Smith, & Schurtz(2008); Smith, R. H., & Kim, S. H.(2008), Introduction, in R. H. Smith(Ed.), 『Envy: Theory and research』(pp. 3~14), New York: Oxford University Press; Smith& Kim(2007).

6 Alicke & Govorun(2005); Dunning(2005); Freud, A.(1937), 『The ego and the mechanisms of defense』, London: Hogarth Press and Institute of Psycho-Analysis; Gilovich, T.(1993), 『How we know what isn't so: The fallibility of human reason in everyday life』, New York Simon & Schuster; Paulhus, D. L., Fridhandler, B., & Hayes S.(1997), Psychological defense: Contemporary theory and research, in S. Briggs, R. Hogan, R. Goode, & J. W. Johnson(Eds.), 『Handbook of personality psychology』(pp. 543~579), Boston: Academic Press; Vaillant, G. E.(1992), 『Ego mechanisms of defense: A guide for clinicians and researchers』, Arlington, VA: American Psychiatric Publishing.

7 Duffy, M. K., Shaw, J. D., & Schaubroeck, J.(2008), 『Envy in organizational life』, in R. Smith(Ed.), 『Envy: Theory and research』(pp. 167~189), New York: Oxford University Press; Elster, J.(1998), 『Alchemies of the mind: Rationality and the emotions』, Cambridge: Cambridge University Press; Foster, G.(1972), The anatomy of envy, 《Current Anthropology, 13》, 165~202; Schoeck, H.(1969), 『Envy: A theory of social behavior』, New York: Harcourt, Brace, and World; Sillver, M., & Sabini, J.(1978), the perception of envy, 《Social Psychology Quarterly, 41》, 105~117; Smith & Kim(2007).

8 Elster(1998); Foster(1972), Scheock(1969); Silver, & Sabini(1978); Powell, Smith, & Schurtz(2008);Smith & Kim(2007).

9 『출애굽기』 20장 17절.

10 Schimmel, S.(2008), Envy in Jewish thought and literature, in R. H. Smith(Ed.), 『Envy: Theory and research』(pp. 17~38), New York: Oxford University Press.

11 『창세기』 4장 1~16절.

12 Milton, J.(1962), 『Paradise lost and selected poetry and prose』, New York: Holt, Rinehardt, and Winston, p. 126(초판은 1667년에 출간).

13 Alighieri, D.(1939), 『The divine comedy』(trans. John D. Sinclair), New York: Oxford University Press(초판은 1308~1321년에 출간).

14 http://www.etymonline.com/index.php?term=envy(2010년 4월 12일 접속).

15 Aquaro, G. R. A.(2004), 『Death by envy: The evil eye and envy in the Christian tradition』, Lincoln, NE: Universe; Smith & Kim(2007).

16 『마태복음』 19장 24절.

17 Smith & Kim(2007).

18 Unamuno, M.(1996), 『Abel Sanchez and other short stories』, New York: Gateway Editions, p. 103(초판은 1917년에 출간); Foster(1972), p. 173에 인용됨; Smith & Kim(2007).

19 Elster(1998), p. 165.

20 Ibid., p. 172.

21 Smith & Kim(2007).

22 Ben-Ze'ev(2000); Smith(1991); Smith, Parrott, Ozer, & Moniz(1994).

23 Heider(1958), p. 287.

24 Aristotle(1941), Rhetoric, in R. McKeaon(Ed.), 『The basic works of Aristotle』, New York: Random House(초판은 기원전 322년에 출간); Salovey, P., & Rodin, J.(1984), Some antecedents and consequence of social-comparison jealousy, 《Journal of Personality and social Psychology, 47》, 780~792; Schaubroeck, J., & Lam, S. K.(2004), Comparing lots before and after: Promotion rejectees' invidious reactions to promotees, 《Organizational Behavior and Human Decision Processes, 94》, 33~47.

25 Forrester, J.(1997), 『Dispatches of the Freud wars』, Cambridge, MA: Harvard University Press; Kristjansson(2005).

26 Smith(1991).

27 Khayyám, O.(1952), 『The rubáiyát of Omar Khayyám』(E. Fitgerld, Trans.), Garden City, NY: Doubleday, p. 170(초판은 1858년에 출간); 나는 이 시를 비롯해 비슷한 예들을 다음의 책에도 사용했다. Smith, R. H.(1990), Envy and the sense of injustice, in P.

Salovey(Ed.), 『Psychology perspective on jealousy and envy』(pp. 79~99), New York: Guilford.

28 Heider(1958), p. 289.

29 Hill, S. E., & Buss, D. M.(2008), The evolutionary psychology of envy, in R. H. Smith(Ed.), 『Envy: Theory and research』(pp.60~70), New York: Oxford University Press, p. 60.

30 Leach, C. W., & Spears, R.(2008), "A vengefulness of the impotent": The pain of ingorup inferiority and schadenfreude toward successful outgroups, 《Journal of Personality and Social Psychology, 95》, 1383~1396, p. 1384; Nietzsche(1967), p. 37.

31 Krizan, Z., & Johar, O.(2012), Envy divides the two faces of narcissism, 《Journal of Personality, 80》, 1415~1451.

32 Hotchkiss, S.(2003), 『Why is it always about you?: The seven deadly sins of narcissism』, New York: Free Press, p. 16.

33 Forman(1984).

34 질투의 변형을 보여주는 또 다른 사례를 보려면 셰익스피어의 『줄리어스 시저』를 인용한 Smith(2004)를 참고하라.

35 Elster(1998); Smith(2004); Smith & Kim(2007); Sundie, Ward, Beal, Chin, & Oneto(2009).

36 Russo, R.(2008), 『Bridge of sighs』, New York: Vintage.

37 Ibid., p. 86.

38 Ibid.

39 스티븐 실크(Stephen Thielke)와의 개인적인 의견 교환. 하지만 이때 느끼는 질투는 '온건한' 질투일 것이다. van de Ven, Zeelenbert, & Pieters(2009).

10장

1 Marrus, M. R.(1997), 『The Nuremberg War Crimes Trial 1945~46: A documentary history』, New York: Bedford Books, p. 207.

2 Gilligan, J.(1996), 『Violence: Reflections on a national epidemic』, New York: Vintage Books.

3 Twain, M.(1898), Concerning the Jews, 《Harper's Magazine》, March 1898; http://www.fordham.edu/halsall/mod/1898twain-jews.asp(2013년 4월 20일 접속).

4 Bauer, Y.(1982), 『A history of the Holocaust』, New York: Franklin Watts; Browning, C. R.(1993), 『Ordinary men: Reserve police battalion 101 and the final solution in Poland』, New York: Harper Perennial; Evans, R. J.(2003), 『The coming of the Third Reich』, New York: Penguin; Evans, R. J.(2005), 『The Third Reich in power』, New York: Penguin; Evans, R. J.(2008), 『The Third Reich at war』, New York: Penguin; Gilbert, M.(2000), 『Never again: The history of the Holocaust』, New York: Universe; Goldhagen, D. J.(1997), 『Hitler's willing executioners: Ordinary Germans and the Holocaust』, New York: Vintage; Hildberg, R.(2003), 『The destruction of the European Jews』, New Haven: Yale University Press(초판은 1961년에 출간); Prager, D., & Telushkin, J.(2003), 『Why the Jews? The reason for anti-Semitism』, New York: Touchstone; Rosenbaum, R.(1998), 『Explaining Hitler: The search for the origins of his evil』, New York: Random House; Wistrich, R. S.(2010), 『A lethal Obsession: Anti-semitism from antiquity to the global jihad』, New York: Random House.

5 Kubizek, A.(1955), The young Hitler I knew; http://www.faem.com/books/(2012년 6월 14일 접속).

6 Hitler, A.(1925), 『Mein kampf』(trans. Ralph Manheim), Boston, MA: Houghton Mifflin, p. 55.

7 Ibid., p. 52.

8 Ibid., p. 52.

9 Ibid., p. 10.

10 Epstein, J.(2003), 『Envy: The seven deadly sin』, New York: Oxford University Press, p. 60.

11 Hitler(1925), p. 58.

12 Ibid., p. 56.

13 Ibid., p. 58. 1938년 봄에 독일이 흡수한 빈의 유대인 인구는 독일의 다른 도시에 있는 유대인 인구보다 더 많았다.

14 Ibid., p. 57.

15 Ibid., p. 61.

16 Ibid., p. 62.

17 Ibid.

18 Ibid., p. 63.

19 《People Magazine interview》, April 12, 1976, vol. 5, no. 14. 슈페어는 자신의 회고록 『기억』에서 아돌프 히틀러의 유머 감각이 거의 언제나 쌤통 심리에 근거해 있었다고 설명했다. "히틀러는 유머 감각이 떨어졌다. 큰 소리로 거리낌 없이, 가끔은 말 그대로 몸을 비틀면서 웃을 줄도 알았지만 농담은 남에게 맡겼다. 웃음이 터질 때 눈물을 닦기도 했다. 그는 웃기를 좋아했지만, 그것은 언제나 남들의 희생으로 얻은 웃음이었다." Speer, A.(1969), 『Inside the Third Reich』(trans. Richard and Clara Winston), Bronx, NY: Ishi Press, p. 123.

20 Kubizek(1955).

21 Ibid.

22 Freud, S.(1939), 『Moses and monotheism』, New York: Random House, p. 116.

23 Toland, J.(1976), 『Adolf Hitler』, New York: Bantam Doubleday Dell, p. 71.

24 히틀러는 어떻게 유대인을 증오하게 되었는지에 대한 설명을 다음과 같이 마무리 지었다. "영원성은 그 명령의 위반에 가차 없이 복수한다. 그러므로 나는 지금 전능하신 창조주의 의지에 따라 행동하고 있다고 믿는다. 유대인으로부터 나 자신을 지킴으로써, 주님의 일을 위해 싸우고 있는 것이다." Hitler(1925), p. 65.

25 많은 이들이 반유대주의에 질투가 끼어 있다고 주장했다. 예를 들어 드레퓌스 사건 (Dreyfus affair)에 깊이 연루된 프랑스 학자 베르나르 라자르(Bernard Lazare)는 반유대주의에 대한 아주 공평한 분석을 내놓으면서, 질투를 중요한 요인으로 포함시켰다. 그의 저서 『반유대주의: 그 역사와 원인(L'antisémitisme: son histoire et ses causes)』의 한 대목을 보자. "그들은 어디서나 유대인으로 남길 원했고, 어디서나 국가 안의 국가를 세우는 특혜를 누렸다. 이런 특혜와 더불어 세금을 비롯한 여러 의무를 면제받은 덕분에 그들은 거주 지역의 다른 시민들보다 이내 더 나은 형편으로 올라갈 수 있었다. 사업이나 부의 축적 기회가 더 많았고, 이 때문에 질투와 미움을 샀다. 이렇듯 유대인은 자기들의 법에 집착하면서 인기를 잃었다. 그 법으로 인한 이득과 혜택 때문에 질투를 불러일으켰거나, 아니면 자기네들 율법의 우수성을 자부하고 자기네들이 다른 민족보다 우월하다고 여겨서일 수도 있다." pp. 6~7, http://www.archive.org/details/Anti-semitismItsHistoryAndCausesBy BernardLazare. 프로이트는 유대인의 독특함을 암시한 다음 이렇게 쓴다. "두 번째 특성은 훨씬 더 뚜렷한 영향을 미친다. 그들은 탄압에 저항하며, 아무리 잔학한 박해에도 근절되지 않는다. 오히려 실생활에서 견뎌내는 능력을 증명해 보이고, 그들을 받아주는 곳으로 들어가 주변 문명에 중요한 기여를 한다. 반유대주의의 더 은밀한 동기는 오래전의 과거에 그 뿌리를 두고 있다. 그 동기는 무의식에서 비롯되었고, 아마 내 주장은 처음엔 신빙성

346

없게 들릴 것이다. 과감히 내 의견을 말해보자면 유대인들은 자신들이 하느님 아버지의 첫 아이이자 가장 사랑받는 아이라고 주장함으로써 다른 민족들의 질투를 샀고, 다른 민족들은 마치 그 가정을 믿은 것처럼 아직 질투에서 벗어나지 못했다." Freud(1939), p. 116. 프로이트는 유대인들의 선민사상이 비유대인들에게 질투와 경쟁심을 불러일으켰다고 주장했다. 니체는 수많은 나치 사상에 영향을 미쳤지만 반유대주의에 섬뜩함을 느꼈다. "유대인에 대항해 싸우는 것은 질투와 비겁함이 깃든 최악의 인격을 드러내는 꼴이다. 거기에 가담하는 사람은 분명 폭도의 성향을 지니고 있을 것이다." Santaniello, W.(1997), A post-holocaust re-examination of Nietzsche and the Jews, in J, Golomb(Ed.), 『Nietzsche and Jewish culture』(pp. 21~54), New York: Routledge에 인용. 좀 더 최근의 예를 보려면 다음을 참고하라. Prager & Telushkin(2003); Patterson, C.(2000), 『Anti-Semitism: The road to the holocaust and beyond』, Lincoln, NE: iUniverse.com; Aly, G.(2011), 『Warum die Deutschen? Warum die Juden? Gleichheit, Neid und Rassenhass 1800 1933』, Frankfurt: Fischer Verlag; Gilder, G.(2009), 『The Israel test』, New York: Richard Vigilante Books; McKale, D. M.(2006), 『Hitler's shadow war: The Holocaust and World War Ⅱ』, New York: Taylor Trade Publishing.

26 Prager & Telushkin(2003), p. 30.

27 Aly(2011)도 참고하라.

28 Cuddy, A. J. C., fiske, S. T., & Glick, P.(2008), Warmth and competence as universal dimensions of social perception: The Stereotype Content Model and the BIAS Map, in M. P. Zanna(Ed.), 《Advances in experimental social psychology》(vol. 40, pp. 61~149), Thousand Oaks, CA: Academic Press; Fiske, S. T., Cuddy, A. J. C., Glick, P., & Xu, J.(2002), A model of (often mixed) stereotype content: Competence and warmth respectively follow from perceived status and competition, 《Journal of Personality and social Psychology, 82》, 878~902; Glick, P.(2002), Sacrificial lambs dressed in wolves' clothing: Envious prejudice, ideology, and the scapegoating of Jews, in L. S. Newman & R. Erber(Eds.), 『Understanding genocide: The social psychology of the Holocaust』(pp. 113~142), Oxford: Oxford University Press; Glick, P.(2008), When neighbors blame neighbors: Scapegoating and the breakdown of ethnic relations, in V. M. Esses & R. A. Vernon(Eds.), 『Explaining the breakdown of ethnic relations: Why neighbors kill』(pp. 123~146), Malden, MA: Blackwell.

29 Cuddy, Fiske, & Glick(2008); Fiske, Cuddy, Glick, & Xu(2002). 흥미롭게도 우리가 편견에 대해 생각할 때 이렇게 지위가 높고 능력 있는 집단을 떠올리는 경우는 많지 않다. 예를 들어 대부분의 백인은 흑인이 지위가 낮고, 소수집단 우대 정책에 따른 자원 획득으로 약간의 경쟁력을 갖추고 있다는 편견을 갖고 있다. 하지만 이러한 편견은 동정에서부터 경멸(그들이 점점 더 위협적인 존재가 된다면)에 이르기까지 다양한 감정을 낳을 수 있다. 이런 감정은 질투와는 아주 다르며 이는 중요한 의미를 지닌다. 히틀러는 집시들에게 넌더리를 냈지만, 유대인들을 증오했다.

30 Segel, B. W.(1996), 『A lie and a libel: the history of the Protocols of the Elders of Zion』, R. S. Levy(Ed.)(trans. R. S. Levy), Lincoln: University of Nebraska Press.

31 이전에 인종차별 정책을 썼던 미국 남부에서 사회적 위치에 위협을 느낀 백인이 흑인에 대한 증오를 키운 것은 희생양 만들기의 고전적인 예라 할 수 있다.

32 Bachrach, S., & Luckert, S.(2009), 『State of deception: The power of Nazi propaganda』, New York: W. W. Norton.

33 Epstein(2003). 조지프 엡스타인이 지적하듯이 반유대주의는 "역사적으로 두 가지 형태를 띠었다. 유대인은 열등하다는 이유로 비난받기도 하고, 우월하다는 이유로 분노를 사기도 했다." p. 165; Epstein, J.(2002), 『Snobbery: The American version』, New York: Houghton Mifflin.

34 글릭은 유대인들에게 적대적인 질투를 느꼈다고 인정할 독일인은 거의 없을 거라고 말한다. 악감정을 정당화하기 위해 다른 그럴싸한 이유를 찾는 것이 질투의 본성이다. 그래서 그들은 유대인들이 영악하고 비열하고 불결하다는 등의 다른 고정관념에 그들이 국가적인 목표와 인종의 순수성에 위협이 된다는 인식을 더하는 편리한 수법을 사용했다. 그러면서 감탄할 만한 지적 능력보다는 '영악함'을 암시하는 용어를 사용했다.

35 Evans(2005).

36 Cikara, M., & Fiske, S. T.(2012), Stereotypes and schadenfreude: Affective and physiological markers of pleasure at outgroups' misfortune, 《Social Psychological and Personality Science, 3》, 63~71.

37 Metaxas, E.(2010), 『Bonhoeffer: Pastor, martyr, prophet, spy』, Nashville, TN: Thomas Nelson, p. 176.

38 Toland(1976), p. 505.

39 Goldhagen(1996); Klee, E., Dressen, W., & Riess, V.(1991)(Eds.), 『"The good old days": The Holocaust as seen by its perpetrators and bystanders』(trans. Deborah Burnstone), Old Saybrook, CT: Konecky & Konecky; Billig, M.(2005), 『Laughter and ridicule: Towards a social critique of humour』, London, Sage.

40 McKale(2006), p.147.

41 Spears, R., & Leach, C. W.(2008), Why neighbors don't stop the killing: The role of group-based schadenfreude, in V. Esses & R. A. Vernon(Eds.), 『Explaining the breakdown of ethnic relations: Why neighbors kill』(pp. 93~120), Malden: Blackwell Publishing.

42 Cikara, M., & Fiske, S. T.(2011), Bounded empathy: Neural responses to outgroups′ (mis)fortunes, 《Journal of Cognitive Neuroscience, 23》, 3791~3803.

43 Farber, L.(1966), 『Ways of the will』, New York: Basic Books, p. 36.

44 Fiske(2011).

45 Ibid.

46 Patterson(2000), p. 79에 인용됨; McKale(2006).

47 Cesarani, D.(2004), 『Eichmann: His life and crimes』, London: W. Heinemann.

48 Peter Longerich, "The Wannsee Conference in the Development of the 'Final Solution'.", House of Wannsee Conference: Memorial and educational site website, http://www.ghwk.de/engl/kopfengl.htm(2012년 8월 2일 접속).

49 McKale(2006), p. 242.

50 Roseman, M.(2002), 『The Wannsee Conference and the final solution: A reconsideration』, New York: Picador.

51 Roseman(2002), p. 144에 인용됨, 아이히만 재판, 1961년 7월 26일 79차 세션; 1961년 7월 4일 107차 세션.

52 Ibid., p. 149.

53 Ibid., p. 148.

54 Ibid., p. 165.

55 Pierson, F(Director)(2001), 〈Conspiracy〉[영화].

56 Aly(2011); Arendt, H.(1963), 『Eichmann in Jerusalem: A report on the banality of evil』, New York: Viking Press; Browning, C.(1992), 『Ordinary men: Reserve Police Battalion 101 and the Final Solution in Poland』, New York: HarperCollins; Cohen, R.(2005), 『Soldiers and slaves: American POWs trapped by the Nazi′s final gamble』, New York: Knopf; Haas(1984); Hilbert, R.(1961), 『The destruction of the European Jews』, 3rd ed., New Haven: Yale University Press; Goldhagen(1997); McKale(2006); Klee, Dressen, & Riess(1991), p. 76.

57 Cohen(2005).

58 많은 미군이 포로가 되었다. 독일은 제네바협정을 위반하고 포로 중 일부를 베르가로 보내 그들이 죽을 때까지 일을 시켰다. Cohen(2005).

59 감시병의 관점에서는 쌤통 심리, 포로의 관점에서는 가학적인 웃음이었다.

60 Cohen(2005), p. 137. 아무리 칭찬해도 지나치지 않을 만큼 정말 훌륭한 책이다.

61 Ibid.

62 Ibid., pp. 137~138.

63 Ibid., p. 54.

64 코언은 몇몇 기독교도 가족들이 이런 조치에 반대하여 독일 계획의 다음 단계를 기다리는 유대인 가족들에게 음식을 제공했다는 사실을 강조한다. 하지만 이런 연민은 대체로 오래가지 않은 것처럼 보인다.

65 Cohen(2005), p. 55.

66 Ibid.

67 독일인들과 헝가리 공모자들의 태도에 질투가 스며들어 있었다는 건, 그들이 유대인과 비교한 자신들의 지위에 신경 썼다는 사실로도 알 수 있다. 예를 들어 하우어의 기억에 따르면 헝가리 헌병대의 대장은 하우어의 아버지가 '뻔뻔스럽게도' 자기 앞에서 모자를 썼다며 욕설을 퍼부었다. 독일인들은 포로들에게 공손한 태도, 즉 노예다운 굴종을 요구했다. 사실 미군 병사들이 유대인이 아닌데도 베르가로 끌려간 이유 중의 하나는 그들이 이 점에서 협조하지 않았기 때문이다. 가장 좋은 예가 한스 카스턴(Hans Kasten) 사병이다. 그는 그들 사이에 있는 유대인을 고발하라는 독일군의 강요에 응하지 않은 아주 용감한 남자였다. 카스턴에 대한 이야기 하나만으로도 코언의 책을 읽을 만한 가치가 있다.

68 좀 더 비뚤어진 눈으로 보자면, 독일군이 포로들을 그렇게 가혹하게 취급한 것은 그것이 지당한 일이라고 느꼈기 때문일 것이다. 완전히 타락한 사람에게는 그런 대접이 어울린다고 말이다.

69 Cohen(2005), pp. 184~185.

70 Ibid., p. 258.

71 Ibid., p. 207.

11장

1 Baker, J. A.(2006), 『"Work hard, study… and keep out of politics!": Adventures and lessons from an unexpected public life』, New York: G. P. Putnam, p. 44.

2 『요한복음』 8장 7~9절

3 Fitzgerald, F. S.(1925), 『The great Gatsby』, New York: Scribner, p. 1.

4 Kipling, R.(1999), 『The collected poems of Rudyard Kipling』, New York: Wordsworth에 수록된 "If".

5 이는 다른 사람들의 행동을 이해하는 데 있어서 그들의 성격을 묘사하는 표현(예를 들어 무례하다, 배려심이 없다, 건방지다, 자아도취자, 얼간이 등등)은 수백 가지가 되는 데 반해 상황을 설명하는 단어(예를 들어 곤란하거나 어려운 상황 등등)는 부정확하고 빈약하기 그지없는 이유를 설명해준다. 가끔 사람들은 정말 얼간이 같은 짓을 저지르기도 하지만, 일상적인 행동은 대부분 상황적 요인의 결과일 가능성이 높다.

6 http://www.nytimes.com/2005/09/27/health/psychology/27muse.html?_r=1(2012년 5월 3일 접속).

7 Milgram, S.(1983), 『Obedience to authority』, New York: Harper Perennial, p. 25.

8 Ibid.

9 Ibid.

10 Ross, L.(1977), The intuitive psychologist and his shortcomings: Distortions in the attribution process, in L. Berkowitz(Ed.), 《Advances in experimental social psychology》(vol. 10, pp. 173~220), New York: Academic Press.

11 Milgram(1983), p. 31.

12 Ibid.

13 Gilbert, D. T., Pelham, B. W., & Krull, D. S.(1988), On cognitive busyness: When person perceivers meet persons perceived, 《Journal of Personality and Social Psychology, 54》, 733~740; Gilbert, D. T., McNulty, S. E., Giuliano, T. A., & Benson, E. J.(1992), Blurry words and fuzzy deeds: The attribution of obscure behavior, 《Journal of Personality and Social Psychology, 62》, 18~25.

14 '근본적 귀인 오류'라는 단어는 오해를 부르기 쉽다. 왜 어떤 남자는 함정수사에 걸려들고, 왜 어떤 아버지는 간호사에게 화를 내는지 그 이유를 정확하고 완전하게 설명하려면 그 세부 내용을 알아야 한다. 〈성범죄자를 잡아라〉를 본 사람이라면 그 남자들 중에 동정할 가치도 없는 사람들이 있다는 데 동의할 것이다. 성범죄 전과가 있는데도 죄책감이라곤 없는 구제 불능의 상습범도 분명 있다. 그들은 바람잡이와의 노골적인 대화에 수월하게 걸려들었고 만나자는 제의에 선뜻 응했다. 이런 행동의 원인을 기질적 요인으로 돌리는 건 '오류'라고 할 수 없을 것이다. 하지만 처음엔 성적 환상을 충족시키기 위해 채팅을 했고, 온라인 감시 단체인 변태 징벌(Perverted Justice) 직원의 끈질기고 창의적인 전략이 아니었다면 현장에 나타나지 않았을 사람도 있을 것이다. 수많은 상황적 요인이 그들의 행동에 큰 영향을 미쳤을지도 모른다. 물론 단독으로든 집합적으로든 그런 요인들이 그들의 죄를 씻어주는 건 아니다. 하지만 이런 요인들은 그들에 대한 도덕적 평가에, 그리고 그들이 공개적으

로 망신당하는 것이 과연 자업자득이고 그래서 통쾌해해야 하는 일인지 판단하는 데 영향을 미칠 것이다.

15 http://www.historycooperative.org/journals/jala/3/thomas.html(2012년 5월 3일 접속).

16 Ibid.

17 Oates, S. B.(1994), 『With malice toward none: A life of Lincoln』, New York: Harper Perennial.

18 http://quotationsbook.com/quote/38116/(2012년 4월 4일 접속).

19 예를 들어 데일 카네기의 『카네기 인간관계론』 또한 이 사건을 크게 다루고 있다.

20 http://www.civilwarhome.com/lincolnmeadeletter.htm(2012년 4월 4일 접속).

21 Oates(1994), p. 19.

22 http://www.mrlincolnandfriends.org/inside.asp?pageID=23&subjectID=1(2012년 5월 3일 접속); Douglas L. Wilson & Rodney O. Davis, editor, 『Herndon's Informants』, p. 259(존 맥나마(John McNamar)가 윌리엄 H. 헌던에게 보낸 1866년 5월 23일자 편지).

23 http://www.historycooperative.org/journals/jala/3/thomas.html, p. 30(2012년 5월 3일 접속).

24 Donald, D. H.(1995), 『Lincoln』, New York: Simon & Schuster, p. 259.

25 일리노이 주의 동료 변호사였던 워드 힐 레이먼(Ward Hill Lamon)은 링컨과 친구가 되고 나서 얼마 안 되었을 때 법정에서 망신당했던 일을 자세히 기록했다. 레이먼은 법정 밖에서 누군가와 몸싸움을 하다가 바지의 엉덩이 부분이 크게 찢겼다. 옷을 갈아입을 시간도 없이 법정에 불려갔다. 후에 레이먼은 다음과 같이 썼다.

> 증언이 끝났다. 당시 지방검사였던 나는 배심원들에게 진술하기 위해 자리에서 일어났다. …… 약간 짧은 코트를 입고 있었기 때문에 내게 어떤 불행이 닥칠지는 뻔한 일이었다. 판사석 맞은편의 기다란 테이블에 앉은 변호사들 중 한 명이 장난으로 기부금 모집 문서를 만들었고, 그 종이는 변호사들에게 차례대로 전해졌다. 마침내 링컨 씨 앞으로 그 종이가 도착하자, 당시 재판을 기록하고 있던 그는 종이를 말없이 힐끔 보더니 곧장 펜을 들어 이름을 적은 후 다음과 같이 썼다. "이 목표를 위해서는 한 푼도 낼 수 없습니다."

링컨은 분명 남의 '불행'을 즐겼지만 악의는 없었다. Ward Hill Lamon, 『Recollections of Abraham Lincoln』, pp. 16~17. http://www.mrlincolnandfriends.org/inside/asp?pageID=23&subjectID=1(2012년 5월 3일 접속)에 인용됨.

26 역사가 벤저민 토머스(Benjamin Thomas)가 들려준 이야기다.

> "링컨은 기차에서 그에게 다가와 '실례지만 당신한테 딱 맞는 물건이 나한테 있어요.'라고 말한 어떤 남자에 대해 얘기해주었다. 링컨이 놀라서 '그게 뭐죠?'라고 묻자, 남자는 잭나이프를 꺼내면서 이렇게 설명했다. '몇 년 전에 나보다 더 못생긴 사람을 찾기 전까지 갖고 있으라면서 이 칼을 받았거든요. 이제 이 칼을 당신에게 줘도 될 것 같군요.'"(http://www.historycooperative.org/journals/jala/3/thomas.html, p. 41, 2012년 5월 3일 접속).

27 Oates(1994), p. 116.

28 Ibid.

29 Ibid., p. 126.

30 http://www.brainyquote.com/quotes/quotes/a/abrahamlin104175.html(2012년 4월 4일 접속).

31 Donald(1995), p. 567.

결론

1 Bellow, S.(1964), 『Herzog』, New York: Penguin, p. 23.

2 James(1918), vol. 2, p. 413.

3 http://www.forbes.com/2004/03/18/cx_ld_0318nike.html(2010년 6월 15일 접속).

4 http://www.pbs.org/newshour/bb/sports/jan-june10/tiger_04-08.html(2010년 6월 15일 접속).

5 http://sportsillustrated.cnn.com/vault/article/magazine/MAG1009257/index.htm(2010년 6월 15일 접속).

6 http://articles.orlandosentinel.com/2009-11-29/sports/os-bk-tiger-woods-accident_1_ocoee-in-serious-condition-million-mansion-friday-evening-elinnor-degren-woods(2010년 6월 15일 접속).

7 http://www.nytimes.com/reuters/2009/12/02/arts/entertainment-us-golf-woods.html?scp=2&sq=Tiger%20Woods%20Enquirer&st=cse(2010년 6월 15일 접속).

8 http://www.nytimes.com/2009/12/03/sports/golf/03woods.html?_r=1&scp=17&sq=tiger%20woods&st=cse(2010년 6월 15일 접속).

9 http://www.ajc.com/sports/text-of-tiger-woods-314300.html(2010년 6월 15일 접속).

10 http://www.nationalenquirer.com/celebrity/67747(2010년 6월 15일 접속).

11 http://abcnews.go.com/Sports/wireStory?id=9198393(2010년 6월 15일 접속); http://www.sfgate.com/cgi-bin/article.cgi?f=/n/a/2009/12/12/sports/s062742S18.DTL(2010년 6월 15일 접속); http://www.nytimes.com/2009/12/03/sports/golf/03woods.html?_r=1&scp=17&sq=tiger%20woods&st=cse(2010년 6월 15일 접속);http://www.waggleroom.com/2009/12/2/1181429/tiger-woods-is-americas-new-bill(2010년 6월 15일 접속); http://sportsillustrated.cnn.com/2010/writers/frank_deford/03/29/Tiger.Woods.return.Masters/index.html(2010년 6월 15일 접속); http://www.esquire.com/the-side/tiger-woods-scandal(2010년 6월 15일 접속); http://www.golf.com/golf/tours_news/article/0,28136,1948231,00.html(2010년 6월 15일 접속); http://hubpages.com/hub/Why-do-we-like-it-when-people-fail(2010년 6월 15일 접속).

12 http://www.jokes4us.com/celebrityjokes/tigerwoodsjokes.html(2010년 5월 11일 접속).

13 http://www.huliq.com/8059/89384/tiger-woods-cheetah-eyes-tabloid-news(2012년 5월 11일 접속).

14 http://media.www.collegetimes.com/media/storage/paper991/news/2010/05/06/Top10s/Top-10.Tiger.Woods.Jokes-3917903.shtml#5(2010년 6월 15일 접속).

15 http://sports.espn.go.com/media/storage/paper991/news/2010/05/06/Top10s/Tiger.Woods.Jokes-3917903.shtml#5(2010년 6월 15일 접속); http://sports.espn.go.com/espn/news/story?id=4327128(2010년 5월 12일 접속).

16 http://sports.espn.go.com/espn/columns/story?columnist=ohlmeyer_don&id=4764245(2010년 5월 12일 접속).

17 http://www.golf.com/golf/tours_news/article/0,28136,1990399,00.html(2010년 6월 15일 접속).

18 http://sports.espn.go.com/golf/usopen10/columns/story?columnist=harig_bob&id=52671(2010년 6월 15일 접속).

19 http://sports.espn.go.com/golf/usopen10/columns/story?columnist=harig_bob&id=5267152(2010년 6월 15일 접속).

20 http://www.frontporchrepublic.com/2010/03/an-apologia-for-tiger-woods/ (2010년 6월 15일 접속).

21 http://www.knoxnews.com/news/2010/feb/20/geoff-calkins-time-will-tell-if-tiger-woods-apolog/(2010년 6월 15일 접속).

22 http://www.golf.com/golf/tours_news/article/0,28136,1888274,00.html(2010년 6월 15일 접속).

23 http://blogs.golf.com/presstent/2010/02/tiger-rules-hell-talk-friday.html(2010년 6월 15일 접속).

24 http://www.usatoday.com/sports/golf/story/2012-07-22/ernie-els-wins-british-open/56415126/1(2012년 8월 20일 접속).

25 http://www.supergolfclubs.net/tiger-calls-out-ernie-els-not-a-big-worker-physically/(2012년 5월 30일 접속).

26 http://www.thesun.co.uk/sol/homepage/sport/golf/4444156/Ernie-Els-to-celebrate-Open-win-with-Nelson-Mandela.html(2012년 8월 20일 접속); http://www.sbnation.com/golf/2012/7/22/3176267/ernie-els-2012-british-open-speech-video(2012년 8월 20일 접속).

27 http://www.buzzingolf.co.uk/matchmaker-jesper-parnevik-angry-at-tiger-woods/617(2010년 6월 15일 접속); http://sports.espn.go.com/golf/news/story?id=4924113(2012년 5월 12일 접속).

28 http://www.snpp.com/episodes/7F23.html(2010년 4월 5일 접속).

29 Ibid.

30 왜 독일어에는 그런 의미의 단어가 있고 영어에는 없는지 정확히 알 수 없다. 그 외에 네덜란드어(leedvemaak)에는 있고 프랑스어에는 없다.

31 Ben-Ze'ev(2000); Portmann(2000).

32 http://chronicle.com/article/The-Pleasure-of-Seeing-the/125381(2011년 1월 12일 접속).

33 Ibid.

34 http://chronicle.com/article/article-content/125621/(2012년 1월 12일 접속).

35 http://strangebehaviors.wordpress.com/2007/07/12/the-elusive-etymology-of-an-emotion/(2010년 6월 26일 접속).

쌤통의 심리학

초판 1쇄 발행   2015년 12월 21일
초판 12쇄 발행   2022년 9월 15일

지은이   리처드 H. 스미스
옮긴이   이영아
펴낸이   조미현

편집주간   김현림
디자인   여치http://srladu.blog.me/
표지 일러스트   방아깨비filmstar80@naver.com

펴낸곳   (주)현암사
등록   1951년 12월 24일 · 제10-126호
주소   04029 서울시 마포구 동교로12안길 35
전화   02-365-5051
팩스   02-313-2729
전자우편   editor@hyeonamsa.com
홈페이지   www.hyeonamsa.com

ISBN 978-89-323-1761-8 03180

이 도서의 국립중앙도서관 출판시도서목록(CIP)은
서지정보유통지원시스템 홈페이지(http://seoji.nl.go.kr)와
국가자료종합목록시스템(http://www.nl.go.kr/kolisnet)에서
이용하실 수 있습니다.(CIP제어번호 CIP2015033547)